국제법이론총서 No. 9

Infectious Diseases and International Law

전염병과 국제법

박 진 아

삼우사

추 천 사

고려대학교 법학전문대학원 교수
박 기갑

무더위가 기승을 부리는 2012년 여름날 도서출판 三宇社의 도움을 받아 박진아 박사가 집필한『전염병과 국제법』을 '국제법이론총서'로 펴내게 되어 무척 기쁘다. '국제법이론총서' 시리즈는 국제법 분야의 좋은 작품을 보다 널리 알리기 위한 목적에서 시작되었다. 지난 해 발간한 외교통상부 주최 전국 대학(원)생 국제법논문경연대회에서 수상한 논문들을 모은『21세기 국제법의 현안과 과제』와 얼마 전에 작고하신 박재섭 교수님께서 1960년대 발표하셨던『전쟁과 국제법』을 새롭게 펴낸 것도 이러한 구상에서 이루어졌다.

『전염병과 국제법』은 추천인의 지도하에 박진아 박사의 박사학위청구논문을 대폭 수정 · 보완한 것이다. 논문심사에 참여했던 심사위원들은 한결같이 이 논문이 새로운 문제를 발굴하여 다룸으로써 국제법의 지평을 넓히는데 기여했으며, 다양한 내용들을 균형 있게 다루었다고 평가하였다. 주제의 범위가 매우 넓은데 대해 우려가 있었으나, 저자는 현명하게 어려움을 극복하고 우수한 논문을 작성하였다.

인간을 포함하여 지구상의 동물과 식물을 괴롭히는 질병 중에서도 전염병은 병원체가 다른 생물체에 옮아 빠른 시간 내에 집단적으로 유행하는 병으로 직접 고통을 당하는 피해자는 물론 그가 속한 사회적 집단과 국가의 입장에서 경각의 대상이 되어 왔다. 과거에는 전염병은 그것이 발생한 국가의 국내문제로 치부되었으나, 이제는 항공기 등을 통하여 수많은 이들이 한꺼번에 짧은 시간에 지구 곳곳으로 옮겨 다님으로써 질병은 더 빨리 그리고 광범위하게 퍼지고 있다. 게다가 산업화 가속과 지구온난화 현상 등으로 인한 새로운 변형 병원체 출현 등은 한 나라의 능력만으로는 질병관리가 어려운 경우 국제적 차원, 즉 다른 국가들과 관련 국제기구의 개입을 통한 전염병 예방과 창궐후 적절한 사후조치를 필요로 하고 있다. 그러나 엄밀한 국제법 원칙에 의거해볼 때 전염병 창궐을 일종의 재난으로 간주하더라도 피해국의 사전동의 없이는 다른 국가나 국제기구의 개입은 어려운 실정이다. 한편으로는 국가주권의 원칙, 다른 한편으로는 질병으로 고통을 받는 이들의 인권보호 내지 국제사회의 전체적 이익이 대립될 수 있기 때문에 양자를 조율할 수 있는 판단이 필요하다.

이 책은 전염병의 국제적 규제의 필요성과 국제적 협력을 강조한다. 국제적 차원에서 전염병에 적절하게 대처하기 위해 2005년 전면개정되고 2007년에 발효한 WHO 국제보건규칙 등에 관한 자세한 내용과 운영체제를 다루고, 아울러 전염병 통제로 인해 야기되는 다양한 법적 쟁점들을 각 분야별로 두루 섭렵하고 있다는 점은 높이 평가할 만하다. 가령 국제경제법상 질병통제와 관련되는 '위생 및 식물위생조치의 적용에 관한 협정'(일명 SPS협정), '무역관련 지적재산권 협정'(일명 TRIPS협정) 등 뿐만 아니라, 국제인권법, 국제환경법, 무력충돌, 재난, 국가책임 심지어는 보호책임(R2P)과 개인의 형사책임 등을 두루 섭렵하고 있다.

그러면 국제법상 전염병 통제의 문제점과 개선방향은 어디에 있는가? 저자는 제4장에서 자신의 학문적 입장을 피력하고 있다. 저자는 충돌되는 국가이익, 규범의 불명확성, 이행제도의 미비 등으로 인하여 효율적인 국가간 전염병 통제에 한계가 있다는 점을 지적하고, 국가주권 제한 가능성을 과감히 제안한다. 그리하여 개선방향으로 감시체계 강화, 규범형태의 다양화 시도, 국내법 이행의 강화 및 재정 · 기술원조와 분쟁해결제도의 활용을 제안하고 있다. 저자의 제안을 국제사회가 긍정적으로 수용할 수만 있다면 국가가 그어 놓은 인위적 국경선 안에서 고통에 시달리는 사람들은 지금보다 훨씬 더 질병의 족쇄로부터 해방될 수 있을 것이다.

한국에서는 전염병 문제를 법적 차원에서 접근한 학술서는 드물다. 이 책이 앞으로 국내 관련 연구에 선도적 역할을 하리라 믿으며, 박진아 박사의 앞길에 많은 발전과 축복이 있기를 바란다. 끝으로 늘 그렇지만 도서출판 三宇社 조병철 사장님의 이해와 아낌없는 도움에 깊은 감사를 드린다. 국내 출판업계에서 국제법 관련 책자 발행이 차지하는 자리는 법학전문대학원이라는 새로운 제도가 도입되면서 생각보다 빠르게 좁아지고 있다는 이야기를 듣곤 한다. 어떤 이유에서 그러한 상황이 발생하고 있는지 잘 모르겠지만 참으로 안타까운 일이다. 국제법 전문가 양성은 우리나라처럼 강대국으로 둘러싸여 있는 분단국가 입장에서 볼 때 갖추어야 할 '창과 방패'이다. 三宇社에서 펴내는 '국제법이론총서' 시리즈가 국내 국제법 풍토를 조금이나마 비옥하게 만드는 작은 밀알이 되길 기원한다.

2012년 7월말

유엔 국제법위원회 64차 회기중 제네바에서 황기정

서 문

전 세계적으로 창궐하는 전염병은 불가피하게 국제적인 성격을 갖는다. 이 책은 전염병의 국제법적 규제의 필요성과 중요성을 인식하면서, 전염병 발생에 효과적으로 대응할 수 있는 국제법적 체계를 마련하기 위한 기초 연구이다. 전염병 문제는 국제보건법의 주 관심대상이지만, 전염병의 특성상 거의 모든 국제법 분야에서 다루어지고 있는 사안이다. 이를 위해 국제보건법체제에 대한 검토뿐만 아니라 다양한 개별 국제법 분야의 접근을 시도하였다.

이 책의 구성은 다음과 같다. 제1장에서는 전염병과 국제법의 관계를 이해하기 위해 전염병의 국제적 규제의 필요성, 전염병의 개념과 관련 국제법 분야, 국제보건법의 발전 및 전염병 통제 규범의 연원적 특징 등을 검토하였다. 제1장에 이어 제2장과 제3장은 각각 「국제보건규칙」상의 전염병 통제(제2장)와 그 외의 국제적 일반에 있어 전염병 통제(제3장)로 이분하여 전염병 통제 규범의 내용과 특징을 살펴 보았다. 먼저 제2장에서는 전염병 통제의 핵심 규범인 국제보건법에 관하여 1969년 구 「국제보건규칙」의 주요 내용 및 실패 원인과 전면 개정의 과정 그리고 2005년 신 「국제보건규칙」의 주요 개정 사항 및 개선점을 검토하였다. 그 다음으로 제3장에서 국제경제법, 국제인권법, 국제환경법 등 다른 국제법 분야의 관련 규범들을 검토하여 국제보건법과의 조화 및 보완 가능성에 대해 살펴보고, 마지막으로 제4장에서는 전염병의 국제법적 통제의 문제점을 찾아내고 이를 극복하기 위한 방안을 모색하였다.

이 책은 전염병과 국제법에 관한 토대 연구로서 이 사안에 대한 국내법학계의 이해와 관심을 높이고, 한국 국제법학의 연구 분야를 다양화하는데 기여하기를 바라는 바이다. 또한 국제법학 이외의 의학, 보건, 정치, 경제 등 다른 학문 분야 연구가들에게 관련 문제에 대한 국제법적 시각을 제시함으로써 국제법에 대한 관심과 이해를 높이고 후행 연구 과정에서 연구의 기반 지식으로 국제법을 활용하도록 돕는 역할을 하기를 기대한다.

이 책은 필자의 박사학위논문「국제법상 전염병 통제에 관한 연구」를 대폭 수정 · 보완한 결과물이다. 이 자리를 빌려 필자를 제자로 받아 주시고 국제법 연구자로 키워 주신 박기갑 교수님께 가장 먼저 깊은 감사를 드린다. 그저 감사드린다는 표현만으로는 교수님께 받은 은혜를 다 갚기에 충분치 않다. 또한 가르침과 격려로 필자를 이끌어 주신 박노형 교수님, 최태현 교수님, 김석현 교수님, 이재형 교수님, 강병근 교수님께 깊이 감사드리며, 연구자의 길을 꿈꾸게 한 최관호 선배님과 그 길을 걸을 수 있게 도와 주신 정경수 교수님, 박배근 교수님께도 고마움을 전한다. 그리고 어려운 출판환경에도 기꺼이 필자의 글을 받아 주시고 책이 발간될 수 있도록 조력을 아끼지 않으신 도서출판 三宇社 조병철 사장님께도 감사의 마음을 전한다.

이 책이 만들어지는 과정에는 사랑스러운 은우의 탄생과 성장도 있었다. 이 책이 나오기까지 필자보다 더 고생했던 딸 은우에게 고마움을 전한다. 은우가 사는 세상은 적어도 현재보다 더 건강하고 행복한 삶이 보장되길 바란다. 마지막으로 이 책을 깊은 사랑과 감사를 담아 남편 승택과 부모님에게 바친다.

2012. 7.

박진아

차 례

제1장

제2장

제1장

전염병의 국제법적 접근

제 1 절 전염병의 국제적 규제의 필요성

전염병은 인류의 역사와 함께 진화해 오면서 끊임없이 인류를 위협해 왔다.[1] 14세기 유럽에서 창궐하여 1,400만명이 넘는 유럽인들이 사망한 페스트[2]나 1918년부터 1919년에 걸쳐 전 세계적으로 5,000만명이 사망한 '스페인독감'[3]과 같은 대유행 전염병에서 계절감기, 식중독과 같은 일상적 질병까지 각양 각색의 전염병은 거의 모든 인간의 삶에 개입해 왔다. 이러한 전염병을 극복하기 위해 지난 세기 동안 선진국을 중심으로 이루어진 다양한 시도들—신약 개발과 의료기술의 눈부신 발전, 위생 강화, 인구이동과 무역의 통제—은 성공을 거두며 한때나마 전

1) William H. McNeill, *Plagues and People*(Anchor, 1977), Introduction, p.19 이하 참조.

2) Allyn L. Taylor, "Controlling the Global Spread of Infectious Disease: Toward a Reinforced Role for the International Health Regulations", *Houston Law Review*, Vol. 33(1997), p.1331.

3) 스페인독감은 인류역사에서 가장 많은 사망자를 낸 전염병 사례로 꼽힌다. 스페인이 병원체의 발원지는 아니지만, 제1차 세계대전시 연합국이 이를 '스페인독감'으로 불렀다. 이는 스페인이 제1차 세계대전의 참전국이 아니었기 때문에 전시 보도검열이 이뤄지지 않아 스페인 언론에서 이 사태가 깊이 있게 다루어졌기 때문이다. 당시에는 인플루엔자 바이러스를 확인 및 배양할 기술이 없어 스페인 '괴질'의 정확한 원인은 밝혀지지 않고 있다가 2005년에 미국 육군의 전염병 병리연구소 Taubenberger팀이 알래스카에서 스페인 괴질로 사망한 한 여성의 폐 조직에서 인플루엔자를 검출해 스페인독감 바이러스를 재생시켰다. 이로써 1918년의 스페인 괴질이 H1N1 인플루엔자였다는 것이 밝혀졌다. 이 연구팀은 스페인독감 바이러스가 당시 유행했던 조류인플루엔자A(H5N1)와 유전적으로 매우 유사한 것으로 확인함으로써 조류인플루엔자에 대한 공포와 경각심을 불러일으켰다. Jeffery K. Taubenberger and David M. Morens, "1918 Influenza: the Mother of All Pandemics", *Emerging Infectious Diseases*, Vol. 12(2006), pp.15-22.

염병으로부터 해방의 희망이 보이기도 했다. 1969년 미국 공중위생국은 전염병이 정복되었다고 선언하였으며, 공중보건의 관심사는 암이나 심장병과 같은 비전염성 만성질환으로 쏠리기 시작하였다.[4)]

그러나 1980년대 초 HIV/AIDS[5)]를 시작으로 새로운 전염병이 등장하고 콜레라, 에볼라 등 한번 통제되었던 질병들도 재등장하여 전 세계적으로 질병과 사망을 야기하며 부활하였다.[6)] 무엇보다 그 사이 변화된 인간생활에 의해 전염병은 더욱 빠르게 전 세계적으로 확산되면서 이전과는 다른 전 세계적인 협력의 통제 패러다임을 요구하고 있었다. 세계보건기구(World Health Organization: WHO)와 선진국 및 개발도상국의 국내 보건당국은 새롭게 등장하는 또는 재등장하는 질병을 통제하기 위해 모이기 시작했다.[7)] WHO는 1996년 질병문제를 다룬 보고서를 발표하면서 지난날 많은 전염병들이 통제되었다고 쉽게 낙관한 것이

---

4) Statement of Senator Kassebaum(Chairman, Committee on Labor and Human Resources), "Emerging Infections: A Significant Threat to the Nations's Health: Hearings Before the Senate Committee on Labor and Human Resources", 104th Cong. 1(1995) (recited at: David P. Fidler, "Return of the Fourth Horseman: Emerging Infectious Diseases and International Law", *Minnesota Law Review*, Vol. 81(1997), p.773).

5) 인간면역결핍바이러스(Human Immunodeficiency Virus: HIV)에 감염되어 후천성면역결핍증후군(AIDS)이 발생한 상태를 말한다. HIV/AIDS의 공식적인 발병은 미국의 질병통제예방센터(CDC)가 1981년 6월 5일 처음으로 발표한 때부터이다. CDC, "Pneumocystis pneumonia", *Morbidity and Mortality Weekly Report*, Vol. 30(1981), pp.250~252.

6) David L. Heymann, "Emerging and Re-emerging Infectious Diseases from Plaque and Cholera to Ebola and AIDS: a Potential for International Spread that Transcends the Defences of any Single Country"(Book Review Essay), *Journal of Contingencies and Crisis Management*, Vol. 13(2005), pp.29-31.

7) David P. Fidler, *supra* note 4, p.771.

국제공동체의 보건위기를 야기했다고 평가하였다.[8] WHO는 여전히 전염병은 전 세계인의 주된 사망원인임을 확인하면서,[9] 전염병이 이제는 '세계위기'를 가져올 것이라고 확신하였다.[10]

오늘날 전염병의 위협은 전 세계적으로 높아지고 있으며, 해마다 약 1,500만명의 인구가 전염병으로 사망하고 있다.[11] 전염병에 의한 사망은 특히 개발도상국에서 훨씬 심각하게 나타나고 있다. 전염병의 위협은 최근의 사스(중증급성호흡기증후군, Severe Acute Respiratory Syndrome: SARS)나 신종 인플루엔자A(H1N1)와 같이 예측하지 못한 새로운 전염병이 등장함에 따라 점점 더 심각해지고 있다.

그렇다면 한때나마 소멸되었다고 믿었던 전염병들이 재등장하고 신종 전염병들이 속출하는 원인은 무엇인가? 오늘날의 전염병의 문제는 일련의 과학적 · 사회적 · 정치적 · 경제적 문제를 모두 포함하는 복잡한 현상으로 설명된다. 그 요인으로는 사회적 상황(경제적 빈곤, 전쟁 및 무력충돌, 인구증가와 이주, 도시 슬럼화), 보건의료기술 관련(새로운 의료장비, 조직 · 장기이식, 면역억제약물, 항생제 사용), 식품생산(식품공급의 전 세계화, 식품가공과 포장의 변화), 인간 생활습관(성행태, 약물남용, 여행, 식이습관, 여가활동, 보육시설), 환경변화(삼림벌채, 재조림, 수자원 생태계 변화, 홍수, 가뭄, 기근, 지구온난화), 공중보건체계(예방사업의 감축 · 축소, 부

---

8) WHO, *The World Health Report 1996: Fighting Disease, Fostering Development*(1996), p. v. WHO는 1995년부터 거의 매년마다 하나의 특별한 주제를 가지고 세계보건보고서를 발간하고 있다.

9) *Ibid.*, p.113.

10) *Ibid.*, p.105.

11) WHO, WHO Global Burden of Disease: 2004 Update(2008), p.54, available at: http://www.who.int/healthinfo/global_burden_disease/2004_report_update/en/index.html〈2012-03-31〉.

적절한 전염병 감시체계, 전문요원의 부족), 미생물의 적응과 변화(독성 변화, 약제 내성 출현, 만성질환 공동인자로 인한 미생물 출현) 등 다양하고 복잡하다.[12] 그 중에서도 특히 사람과 물자의 나라간 이동의 폭발적인 확대는 한 국가에서 발생한 질병이 다른 모든 국가들을 위협할 수 있는 계기가 되고 있다. 전염병은 세계화를 통해 형성된 통로를 이용해 전 세계로 퍼져나가고 있다.

전염병 문제를 해결하는데 있어 국제적 접근방식의 중요성을 인식하는 것은 그다지 어렵지 않다. 단순한 수치만 두고 보더라도 그렇다. 예를 들어, 한 언론에 따른 미국의 이라크전 수행과정에서 발생한 사망자의 숫자가 2003년부터 지금까지 10만여 명이고 이 중 3분의 2인 6만 6,000여명이 민간인인 것으로 밝혀졌다.[13] 그러나 2003년 HIV 감염환자는 전 세계적으로 4,200만명이고 AIDS로 인한 사망자의 수는 그 한 해에만 310만명에 달했다. 이 가운데 아프리카 사하라 사막 이남 지역의 사망자만 240만명이다.[14] 단 한 종의 전염병에 의한 피해가 국제전 이상의 참상을 야기한다는 것을 알 수 있다. 전염병의 이러한 영향력은 안보 개념의 변화에도 영향을 주었다. 기존의 전통적 안보 개념에는 국가의 행위를 기본으로 정치, 외교를 둘러싼 군사안보에 한정되어 있었으나,[15] HIV/AIDS나 사스와 같은 신종 전염병과 재등장 전염병 및 생물

12) CDC, "Addressing Emerging Infectious Disease Threats: A Prevention Strategy for the United States, Executive Summary", *Morbidity and Mortality Weekly Report*, Vol. 43(1994), pp.3-4; WHO, *supra* note 8, pp.5-11.

13) *Guardian*, "Iraq War Logs Reveal 15,000 Previously Unlisted Civilian Deaths", 22 October 2010, available at: http://www.guardian.co.uk/world/2010/oct/22/true-civilian-body-count -iraq〈2012-03-31〉.

14) UNAIDS and WHO, AIDS Epidemic Update: December 2003, available at: http://www.who.int /hiv/pub/epidemiology/en/epiupdate2003_I_en.pdf〈2012-03-31〉.

15) Alan Collins, "Introduction: What is Security Studies?", in Alan Collins(ed.),

테러의 위협이 새로운 안보위협 요인으로 인식됨에 따라 WHO는 변화된 안보 개념을 전염병 관련 활동에 적용하였다.[16] 그리고 1990~2000년대 초반 '글로벌 보건안보'의 강화를 위한 WHO의 노력은 IHR의 개정작업을 통해 나타났다.[17]

그렇다면 전염병의 통제를 위해 국제법이 절실히 요구되는 이유는 무엇일까? 그것은 바로 국경과 상관없이 확산 · 전파되는 전염병의 성질 자체에서 나온다. 국제사회는 독립된 주권국가로 구성되어 있고 주권평등의 대원칙상 어느 국가도 다른 국가에 대해 상위의 지위를 갖지 못한다.[18] 따라서 국가간에 위계질서는 존재하지 않으며, 국가들의 관계를 규율하는 통일된 헌법적 기관도 존재하지 않기 때문에 국가는 각자의 법과 정책에 따라 여러 가지 당면 문제를 해결하면 된다. 그러나 사안의 성질상 국제적인 협력이 반드시 필요하다면 그 문제는 더 이상 주권국가의 단독적 재량에 맡길 수 없다. 전염병은 바로 이러한 사안의 대표적인 예이다.[19] 전염병 통제에 있어 국제법 활용의 필요성은 역사적 관점에서 보았을 때 새로운 것이 아니다. 국가들이 공중보건의 세계

Contemporary Security Studies(Oxford University Press, 2007), pp.2-9.

16) David P. Fidler, "Caught Between Paradise and Power: Public Health, Pathogenic Threats, and the Axis of Illness", *McGeorge Law Review*, Vol. 35(2004), p.85.

17) 1990~2000년대 초반 '글로벌 보건안보'의 강화를 위한 WHO의 노력은 IHR 1969의 개정작업을 통해 나타났다. 그 노력의 결과물인 IHR 2005는 변화된 안보관을 보여준다. 김성원, "국제법상 인간안보개념의 전개에 관한 일고찰", 『법학논총』(한양대학교 법학연구소), 제24집 제4호(2007).

18) Ian Brownlie, *Principles of Public International Law*, 6th ed.(Oxford University Press, 2003), p.289.

19) Allyn L. Taylor, "Global Governance, International Health Law and WHO: Looking Towards the Future", *Bulletin of the World Health Organization*, Vol. 80(2002), pp.957-958.

화를 처음으로 감지했던 19세기 중반 이후로 국제법이 전염병의 통제에 있어 반드시 필요하다는 것은 관련법의 발전을 통하여 확인되고 있다.[20)]

국가들은 전염병의 통제를 위한 국제적 협력의 필요성을 절실히 느끼게 되고, 국가간 협력의 틀을 형성하고 규율하기 위해 국제법의 형성에 '동의'하게 된다. 이처럼 필요성의 인식에 근거한 '동의'가 전염병 통제에 관한 국제법을 형성하는 가장 큰 원동력이 된다. 전염병에 관한 국제법의 형성은 국가의 '동의'에서 출발하고 있지만, 다른 한편으로는 전염병은 다른 국가의 협력 없이는 통제가 사실상 불가능하다는 점이 그러한 '동의'를 강제하고 있다는 점에서 국가주권을 제약한다고 평가할 수도 있다. 또한 전염병은 개개 국가들이 국제사회의 전염병 통제 압력에 의해 국내 공중보건 상황에 대한 독점적인 규제를 상실한다는 점에서 공중보건정책의 탈국가화와 공중보건의 세계화에 기여하고 있다.[21)] 이 점에서 전염병 문제는 시장의 세계화현상과도 연관된다.

그러나 전염병 통제에 있어서의 국제법의 중요성에 비해 상대적으로 이 문제에 대한 국제법 학자들의 관심은 크지 않았다. 전염병 관련 국제적 규제에 관한 연구는 대부분 보건학 또는 의학 분야의 연구자들이 담당해 왔다. 그나마 법률가들에 의해 국제보건법 일부의 연구가 이루어지기도 했지만, 국제법 전반에 걸친 연구는 찾아보기 힘들었다. 그런 점에서 1999년 『*International Law and Infectious Disease*』를 출간하고 다수의 논문을 통해 전염병과 글로벌 보건 분야에 대한 꾸준한 연구를

20) Norman Howard-Jones, "Origins of International Health Work", *British Medical Journal*, Vol. 1(1950), pp.1032-1037.

21) David. P. Fidler, "The Role of International Law in the Control of Emerging Infectious Diseases", *Bulletin de L'Institution Pasteur*, Vol. 57(1997), p.58.

수행해 온 David P. Fidler 교수의 업적은 국제보건법의 발전에 많은 기여를 하고 있다.[22)]

오늘날 전염병의 통제에 관한 국제법의 발전은 새로운 국면을 맞이하고 있다. 전염병 통제에 있어 규범적 접근보다는 정책적 · 기술적 접근을 선호해 온 WHO가 전염병 통제의 핵심규범인 「국제보건규칙」(International Health Regulations: IHR)을 2005년에 전면 개정한 것이다. 2007년 이 규칙이 발효됨에 따라 전염병 통제에 있어서 국제법적 규제의 수준이 제고됨으로써 이 규칙을 중심으로 한 국제법의 전염병 통제가 강화될 것으로 예상되며, 그에 따라 이 분야에 대한 연구 또한 활발해질 것으로 기대되고 있다.

22) David P. Fidler, *International Law and Infectious Disease*(Oxford University Press, 1999), Introduction, p.1.

제 2 절 전염병의 개념과 국제법 영역

Ⅰ. 전염병의 정의와 용어 사용: 전염병 vs. 감염병

'전염병'의 용어 사용이 그 동안 우리나라 학계와 실무 및 일상 언어에서 관행적으로 굳어진 부분이 있어 주의를 요하므로 전염병의 개념과 관련된 내용을 검토하고 이 글에서 사용될 전염병의 개념을 정의할 필요가 있다.

병리학의 일반적인 정의에 의하면 '전염병'(communicable diseases; infectious disease)은 인간 또는 동물에 일어난 질병 중 병원체가 인간과 인간 또는 인간과 동물간에 직접 또는 간접적으로 전파되는 질병을 말한다.[23] 여기서 감염(infection)이란 병원체가 숙주 내에서 분열·증식하고 있는 상태로 그 결과 인간에게 질병이나 면역반응을 일으키게 되는 것이다.[24] 감염병(infectious disease)은 어떤 특정 병원체 혹은 독성물질 때문에 일어나는 질병으로 병원체 혹은 독성물질에 감염된 사람, 동물 혹은 기타 병원소로부터 감수성 있는 숙주(사람)에게 전파되는 질환을 말한다.[25] 예를 들어, 말라리아와 파상풍은 둘 다 감염병이지만 전자는

---

23) Wilhelm Kirch, *Encyclopedia of Public Health*(Springer, 2008), p.136(Communicable diseases are diseases caused by biological agents(e.g. bacterium, virus, parasite) that can be communicated from an infected person or animal to another person or animal, meaning that they can easily spread through direct or indirect contact. Direct contact means person-to-person or animal-to-person contact or close proximity. Indirect contact includes shared use of contaminated instruments or materials).

24) David P. Fidler, *supra* note 4, p.771, pp.776-777.

25) WHO, Health Topics,「Infectious Disease」, available at: http://www.who.int/topics /

말라리아 원충에 감염된 모기를 매체로 하여 그 자체가 감염하여 일어나는 질병으로 전염병에 해당하고, 후자는 파상풍균이 생산한 신경독소에 의해 발생하는 것으로 흙이나 동물의 분변에 있던 파상풍균이 상처 부위를 통해 인체에 감염되는 것으로 병원체, 즉 흙이나 분변에는 감염이 발생하기 않기 때문에 일반적인 전염병 범주에는 해당하지 않는다. 이를 비전염성 감염질환이라고 한다. 다시 말하면, 비전염성 감염질환은 앞서 설명한 전염병에 관한 병리학의 일반적 정의에 포함되지 않는다.

이렇듯 전염병과 감염병은 병리학의 개념상 차이가 있으며 감염병이 전염병을 포함하는 더 넓은 개념이다. 그럼에도 불구하고 이 글에서 감염병이라는 용어 대신에 전염병을 비전염성 감염병을 포함한 개념으로 선택하여 사용하는 이유는 다음과 같다.

첫 번째로, 우리나라에서 전염병이란 단어가 감염성 식중독 등을 포함하는 의미로서 확장되어 보편적으로 사용되고 있다는 점이다. 먼저 우리나라의 전염병 통제에 관한 기존의 법률인 「전염병예방법」(법률 제8852호)에서도 전염병의 개념에 감염병이 포함되어 있었다.[26] 이러한 문제점을 인식하여 용어를 명확히 규정하기 위해 「전염병예방법」과 「기생충질환예방법」(법률 제4354호)을 2009년 12월에 「감염병의 예방 및 관리에 관한 법률」(법률 제9847호)[27]로 통합 및 전부개정하였으나 아직까지 감염병이라는 용어 사용에 익숙하지 않은 것이 사실이다.[28] 또한 '전

infectious_diseases/en/〈2012-03-31〉.

26) 예를 들어, 「전염병예방법」(시행일 2008년 2월 29일) 제2조(정의)에서 전염병에 대한 포괄적 정의 없이 이에 해당하는 질환들을 나열하고 있는데, 그러한 질환으로 "장출혈성대장균감염증"(제1항 (바)) 등 전염성이 없는 감염병도 포함하고 있다.

27) 전부개정일은 2009년 12월 29일이고 시행일은 2010년 12월 30일이다.

28) 전면 개정의 주요 목적이 법정감염병의 신규 · 재지정 등 분류체계 개선과 감염병

염',[29] '전염병'[30]의 용어를 설명하고 있는 사전과 이를 다루고 있는 논문[31] 및 정부당국 문서[32]에서도 전염병이 감염병을 포함하거

관리에 필요한 용어를 명확히 규정함으로써 법 집행의 명확성과 합리성을 확보하는데 있었다. 성민희, "감염병의 예방 및 관리에 관한 법률 주요내용", 『주간 건강과 질병』, 제4권 제2호(2011), 17쪽. 이 법률은 최근 다시 개정되었다: 「감염병의 예방 및 관리에 관한 법률」(법률 제10789호, 시행일 2011년 12월 8일).

29) 예를 들어, 『간호학대사전』에서 '전염'은 다음과 같이 설명되고 있다. "전염: 병원체가 숙주의 체내로 침입하여 증식, 기생상태가 성립한 것을 감염(infection)으로 정의하나, 이 감염이 잇따라 전하여져 가는 상태를 전염이라고 한다. 전염이라고 하는 표현은 실태가 잡히지 않은 채로 막연하게 사용되어 온 경향이 있으며 병원체의 발견을 위시하여 보다 과학적인 근거가 얻어진 것을 감염이라고 바꾸어 사용하는 예가 많아졌다. 그러나 현실로는 습관적으로 감염과 전염은 혼용되고 있다." 대한간호학회, 『간호학대사전』(한국사전연구사, 1996).

30) 예를 들어, 『식품과학기술대사전』은 '전염병'을 다음과 같이 설명하고 있다. "전염병(communicable disease, infectious disease): 병원체의 감염에 의하여 일어나는 사람 또는 동물의 질병(감염증, infectious disease) 중에 병원체가 사람에서 사람에게, 사람에서 동물 또는 물건을 매체로 하여 사람에게 차례차례로 전파하여 가는 질병을 전염병(communicable disease)이라고 부른다. 예컨대, 장티푸스와 파상풍은 다 함께 감염증이지만 전자는 분변 등을 매체로 하여 그 자체가 감염하여 일어나는 질병이고 전염병의 범주에 넣는다. 한편 후자는 Clostridium tetani가 생산하는 독소에 의해서 일어나는 질병이고 질병을 일으키는 데 병원체의 감염이 반드시 필요하지 않기 때문에 엄밀하게는 전염병의 범주에는 들어갈 수 없다. 그러나 감염증과 전염병을 동의어로서 사용하는 경우도 있고 전염병예방법에서 정하는 전염병에는 이 양자가 포함되고 있다." 한국식품과학회, 『식품과학기술대사전』(광일문화사, 2004).

31) 예를 들어 이은영 외, "국제보건규칙(2005)에 따른 전염병예방법 및 검역법 개정방향 연구", 『한국의료법학회지』, 제14권(2006); 이덕형 · 박기동, "국제보건규칙의 개정과 전염병 관리 및 검역체계 개선의 과제", 『대한의사협회지』(2005년 8월호); 김동진, "기후변화에 따른 전염병관리분야 적응대책", 『보건복지포럼』, 통권 제154호(2008); 신호성 · 김동진, 『기후변화와 전염병 질병부담』(한국보건사회연구원, 2008) 등 많은 논문들이 전염병의 개념에 감염병을 포함시켜 포괄적인 의미로 사용하고 있다.

32) 예를 들어, 감염병과 전염병의 혼용은 시 · 도 공무원 교육자료인 『역학 및 전염병 관리』 2011년 공통교재에서도 볼 수 있는데, 이 교재를 제작한 질병관리본부는 제

나 동일한 의미로 사용하고 있는 것을 확인할 수 있다. 영어권에서도 'communicable disease'와 'infectious disease'는 흔히 동일한 의미로 혼용되고 있다.[33] 두 번째로, 감염병 대신에 전염병이라는 단어를 선택한 이유는 '감염'보다는 '전염'이라는 단어가 질병의 국제적 성격 및 '전파', '확산'을 더 잘 설명하기 때문이다.

이러한 이유로 이 책에서 사용하는 '전염병'이라는 단어는 전염병 및 비전염성 감염질환을 모두 포함하는 개념으로서 정의한다. 다만 법률이 명기하고 있는 경우에는 그 용어를 그대로 사용하며, 논의의 필요상 구분이 꼭 필요한 경우에는 전염성 질환, 비전염성 감염질환이라는 용어를 사용하도록 한다.

Ⅱ. 전염병의 범위

이 글은 인수공통전염병을 포함하여 인간에게 전염되는 전염병을 대상으로 한정한다. 따라서 가축전염병은 논의에서 제외된다. 그러나 아직까지 인간에게 전염된 사례가 없는 가축전염병이라고 하더라도 과학

목에서는 전염병관리라는 단어를 사용하고 있지만, 실제 본문 어디에서도 전염병이라는 단어는 찾을 수 없고, 감염병이라는 용어만을 사용하고 있다. 강경아 외 5인(질병관리본부), 『역학 및 전염병관리』 (시 · 도 공무원 연수자료) (남북장애인교류협회, 2011), 5쪽.

33) 예를 들어, Wilhelm Kirch, *supra* note 23, p.136(communicable disease), p.759(infectious disease); MedlinePlus(a Service of the U.S. National Library of Medicine & National Institutions of Health): "Infectious Disease: Also called: Communicable Diseases", available at: http://www.nlm.nih.gov/medlineplus/infectiousdiseases.html〈2012-03-31〉. 전염병을 의미하는 또 다른 영어 표현으로 'Transmissible Diseases'도 있다.

적으로 변종 바이러스의 출현으로 인해 언제든 사람에게 전염될 수 있는 가능성이 열려 있는 경우에는 이 글이 다루고자 하는 전염병의 통제 대상에서 제외되지 않는다.

전염병의 국제적 확산에서 특히 주목해야 할 유형이 인수공통전염병이다. 인수공통전염병(zoonoses)이란 동물과 사람 사이에 직접 또는 간접적으로 전파되는 전염병을 말하며, 1958년 WHO/FAO 합동 전문가 회의에서는 "척추동물과 사람 사이에서 전파하는 성질이 있는 미생물에 의한 감염 또는 질병"으로 정의하고 있다.[34] 현재까지 약 250종의 인수공통전염병이 알려져 있으며 인간의 건강과 공중보건학적으로 중요한 인수공통전염병은 탄저, 브루셀라병, 결핵, 장출혈성 대장균감염증, 고병원성 조류인플루엔자, 광견병, 일본뇌염, 소 해면상뇌증(광우병, BSE), 에볼라열, 크립토스포리디움 등 약 100여 종이 알려져 있다.[35] 인수공통전염병은 동물에서 사람으로 직접 또는 간접적으로 전파되며, 경우에 따라서는 해당 질병의 감수성이 없는 동물이나 곤충 등이 매개체가 되어 전파되기도 한다.

한 연구에 따르면 1940년~2004년 사이에 새로 등장한 335개의 전염병 중 다수(60.3%)가 인수공통전염병에 해당하며, 이 중 71.8%가 야생에서 유래하였다.[36] 최근에 발생한 사스, 조류독감이라 불리는 조류인

34) WHO Technical Report Series No. 196, *Joint WHO/FAO Expert Committee on Zoonoses*, Second Report(WHO, 1959), p.6.

35) 정석찬, "기후변화와 인수공통전염병", 『Safe Food』(한국식품위생안정성학회), Vol. 5(2010), 26쪽. 보건복지부 고시 제2010-125호(시행일 2010년 12월 30일)의 「지정전염병 등의 종류」에서 「감염병의 예방 및 관리에 관한 법률」 제2조 제11호에 따른 '인수공통감염병'의 종류는 다음과 같다: 가. 장출혈성대장균감염증, 나. 일본뇌염, 다. 브루셀라증, 라. 탄저, 마. 공수병, 바. 조류인플루엔자 인체감염증, 사. 중증급성호흡기증후군(SARS), 아. 변종크로이츠펠트-야콥병(vCJD), 자. 큐열, 차. 결핵.

36) Kate E. Jones *et al.*, "Global Trends in Emerging Infectious Diseases", *Nature*, Vol.

플루엔자A(H5N1), 신종 인플루엔자A(H1N1)[37] 또한 인수공통전염병이다. 이들 병원체는 새로운 환경변화에 잘 적응하는 특성을 가지고 있어 질병의 확산과 피해의 위험이 높은 편이다. 예를 들어, 2003년 한 지역의 가금류 농장에서 발생한 조류인플루엔자A(H5N1)는 오늘날까지 564건의 발병 사례가 보고되었고, 그 중 330명이 사망하였다.[38] 공중보건에 있어 인수공통전염병의 위협이 점차 높아짐에 따라 인간과 동물 사이의 접촉빈도를 높이는 요인이 되는 무역 및 여행 빈도의 증가, 환경의 파괴와 악화에 대한 연구가 점차 중요해지고 있다.

451(2008), p.990.

37) 신종 인플루엔자A(H1N1)는 A형 인플루엔자 바이러스가 변이를 일으켜 생긴 새로운 바이러스로, 2009년 전 세계적으로 사람에게 감염을 일으킨 호흡기 질환이다. WTO Global Alert and Response, "Pandemic(H1N1) 2009", available at: http://www.who.int/csr/disease/swineflu/en /index.html〈2012-03-31〉. 이 질병이 알려지게 된 것은 2009년 4월 12일 멕시코의 한 지역에서 인플루엔자(Influenza-like illness) 집단 발생 사건이 범미주보건기구에 보고되면서부터이다.
이후 4월 23일까지 854명 이상의 폐렴증상을 보이는 환자가 발생하여 그 중 59명이 사망한 사례가 WHO에 보고되었다. 이 환자들을 대상으로 한 초기 연구결과에 의해 신종 인플루엔자 바이러스의 유전자분석 결과가 돼지인플루엔자A(H1N1)와 일치한다는 주장에 따라 '돼지인플루엔자'(SI) 또는 '돼지독감'(swine flu)이라고 불렸으나 결국 돼지와 관련이 있다는 확실한 증거가 없어 WHO는 2009년 4월 30일 기준으로 신종 인플루엔자A(H1N1)로 공식 명명하였다. WHO, "Influenza-like illness in the Unite State and Mexico", available at: http://www.who.int/csr/don/2009_04_24/en/print.html〈2012-03-31〉.

38) WHO, "Cumulative Number of Confirmed Human Cases of Avian Influenza A/(H5N1) Reported to WHO", available at: http://www.who.int/csr/disease/avian_influenza/country /cases_table_2011_08_09/en/index.html〈2011-07-01〉.

Ⅲ. 전염병 관련 국제법 분야

1. 국제보건법

전염병을 주요 규제대상으로 다루는 국제보건법(International Health Law)[39]과 그 중에서도 전염병 규제를 다룬「국제보건규칙」이 이 글의 중요한 연구대상이다. 국제보건법은 국제경제법, 국제환경법, 국제인권법, 국제인도법 등 국제법학계에서 일반적으로 그 명칭과 규범내용이 일치하는 법 영역과는 달리 어떤 법이 국제보건법에 해당하는가, 국제보건법이 무엇인가에 대한 일반적 이해가 없는 것이 사실이다. 이는 국제법학에서 국제보건법이라는 용어 자체가 낯설기 때문이기도 하다. 사실 국제보건법을 하나의 영역으로 다루고 있는 국내외의 주요 국제법 교과서는 찾아보기 어려우며, 국제보건법이라는 제목의 단독 저서도 없기는 마찬가지다.

그러나 국제법의 영역을 구분하고 그 내용을 정하는 것은 학자마다 입장이 다르고 이것은 국제보건법뿐만 아니라 다른 국제법 영역에서도 마찬가지이다. 이처럼 국제보건법의 영역을 구분하고 개념을 정의하는 것이 쉽지는 않지만, 연구의 범위를 정하고, 범주화를 통해 이해를 돕는다는 점에서, 이것은 필요한 작업이다. 학자에 따라 국제보건과 관련된 모든 법들을 국제보건법으로 보는 경우가 있는데,[40] 이러한 개념에 따르면 WHO의 관련법뿐만 아니라 국제경제법, 국제인권법 중 국제보건 관련 법들이 이 범주 안에 포함된다. 그러나 이러한 광의의 개념은

39) 또는 'International Public Health Law'로 불린다.

40) Gian Luca Burci, "Implementation of International Health Law: A Challenge for the Future: Remarks by Gian Luca Burci", *Proceedings of the Annual Meeting of the American Society of International Law*, Vol. 101(2007), p.253.

국제보건법의 영역을 따로 구분하는 분석의 실익이 없다는 점에서 적절하지 못하다. 따라서 국제보건법의 영역을 WHO를 중심으로 WHO 헌장을 비롯하여 WHO가 공중보건을 위해 제정한 조약과 관련 결의 및 WHO의 이전에 존재했던 공중보건을 주제로 한 조약 등에 한정하는 것이 다른 국제법영역과 국제보건법을 구분하여 이해하는데 도움을 줄 것이다.

2. 그 밖의 국제법 분야

전염병의 문제는 IHR 2005와 WHO의 법적 활동 등의 국제보건법 분야뿐만 아니라 다양한 국제법 분야에서 직접적 또는 간접적으로 다뤄지고 있다. 전염병은 그 특성상 공중보건뿐만 아니라 무역, 인권, 환경, 무력충돌 등 사실상 거의 모든 국제법 영역에 직 · 간접적으로 관련되기 때문이다.

예를 들어, 국제경제법 영역에서는 국가간 상품의 이동과정에서 발생하는 전염병의 확산을 규제하기 위한 규범, 국제인권법 영역에서는 전염병으로부터 보호받아야 하는 권리에 관한 규범과 전염병의 통제를 위한 국가의 보건조치 과정에서 침해받는 권리를 보호하는 규범이, 그리고 국제환경법은 전염병의 출현과 확산의 원인이 되는 환경오염을 규제하는 규범이 발전해 왔다. 이 외에도 다양한 국제법 영역들이 전염병 문제에 효과적이고 적절하게 대응하기 위한 국제규범들을 발전시켜 왔다.

제 3 절 전염병 통제에 관한 국제보건법의 발전

Ⅰ. 시대별 발전사

국제보건체제의 발전사를 검토해야 하는 데는 중요한 두 가지 이유가 있다.[41] 첫째, 오늘날의 체제 그리고 특히 국가의 관행과 대응은 역사적 관점에서 보았을 때만 이해할 수 있다. 국제보건체제는 특정 전염병의 국제적 확산을 막기 위해 개별 국가들이 취한 차단조치를 국제적으로 규제하기 위한 한 세기 가까이 지속된 노력의 결과이다. 그러나 이에 근거한 규범체제는 역학(疫學)이 고도로 발달함에 따라 점차 시대에 맞지 않는 접근방식의 대표가 되었다. 이 시기의 체제에서는 예를 들어 정보의 보고, 최대 허용조치의 개념 그리고 제2차 세계대전 이전에 형성된 규범을 이행하기 위한 국제기구의 관행 등을 엿볼 수 있다.

둘째, 국제보건체제의 역사적 발전은 오늘날 WHO가 확립하고 있는 규범적 접근방식에 대한 통찰력을 제공할 것이다. 이하에서는 국제보건체제의 발전에 있어 중요한 도약점이 되었던 사건 또는 국제법 형성을 기준으로 시기별 주요 발전사항을 설명하고, 이 체제가 맞닥뜨린 주요 규범적 문제들을 간략히 살펴볼 것이다.

1. 1851년 이전: 국제보건체제의 기원과 초기 경향

전염병에 관한 국제적 접근은 1830년부터 1847년까지 유럽을 휩쓴

41) David M. Leive, *International Regulatory Regimes: Case Studies in Health, Meteorology, and Food*, Vol. I (Lexington Books, 1976), p.15.

콜레라에 대처하기 위한 유럽 국가들의 협력의 시도가 그 시작이라고 할 수 있다.[42] 콜레라의 발생은 유럽 전역에 많은 사망자를 발생시켰을 뿐만 아니라 국제무역에도 악영향을 주었다.[43] 전염병의 확산을 방지하기 위한 국제적 협력이 시작되기 이전에는 전염병의 통제가 개별 주권 국가에 전적으로 맡겨졌다.[44] 당시에 국가들은 전염병이 다른 국가로의 확산을 방지하기 위해 주로 차단조치를 취하였다.[45] 그러나 차단 · 격리 조치 체계가 국가마다 상이했기 때문에 국제 여행과 무역의 확대를 방해하여 결과적으로 적절하지 못한 조치로 판명되었다.[46]

2. 1851~1951년: 제1차 국제위생회의에서 「국제위생규칙」 채택 전까지

19세기 중반 유럽의 콜레라 유행은 전염병의 국가간 전파를 방지하기 위한 국제법의 필요성을 부각시키는 큰 역할을 하였다. 이 사건이 계기가 되어 1851년 공중보건 관련 최초의 국제회의인 '국제위생회의'(International Sanitary Conference)가 프랑스 파리에서 개최되었다. 이 회

42) WHO는 IHR의 기원으로 이 사건을 언급하고 있다. WHO, "International Health Regulations, Background", available at: http://www.searo.who.int/en/Section10/Section2362 _12862.htm〈2012-03-31〉.

43) David P. Fidler, "From International Sanitary Conventions to Global Health Security: The New International Health Regulations", *Chinese Journal of International Law*, Vol. 4(2005), p.329.

44) Sidney Edelman, "International Travel and Our National Quarantine System", *Temple Law Quarterly*, Vol. 37(1963), pp.28-30.

45) Nancy E. Allin, "The AIDS Pandemic: International Travel and Immigration Restrictions and the World Health Organizations's Response", *Virginia Journal of International Law*, Vol. 28(1988), p.1046.

46) *Ibid.*

의의 개최는 전염병의 국제적 전파가 더 이상 국내적인 통제만으로는 해결될 수 없다는 것에 대한 주요 유럽 국가들의 결론을 반영한 것이다. 유럽 국가들은 국제무역과 국제이동을 통하여 국경을 넘어 전파되는 질병은 그 문제의 성질상 국제적 협력이 필요하다는 것을 절감하였고, 국제회의의 개최와 국제조약의 체결을 논의하게 되었다. 그러나 필요성의 근거가 된 국제무역과 국제이동의 문제는 전염병의 국제적 통제에 고스란히 영향을 미쳐 국가들은 국제무역과 국제적 이동에 최소한 개입하는 방식으로 체제를 구축하였다.[47] 이를 반영하듯 1893년 국제위생회의는 회의의 목적을 전문의 성명을 통해 당사국들은 "상업적 거래와 여행수송을 불필요하게 방해함이 없이 콜레라 유행기간 동안 공중보건을 보호하기 위한 일반조치를 확립하기로 결정"하였음을 알렸다.[48]

1851년부터 1944년까지 많은 국가들이 16차례의 전염병 통제 관련 국제회의에 참여하였으며,[49] 이 문제에 관한 13개의 협정을 체결하였다.[50] 첫 번째 국제위생회의는 1851년 파리에서 열렸다. 12개국에서 각각 외교관과 의료대표자가 한 명씩 참가한 이 회의의 시급한 사안은 특

47) David P. Fidler 교수는 국경간 전염병의 이동에만 중점을 둔 체제를 고전적 체제(classical regime)로 명하고 있다. 이 고전적 체제는 ① 자국 영토에서 발생한 특정 질병에 대해 다른 국가에게 통고할 의무와 ② 국제무역과 국제적 이동을 제한하는 질병예방 조치가 과학적 근거와 공중보건원칙에 근거할 것을 요구하고 있다. David P. Fidler, "International Law, Infectious Diseases, and Globalization", in Stacey Knobler *et al.*(ed.), *The Impact of Globalization on Infectious Disease Emergence and Control*(National Academies Press, 2006), pp.185-186.

48) International Sanitary Convention, 15 April 1893, 1894 *Great Britain Treaty Series* No.4, preamble.

49) Norman Howard-Jones, *supra* note 20, p.1034.

50) *Ibid.*

히 지중해와 흑해의 해상교역에 있어 콜레라, 페스트, 황열의 예방조치에 관해 합의를 이끌어 내는 것이었다. 이 과정에서 국제적 협정이 채택되긴 했으나 오직 프랑스, 포르투갈, 사르디니아만 비준하였고 그나마 포르투갈과 사르디니아는 14년 후에 협정을 폐기하였다.[51] 1859년 프랑스 정부의 주도로 파리에서 열린 두 번째 국제위생회의는 오직 외교관만 참석하였으며 별 성과를 얻지 못했다. 이후 지속적으로 제3차 콘스탄티노플(1866), 제4차 비엔나(1874), 제5차 워싱턴(1881), 제6차 로마(1885)에서 회의가 열렸으나 조약 채택에는 실패하였다.[52]

1892년 베니스에서 열린 제7차 국제위생회의에 이르러서야 처음으로 「국제위생협정」(International Sanitary Convention: ISC)이 채택되었는데 오직 콜레라에 대해서만 규정하였다. 이후 제8차 드레스덴 회의(1893)에서 채택된 ISC 1893, 제9차 파리 회의(1894)에서 채택된 ISC 1894 모두 콜레라에 대한 것이었다.[53] 다만, 제10차 베니스 회의(1897)에서 채택된 ISC 1897은 오직 페스트만을 규정하였다.[54] 이 4개의 협정은 각각 별개의 조약으로 채택되었다. 이들 협약의 핵심 내용 중 하나는 당시 국가들마다 기준과 절차가 달라 혼란을 가중시켰던 검역체계를 조화시키는 것이었다.[55] 수차례 계속된 국제위생회의는 본질적으로 외교적 성

51) David P. Fidler, *supra* note 22, p.43.

52) WHO Western Pacific Region, Regional Director's Report, Part 1: WHO in the Western Pacific Region: The First 50 Years, p.3, available at: http://www.wpro.who.int/NR/rdonlyres/BB409142-B69D-462B-B4B1-EBFC9F7B2D0C/0/chapter1.pdf〈2012-03-31〉.

53) Norman Howard-Jones, "The Scientific Background of the International Sanitary Conferences 1851-1938", in *History of International Public Health*, No. 1(WHO, 1975), pp.58-77.

54) *Ibid.*, pp.78-80.

55) David P. Fidler, *supra* note 22, p.82.

격을 갖고 있었으며, 의학적 견해는 대부분의 회의에서 조약을 체결하는데 도움이 되기보다는 오히려 장애가 되었다.

초기의 국제회의들은 보편적 조약을 도출하는데 실패하였는데, 그 원인으로 지목된 것 중 하나가 전염병에 대한 과학적 지식이 크게 부족했다는 점[56]이었고, 또 다른 원인으로 상시기구를 위한 규정을 만드는데 실패한 점이 지적되었다.[57] 전염병의 국제적 통제는 1903년 파리에서 개최된 제11차 국제위생회의를 통해 돌파구를 찾았는데 이 회의에서 체결된 ISC 1903은 이전의 4개의 국제위생협정[58]을 통합하고 발전시켰다. 이 협정은 서명국이 다른 모든 서명국에게 특정 전염병의 발생에 대해 통고할 것을 요청함으로써 국제적 협력계획을 수립하였고[59] 회원국들에게 질병의 발생을 다른 국가에 적절하게 통고한 국가에 대해 과도한 조치를 취하는 것을 자제할 것을 요청하였다.[60] 이 협정은 또한 국제보건을 위한 국제적 기관의 설립을 요청하였다.[61] ISC 1903은 이후 1912년, 1926년, 1938년, 1944년에 걸쳐 수정 또는 개정되었다.[62] 1933년에는 「항공기 운항을 위한 국제위생협정」(International Sanitary

56) Norman Howard-Jones, *supra* note 20, p.1034.

57) David M. Leive, *supra* note 41, p.16.

58) 1903년 「국제위생협정」은 1892년, 1893년, 1894년 및 1897년 「국제위생협정」을 통합, 개정하였다.

59) 1903년 「국제위생협정」 제1조.

60) 1903년 「국제위생협정」 제10조.

61) David M. Leive, *supra* note 41, pp.17-18. 공식적으로 1907년도에 설립된 이 기관 「Office of International Public Health」는 WHO가 그 기능을 포섭하기까지 약 40년 동안 자신의 역할을 수행했다. Harry Sutherland Gear, *Disease Control and International Travel: A Review of the International Sanitary Regulations*(WHO, 1956), p.282

62) Norman Howard-Jones, *supra* note 49, p.1034.

Convention for Aerial Navigation)이 헤이그에서 서명되었고, 1944년 새 협정에 의해 개정되었다.

이 당시 수많은 조약이 체결되었음에도 불구하고, 전염병의 통제에 관한 국제법은 제2차 세계대전이 끝나는 시점까지 혼란과 불만족이 계속되었다. 첫째, 여러 개의 조약이 존재했음에도 여전히 법이 규율하지 못하는 틈이 존재했고, 둘째, 서로 중복되는 조약 규정들은 과학적 지식의 발전을 따라잡지 못하고 국제교역의 속도, 규모 및 범위의 증가를 수용하지 못했다.[63)]

3. 1951~1981년: 「국제위생규칙」 채택에서 두창 소멸까지

1948년 WHO가 설립됨에 따라 전염병 통제를 위한 국제협력도 국가간의 수평적 조약체제에서 WHO 중심의 수직적 규범체제로의 전환이 논의되기 시작했다. 그 성과물이 바로 1951년 「국제위생규칙」(International Sanitary Regulations: ISR 1951)이다. 이 규칙은 이후 4차례의 개정(1955년, 1956년, 1960년, 1965년)을 겪고 이 체제를 계수한 1969년 「국제보건규칙」(International Health Regulations: IHR 1969)이 채택되면서 종료되었다.[64)] 「국제위생규칙」 채택 이후 약 30년 동안 질병의 국경간 이동의 통제와 경제적 이익을 함께 중요시하던 체제—David. P. Fidler 교수는 이러한 특징을 가진 이 시기의 체제를 '고전적 체제'(classical regime)라고 불렀다[65)]—의 안착을 기대하였으나, 당시의 전망과는 달리 「국제위생규칙」이 만들어낸 체제는 공중보건에 관한 국제정치와 국제법 모두에서 주목받지 못했다. 「국제위생규칙」이 IHR 1969로 바뀌면

---

63) David P. Fidler, *supra* note 4, p.835.

64) WHO, *International Health Regulations*(1969), 3rd annotated edition(WHO, 1983).

65) David P. Fidler, *supra* note 47, p.185-186.

서 「국제위생규칙」의 관할 질병인 중 매개티푸스와 매개재귀열이 IHR 1969의 질병목록에는 포함되지 않았고, 두창(일명 천연두)의 경우는 전세계적 소멸이 선언된 후인 1981년 IHR 1969의 질병목록에서 제외되었다.[66] 이와 같이 관할 질병이 축소되면서 IHR 1969도 동시에 침체가 가속화되었고 이는 국제보건에 영향을 주는 새로운 국제법체제—국제경제법, 국제인도법, 국제환경법 등—의 등장 및 발전의 양상과 대조를 이루었다.

David. P. Fidler 교수의 분석에 따르면 이 시기에 고전적 보건체계가 침체된 원인은 크게 4가지가 있다.[67] 첫 번째 이유로는 국제보건협력 전략의 변화이다. 국제보건외교의 첫 세기 동안 전염병에 관한 주요 관심은 당시 국제체제를 이끌던 유럽 주요 국가의 경제적 이익과 공중보건 사이의 균형에 집중되었다. 그러나 이 시기의 공중보건체제가 규범 형성을 통해 구체화되자 공중보건과 경제적 이익간의 균형은 결국 제한된 질병에 한정되었고, 강대국의 경제적 이익에 끌려다니게 되었다.[68]

그러나 WHO가 설립되면서 국제적 보건협력에 새로운 돌파구가 열렸다. WHO헌장은 그 전문에서 기존 체제의 목적과 다른 새로운 시각을 다음과 같이 선보였다.

> "건강이라는 것은 완전한 육체적 · 정신적 및 사회적 복리의 상태를 뜻하고, 단순히 질병 또는 병약이 존재하지 않는 것이 아니다. 도달할 수 있는 최고수준의 건강을 향유한다는 것은 인종, 종교, 정치적 신념과, 경제적

66) IHR 1969, Foreword, p.5.

67) David P. Fidler, *supra* note 43, p.333.

68) *Ibid.*

또는 사회적 조건의 구별 없이 만인이 가지는 기본적 권리의 하나이다. 모든 국민의 건강은 평화와 안전을 달성하는 기초이고, 개인과 국가의 최대한의 협력에 의존한다."[69]

한편, 전염병에 관한 상당수의 규칙들이 선진국간의 무역을 보호하기 위해 고안된 것이기 때문에 WHO헌장의 전문에 보건을 위한 '새로운 질서'를 주창하기란 쉽지 않은 문제였다. 그러나 WHO헌장은 전문에서 "건강의 증진과 질병 특히 전염병의 억제가 여러 국가간에 불균등하게 발달하는 것은 공통의 위험"임을 밝히면서 개발도상국의 전염병 문제에 관심을 기울였다. WHO는 전염병이 개발도상국의 자원을 공격한다는 것에 관심을 갖고 집중했기 때문에 실제 정책과정에서 초기부터 이러한 긴장을 강화해 갔다.[70] 이러한 전략은 더 이상 보건정책이 강대국의 경제적 이익에 의해 좌우되지 않는다는 WHO의 입장을 보여 준다. 그러나 WHO는 기존의 체제를 개정하기보다는 특정 질병을 근절시키기 위한 노력[71]이나 1978년 시작된 'Health for All' 캠페인[72] 등 국제적 보건협력을 강화시키는 새로운 접근방식을 택했다.

---

69) WHO헌장 전문.

70) Charles O. Pannenborg, *A New International Health Order: An Inquiry into the International Relations of World Health and Medical Care*(Springer, 1980), p.343; Dyna Arhin-Tenkorang and Pedro Conceição, "Beyond Communicable Disease Control: Health in the Age of Globalization," in Inge Kaul *et al.*(eds.), *Providing Global Public Goods: Managing Globalization*(Oxford University Press, 2003), pp.484, 487.

71) WHO의 캠페인 중 가장 잘 알려진 성공적 사례는 1970년대 후반 WHO의 노력에 의한 두창(smallpox)의 소멸이다.

72) Declaration of Alma Ata, 12 September 1978, in: *Report of the International Conference on Primary Health Care*(1978).

전염병에 관한 국제회의와 조약(1851~1951)[73)]

연도	국제회의 / 조약 및 내용
1851	제1차 국제위생회의 / 페스트, 콜레라, 황열의 통제 및 해상교통에 관한 협약과 규칙에 관해 교섭, 조약 발효하지 못함), 파리
1859	제2차 국제위생회의(1851년 협약과 규칙을 교섭, 조약 발효하지 못함), 파리
1866	제3차 국제위생회의, 콘스탄티노플 / 별다른 논의 없음
1874	제4차 국제위생회의(전염병에 관한 상설 국제위원회 설립을 위한 조약을 교섭하였으나 성과가 없었음), 비엔나
1881	제5차 국제위생회의(통고를 위한 상설 국제위생기구의 설립을 위한 조약을 교섭하였으나 성과가 없었음), 워싱턴 D.C.
1885	제6차 국제위생회의, 로마
1892	제7차 국제위생회의[「국제위생협정」(International Sanitary Convention: ISC) 1892 채택, ISC 1903으로 대체], 베니스
1893	제8차 국제위생회의(ISC 1893 채택, ISC 1903으로 대체), 드레스덴
1894	제9차 국제위생회의(ISC 1894 채택, ISC 1903으로 대체), 파리
1897	제10차 국제위생회의(ISC 1897 채택, ISC 1903으로 대체), 베니스
1903	제11차 국제위생회의(ISC 1903 채택, ISC 1892, 1893, 1894, 1897을 대체, ISC 1912로 대체), 파리
1905	미주위생회의(Inter-American Sanitary Convention 채택, 1924 Pan American Sanitary Code로 대체됨)
1912	제12차 국제위생회의(ISC 1912 채택, ISC 1903으로 대체), 파리

73) 표의 출처: Craig N. Murphy, *International Organization and Industrial Change: Global Governance since 1850*(Polity Press, 1994), p.59 및 David P. Fidler, *supra* note 22, pp.22-23.

1924	범미위생회의 (Pan American Sanitary Code 채택)
1926	제13차 국제위생회의(ISC 1926 채택, ISC 1912 개정), 파리
1927	「범미위생협정 추가의정서」(Additional Protocol to the Pan American Sanitary Convention)
1928	「항공기 운항을 위한 범미위생협정」(Pan American Sanitary Convention for Aerial Navigation)
1930	「항디프테리아 혈청에 관한 협정」(Convention Concerning Anti-Diphtheritic Serum), 파리
1933	「항공기 운항을 위한 국제위생협정」(International Sanitary Convention for Aerial Navigation), 헤이그
1934	「건강증명서 면제를 위한 국제협약」(International Agreement for Dispensing with Bills of Health) 및 「건강증명서에 대한 영사비자 면제를 위한 국제협약」(International Agreement for Dispensing with Consular Visas on Bills of Health)을 채택, 파리
1934	「뎅기열의 상호 보호를 위한 국제협정」(International Convention for Mutual Protection Against Dengue Fever), 아테네
1938	국제위생회의, ISC 1926 개정
1944	국제위생회의, ISC 1926 일부 수정
1944	1933년 「항공기 운항을 위한 국제위생협정」(International Sanitary Convention for Aerial Navigation) 개정 및 채택, 헤이그
1946	1994년 「국제위생회의의 연장을 위한 의정서」(Protocols to Prolong the 1944 International Sanitary Conventions)
1946	「세계보건기구헌장」 채택, 뉴욕
1951	「국제위생규칙」(International Sanitary Regulations)의 채택

고전적 체제가 침체된 두 번째 이유는 1951년 이후 전염병의 국제적 통제에 있어 정치의 중요성이 상당히 감소했다는 점이다.[74] 강대국과 선진국들은 자국 국민과 경제에 영향을 미치는 전염병의 위협을 줄이기 위해 많은 노력을 했다. 선진국들은 자국 내에 깨끗한 물의 공급이나 위생의 강화 그리고 백신과 같은 새로운 의학기술의 적용을 통해 전염병에 대항하기 시작했다.[75] 이에 따라 선진국들이 고전적 체제의 고수를 통해 얻는 정치적 이익이 줄어들었다.

세 번째 이유는 1951년 이후 기술의 발전이다. 제2차 세계대전 이후 여러 전염병에 대한 항생제와 백신이 개발되었는데, 이러한 기술적 자원이 전 세계적으로 사용되고 전파되어야 할 필요성이 높아졌다.[76] 그러나 기존의 고전적 체제는 이러한 노력을 지지하도록 고안된 것이 아니라서 새로운 기술을 적용하기 위한 노력에 도움을 주지 못했다.

네 번째 이유는 고전적 체제의 몰락이 세 가지 측면에서 국제법과 연관되어 있다는 점에서 설명될 수 있다. 첫째, ISR 1951과 IHR 1969가 법적으로 실패했다는 점이다. ISR 1951과 IHR 1969의 실패 원인에는 여러 가지가 있지만 무엇보다 규율 질병을 특정함에 따라 재등장 전염병 또는 신종 전염병에 대응하지 못한 점이 가장 큰 이유로 지적되었다.[77] 둘째, 공중보건 전문가들이 법이 더 이상 공중보건 현실을 반영하지 못한다는 점을 지적하면서 고전적 체제의 성격에 대해 문제를 제기했다. IHR 1969의 적용대상 질병에 버금가는 국제적 확산의 위험이 있

74) David P. Fidler, *supra* note 43, p.334.

75) Laurie Garrett, *The Coming Plague: Newly Emerging Diseases in a World Out of Balance*(Penguin, 1995), p.242.

76) David P. Fidler, *supra* note 22, p.11.

77) 자세한 논의는 다음 제2장 제1절 Ⅱ. 1 참고.

는 다른 질병들에 대해서는 적용되지 않으며,[78] 대상 질병들은 과거의 전염병들로 여기에 포함되지 않는 현재의 그리고 앞으로 새로 발생할 전염병을 통제하지 못한다는 비판을 받았다.[79] 셋째, 고전적 체제를 독점하던 국제보건법의 축소를 들 수 있다. 여기에 새로운 국제법 체제로 특히 국제경제법, 국제인권법, 국제환경법의 등장도 원인이 되었다.

1981년 세계보건총회(World Health Assembly: WHA)는 1970년대 후반 전 세계적으로 두창이 소멸하였음을 확인하고 IHR 1969의 적용대상 질병에서 두창을 삭제하는 개정을 하였다.[80] 이 개정을 통해 그렇지 않아도 규율하는 질병의 범위가 좁았던 IHR 1969의 역할은 더 축소되고 침체되었다.

4. 1981~2002년: 신종 전염병의 등장과 IHR 1969의 위기

1981년 두창이 소멸된 이후 20년 동안은 전염병의 국제적인 통제와 공중보건 전반에 위기가 찾아왔다. 이 시기에 가속화된 세계화는 새롭게 등장한 전염병[예를 들어, 후천성면역결핍증후군(AIDS), 인간면역결핍바이러스(Human Immunodeficiency Virus: HIV)에 감염된 상태] 등과 재등장한 다른 전염병들이 전 세계적으로 전파되는데 불을 지폈으며, 생물무기의 확산 또한 국가안보와 공중보건의 중요 관심사항이 되었다.[81] 전

---

78) P. Dorolle, "Old Plagues in the Jet Age: International Aspects of Present and Future Control of Communicable Diseases", *British Medical Journal*, Vol. 4(1968), pp.791-792 ("Non-quarantinable" Diseases).

79) E. Roelsgaard, "Health Regulations and International Travel", *WHO Chronicle*, Vol. 28(1974), p. 267.

80) IHR 1969, Foreword.

81) Mary K. Kindhauser(ed.), *Communicable Disease 2002: Global Defence Against the Infectious Disease Threat*(WHO, 2003), pp.14-17.

문가들은 새로운 전염병의 등장과 과거 질병의 재등장의 요인으로 세계화, 도시화, 이민, 공중보건체계의 붕괴, 치료제 효과의 저하, 환경의 악화 그리고 빈곤 등과 이 요소들의 복합을 지적하였다.[82] 테러행위의 증가가 큰 원인이 된 생물무기의 확산 또한 전염병 위협을 더욱 가중시켰다.[83]

그러나 IHR 1969는 새롭게 등장하거나 재등장한 전염병에 대해 대처할 방법이 없었다. 이 질병들의 어느 것도 IHR 1969가 나열한 관할 질병에 포함되지 않았다. 때문에 IHR 1969 체제로는 국가 보고도 질병 감시도 이루어질 수 없었다. WHO는 회원국에 대해 IHR 1969가 규율하는 페스트, 콜레라, 황열 외의 전염병에 대해서도 사람의 이동을 통제하는 보건조치가 취해질 수 있다는 주장을 내놓았지만 이러한 주장은 설득력이 없었고 대다수의 WHO 회원국은 이러한 주장을 무시하였다.[84] HIV/AIDS가 이러한 상황을 잘 설명해 주고 있다. HIV/AIDS는 IHR 1969의 규율 질병이 아니기 때문에 WHO 회원국은 HIV 또는 AIDS의 발생에 대해 WHO에 보고할 의무가 없었다. 이에 HIV/AIDS를 IHR 1969의 부분개정으로 규율 질병 목록에 넣자는 주장이 있었으나 크게 세 가지 이유로 거부되었다. 첫째, 일반적으로 IHR 1969의 전염병목록에 질병을 추가하는 것이 HIV/AIDS 문제 해결에 충분한지 여부를 고려하지 않았다.[85] 두 번째로 WHO 회원국은 당시에도 IHR 1969상의 통고의무와 그 이외 의무를 준수하지 않았기 때문에 전염병목록을 추가하

82) Institute of Medicine, Emerging Infections: Microbial Threats to Health in the United States(1992).

83) Mary K. Kindhauser(ed.), *supra* note 81, pp.16-17.

84) David P. Fidler, *supra* note 43, p.339.

85) Claude-Henri Vignes, "The Future of International Health Law: WHO Perspectives", *International Digest of Health Legislation*, Vol. 40(1989), pp.16, 18.

는 방법에 대해 의문이 있었다.[86] 세 번째로 WHO의 실무가들은 HIV/AIDS의 확산을 해결하기 위해 국제인권법과 같은 대안적인 국제법 전략을 채택하였다.[87]

다른 한편으로, WHO는 몇몇 WHO 회원국이 자국에 들어오는 해외여행객에 대해 'AIDS-free certificates'를 요구했을 때 IHR 1969가 회원국이 이러한 인증서를 요구할 수 있도록 하는 어떠한 조항도 포함하고 있지 않기 때문에 IHR 1969 위반행위라고 대응했다.[88] WHO의 입장은 그러한 요구가 과학적으로 정당화된다고 해도 회원국은 오직 IHR 1969에서 허용하는 문서에 대해서만 요구할 수 있다는 것이었다. 그러나 이러한 해석은 법적으로나 국제보건 차원으로나 설득력이 없었다. 이 후 WHO는 IHR 1969의 해석을 정정했지만, 이미 회원국들은 IHR 1969에 대한 WHO의 법적 권위를 무시하였다.[89]

IHR 1969를 포함한 고전 국제보건체계의 붕괴는 국제인권법, 국제경제법 및 국제환경법의 발달에 의해 더욱 가속화되었다. 이 시기에 국제인권법 분야의 발전이 두드러지면서 전염병의 영역에도 국제인권규범들이 적극적으로 관여하기 시작했다. 또한 1995년 WTO체제의 출범은

---

86) P. Dorolle, *supra* note 78, p.789.

87) Jonathan Mann, "Afterword", in: Lawrence O. Gostin and Zita Lazzarini, *Human Rights and Public Health in the AIDS Pandemic*(Oxford University Press, 1997), p.169.

88) WHO, *Weekly Epidemiological Record*, Vol. 60(1985), p.311("no country bound by the Regulations may refuse entry into its territory to a person who fails to provide a medical certificate stating that he or she is not carrying the AIDS virus"); WHO, *ibid.*, Vol. 61(1986), p.389("to require such certificates, let alone to insist on blood tests on arrival, would be totally contrary to the International Health Regulations"); Katarina Tomasevski, "Health", in Oscar Schachter and Christopher Joyner(eds.), *United Nations Legal Order*, Vol. 2(Cambridge University Press, 1995), p.867.

89) Katarina Tomasevski, *ibid.*, pp.859, 868.

국제보건과 국제무역과의 연관성을 더욱 밀접하게 만들었으며, 특히 SPS협정이나 TRIPS협정은 보건 문제를 직접 다루게 됨에 따라 WTO협정과 그 분쟁해결절차가 국제보건법에 미치는 영향에 대해 관심이 쏠렸다.[90] 국제환경법도 1980-90년대 보건에 직접적인 영향을 주는 조약들을 체결함으로써 고전 보건체계의 붕괴를 거들었다. 국제환경협약들은 보건환경을 위협하는 환경 오염을 규제하였다.[91]

여기에 생물무기의 확산과 2001년 미국 탄저균 테러 사건 등 생물테러리즘의 공포는 고전 국제보건체제의 붕괴를 가속화시켰다. 국제사회가 조약을 통해 무력충돌시에 생물무기의 사용을 금지하고[92] 생물무기의 개발 · 생산 및 비축의 금지와 그 폐기를 규정하고 있지만,[93] 이 조약들은 생물테러의 위협을 규제하지는 못했다. 물론 IHR 1969를 비롯한 고전적 국제보건체제 또한 이러한 새로운 공중보건 위협에 어떠한 규제도 갖추지 못했다. 그 이후에도 2003년 사스, 2005년 조류독감 등 신종 전염병의 출현과 그로 인한 국제적 공포는 IHR 1969의 무기력을 그대로 드러내면서 IHR 1969의 개정 논의를 가속화시켰다.

---

90) M. Kent Ransom *et al.*, "The Public Health Implications of Multilateral Trade Agreements", in Kelly Lee *et al.*(eds.), *Health Policy in a Globalising World*(Cambridge University Press, 2002), pp.18-40.

91) 이 책의 제3장 제3절 참고.

92) 1925년 「질식성 · 독성 또는 기타 가스 및 세균학적 전쟁수단의 전시 사용 금지에 관한 의정서」(Protocol for the Prohibition of the Use in War of Asphyxiating, Poisonous or Other Gases and of Bacteriological Methods of Warfare), 17 June 1925, *League of Nations Treaty Series*, Vol. 94(1929), p.65.

93) 「세균무기(생물무기) 및 독소무기의 개발 · 생산 및 비축의 금지와 그 폐기에 관한 협약」(Convention on the Prohibition of the Development, Production and Stockpiling of Bacteriological(Biological) and Toxin Weapons and On Their Destruction), 10 April 1972, *International Law Materials*, Vol. 11(1972), p.309.

Ⅱ. 국제보건법의 연원

150년 동안의 국제보건체제에서 국제법이 발전해 온 양상을 국제법의 연원 측면에서 살펴보는 것은 전염병 통제를 위해 국가들과 국제기구를 포함한 국제공동체가 어떻게 국제법이라는 도구를 활용했는지를 이해하는 데 도움이 될 것이다.

국제법의 연원(source)은 학자들의 견해에 따라 다른 의미로 사용되고 있으나 일반적으로 국내법상의 연원과 마찬가지로 형식적 연원과 실질적 연원으로 구분하여 사용한다.[94] 전자는 국제규범의 창설 · 변경 · 소멸이라는 효과를 발생시키는 국가간의 합의가 어떠한 원인이나 증거에 기초하여 성립하였는가를 기준으로 하는 것으로 국제법의 성립형식을 말하며, 후자는 그러한 합의가 어떠한 원인이나 증거에 기초하여 성립되게 되었는가를 기준으로 하는 것으로 국제법의 발생요인을 말한다.[95]

법원(法源)의 종류와 수는 공동체의 발전과 조직 그리고 관련 법제도의 성격과 정도에 달려 있다고 하겠다. 국제법의 경우 법의 역사적 발전을 통해 조약과 국제관습법이 주된 연원으로 자리잡았다. 국제사법재판소(International Court of Justice: ICJ)는 제38조 제1항에서 재판소에 회부된 분쟁을 "국제법에 따라" 재판할 때 적용해야 할 재판기준으로서

94) Ian Brownlie, *supra* note 18, p.1. Brownlie 교수는 국내법적으로 이해되는 형식적 법원은 국제법상 존재하지 않는다고 주장한다. 그는 입법기관이 존재하는 국내법과 달리 국제사회에는 헌법적 입법기관이 존재하지 않기 때문에 "형식적 연원"이라는 말은 어색하고 오해의 소지가 있다고 보았다.

95) Ian Brownlie, *ibid.*, p.1; 이한기, 『신정판 국제법강의』(박영사, 1997), 78쪽; 山本草二 [『新版 國際法』, 第2刷(有斐閣, 1994)], 박배근 옮김, 『신판 국제법』(국제해양법학회, 1999), 82쪽; 김대순, 『국제법론(제14판)』, (삼영사, 2009), 38쪽.

조약, 국제관습법, 법의 일반원칙 및 법칙결정 보조수단으로서 사법판결, 학설 등을 열거하였다.[96] 동 조항은 ICJ의 준거법을 열거한 것이지만, 일반적으로 국제법의 연원을 성문화한 가장 권위 있는 문서로 언급되고 있다.[97]

이하에서는 국제법상의 주요 연원을 중심으로 전염병 통제를 규율하는 국제법이 어떻게 발전하고 있는지를 간단히 살펴보도록 한다.

1. 조 약

조약은 전염병 통제에 있어 가장 중요한 국제법 연원이다.[98] 전염병 통제에 관한 국제법 발전의 시작이 된 국제위생회의는 앞서 살펴본 바와 같이 전염병 통제의 국제적 협력을 위한 조약 마련을 목표로 하였으며, 1903년 첫 ISC를 채택하게 된다.[99] 당시 참여 국가들이 수차례 회의를 개최하고 조약을 채택하려고 한 중요 이유 중 하나가 국가마다 다른 검역조치 및 보건조치로 인한 혼란과 전염병 통제의 어려움 때문이었다.[100] 즉, 국제관습법을 구성하는 일반적인 관행과 법적 확신(*opinio*

---

96) ICJ규정 제38조 제1항: "재판소는 재판소에 회부된 분쟁을 국제법에 따라 재판하는 것을 임무로 하며, 다음을 적용한다.
가. 분쟁국에 의하여 명백히 인정된 규칙을 확립하고 있는 일반적인 또는 특별한 국제협약
나. 법으로 수락된 일반관행의 증거로서의 국제관습
다. 문명국에 의하여 인정된 법의 일반원칙
라. 법칙 결정의 보조수단으로서의 사법판결 및 제국의 가장 우수한 국제법 학자의 학설. 다만, 제59조의 규정에 따를 것을 조건으로 한다."

97) Ian Brownlie, *supra* note 18, pp.4-5; Malcolm N. Shaw, *International Law*, 6th ed.(Cambridge University Press, 2008), pp.70-71.

98) David P. Fidler, *supra* note 22, p.81.

99) 이 책의 제1장 제2절 Ⅰ 참고.

100) David P. Fidler, *supra* note 22, p.82.

juris)이 존재하지 않았다.[101] 따라서 ISC 1903은 당시 존재하는 국제관습법을 성문화(codification)한 것이 아니라 국제법의 점진적 발전과정을 규정한, 즉 새로운 국제법을 창설하는 조약으로서 콜레라와 페스트의 규제에 관해서는 '입법적'(law-making) 성격을 갖는 것이었다.[102] 여기서 '입법적'이란 국가의 행위를 장래에 걸쳐 규율하는 일반규범적 성격을 말하는 것으로 이런 조약을 흔히 '입법조약'이라고 한다.[103]

WTO 설립 이전의 전염병 통제에 관한 조약이 교섭-채택-인증-구속적 동의 표시라는 전통적인 조약 채택 과정을 통해 만들어졌다면 IHR 1969 및 IHR 2005와 그 전신인 ISR 1951는 다른 접근방법을 택하고 있다. 동 규칙들은 WHO헌장이 WHA에 부여한 "질병의 국제적 확산을 방지하는 것을 목적으로 하는 위생상 및 검역상의 요건 및 기타 절차"에 관한 규칙을 채택할 권한에 근거하여 채택되었다. 규칙의 채택 여부에 대한 결정은 출석하고 투표하는 회원국의 과반수에 의하여 결정되며[104] WHA가 채택에 관하여 적절한 통고를 행한 후에 기한 내에 거절 또는 유보를 통고한 회원국을 제외한 전 회원국에 대하여 법적 효력을 발생한다.[105] 일명, 'opt-out'(선택적 이탈) 방식에 따른 것으로, 정식조약 체결 과정과는 크게 다르지만, 조약 개념의 핵심인 국가의 '동의'에 근거하여 법적 효력을 갖는다는 점은 분명하다. 이들의 명칭은 '규칙'(Regulation)이지만 "서면형식으로 국가간에 체결되며 또한 국제법에 의하여 규율되는 국제적 합의"로서 1969년「조약법에 관한 비엔나

101) 국제관습법의 성립요건에 관해서는 이 책의 제1장 제2절 Ⅱ, 각주 111) 참고.
102) David P. Fidler, *supra* note 22, pp.82-83.
103) Ian Brownlie, *supra* note 18, pp.12-13.
104) WHO헌장 제 60조 (b).
105) WHO헌장 제22조.

협약」의 개념 범위에 포함되는 조약이다.[106)]

전염병을 비롯한 국제보건 전반에 관해 규율하고 있는 WHO헌장 역시 국제법상 중요한 보편적 조약이다. 국제보건법상의 국제법 연원의 발전적 양상이 조약에 근거하고 있다는 점은 국제경제법[107)]이나 국제환경법[108)]과 비슷한 모습이다.

조약은 체결, 발효, 유보, 해석, 이행, 개정, 종료 등에 관한 제 문제가 규율되어야 한다. 이에 관해서는 일반 다자조약인 1969년 「조약법에 관한 비엔나협약」이 채택 · 발효하여 규율하고 있는데, 동 조약은 당시 존재하던 국제관습법을 성문화한 내용과 동시에 법규창설적인 조항을 함께 포함하고 있다.[109)] 동 협약은 그 발효 후에 체결된 조약에 대해서만 적용되며[110)] 그 이전에 체결된 조약은 이에 관한 국제관습법이 그대로 규율한다.[111)] 동 협약은 조약에 관한 일반적인 규정을 둔 것으로 구체

106) 1969년 「조약법에 관한 비엔나협약」 제1조 (a). 동 협약상의 조약이라 함은 명칭에 관계 없이 서면형식으로 국가간에 체결되며 또한 국제법에 의하여 규율되는 국제적 합의를 의미한다.

107) Stephen Zamora, "Is There Customary International Economic Law", *German Yearbook of International Law*, Vol. 32(1989), p.9 이하 참조.

108) Oscar Schachter, "The Emergence of International Environmental Law", *Journal of International Affairs*, Vol. 44(1991), p.470; Daniel Bodansky, "Customary (and Not So Customary) International Environmental Law", *Indiana Global Legal Studies Journal*, Vol. 3 (1995-1996), p.106.

109) 1969년 「조약법에 관한 비엔나협약」 전문: "… 이 협약 속에 성취된 조약법의 법전화와 점진적 발전은 국제연합헌장에 규정된 국제연합의 제 목적, 즉 국제평화와 안전의 유지, 국가간의 우호관계의 발전 및 협력의 달성을 촉진할 것임을 확신하며, …"; Sir Ian Sinclair, *The Vienna Convention on the Law of Treaties*, 2nd ed.(Manchester University Press, 1984), p.21.

110) 1969년 「조약법에 관한 비엔나협약」 제4조.

111) 1969년 「조약법에 관한 비엔나협약」 전문: "… 관습 · 국제법의 제 규칙은 이 협약의 제 규정에 의하여 규제되지 아니하는 제 문제를 계속 규율할 것임을 확인하여

적인 사항은 각 조약의 규정에 따른다. IHR 2005의 경우에도 가입과 발효, 유보, 해석 및 이행과 개정 등에 관한 규정을 두고 있다.[112)]

조약은 오직 당사자로 참여한 국가만을 구속한다는 점에서 비당사국의 전염병 문제를 통제하기가 어려운 부분이 있고, 회원국의 경우에도 조약의 준수와 이행을 어떻게 효과적으로 보장할 수 있을 것인가를 고민해야 한다. IHR 또한 이런 문제에서 자유로울 수 없다. IHR 1969는 조약임에도 불구하고 회원국들의 잦은 규범 위반과 의무 불이행으로 인해 결국 실패한 조약으로 평가되었다.[113)] 그러나 IHR 1969 체제의 실패에 대한 반성과 전염병 통제를 위한 실효적 체제를 확립하기 위한 국제사회의 노력은 계속되어 IHR 1969를 전면 개정한 조약이 2005년에 채택되고 2007년에 발효되었다. 전염병의 국제법적 통제에 있어 IHR 2005가 차지하는 입지를 고려해 볼 때 조약은 앞으로도 전염병 통제에 있어 주된 국제법 연원의 역할을 할 것이다.

2. 국제관습법

국제관습법은 ICJ규정 제38조 제1항 (나)에 의하면 "법으로 수락된 일반관행의 증거"(evidence of a general practice accepted as law)이다. 이 정의에 따르면 국제관습이 성립되기 위해서는 ① 일반관행의 존재와 ② 국가들이 일반관행을 법적 구속력 있는 것으로 수락한다는 '법적

…".

112) 자세한 내용은 이 책의 제2장 제2절 Ⅴ. 참고.

113) WHO, The International Response to Epidemics and Applications of the International health Regulations: Report of a WHO Informal Consultation, WHO/EMC/IHR/96.1(11-14 December 1995); David P. Fidler, "Mission Impossible? International Law and Infectious Disease", *Temple International and Comparative Law Journal*, Vol. 10(1996), pp.499-502.

확신'(*opinio juris*), 이 두 가지가 요구되며 이러한 성립요건은 국제재판소의 판결과 학설을 통해 통설로 받아들여지고 있다.[114] 국가관행의 증거는 정부성명, 조약체결, 국내입법, 외교행위 및 국제기구에서의 표결 등 여러 가지가 있다.[115]

국제관습법은 국제법에서 조약과 더불어 가장 중요한 연원이다. 그러나 국제보건법의 경우 주로 조약 위주로 법이 형성되어 왔기 때문에 조약에 비해 중요성도 상대적으로 낮고 국제관습법을 확인하기도 쉽지 않다.[116] 그러나 국제보건법 발전의 역사가 150년을 넘었으므로 그 사이의 국가들의 관행을 분석해 국제관습법의 존재 여부를 확인하기에는 충분한 시간이다.[117] 예를 들어, 전염병 통제에 관한 가장 핵심적 의무인 '통고의무'[118]가 국제법상 관습법으로 발전하였는지를 통해 국제보

---

114) *Continental Shelf*(Libyan Arab Jamahiriya/Malta), Judgment of 21 March 1984, ICJ Reports, 1985, pp.13, 29: 이 사건에서 ICJ는 관습법의 실체는 "주로 실제 관행과 국가의 법적확신 살펴보아야 한다"(looked for primarily in the actual practice and *opinio juris* of states)는 입장을 보였다. 동일한 견해로 ICJ의 권고적 의견 참고: *Legality of the Threat or Use of Nuclear Weapons*, Advisory Opinion of 8 July 1996, *ICJ Reports*, 1996, pp.226, 253. 한편 '속성관습이론'(또는 Instant custom이론)이라고 하여 새로운 의제에 대해 주권국가들의 법적 확신이 분명한 경우, 국가의 관행의 반복은 필요 없이 국제관습규칙이 "즉각적으로" 성립 가능하다는 입장이 있다(Bin Cheng, "Custom: The future of General Practice in a Divided World", in R. St.J. Macdonald & Douglas M. Johnston(eds.), *The Structure and Process of International Law: Essays in Legal Philosophy Doctrine and Theory*(Springer, 1983), p.532). 예를 들어, UN 총회에서 만장일치로 채택된 결의의 경우 국제관습법의 즉각적인 성립이 될 수 있다고 보는 입장인데 오늘날 이 이론은 거의 받아들여지지 않고 있다. 다만, UN 총회의 결의 등을 통해 동일한 내용이 반복되면서 이것이 관행이 되어 국제관습법의 성립으로 이어질 가능성이 높다.

115) Ian Brownlie, *supra* note 18, p.6.

116) David P. Fidler, *supra* note 21, p.61.

117) David P. Fidler, *supra* note 22, p.99.

118) IHR 2005상의 '통고'에 해당하는 영문은 'notification'으로 전염병 관련 국내 논문

건법상 국제관습법의 존재 가능성을 검토해 볼 수 있다.

전염병이 발생하였을 경우 이를 통고할 의무는 ISC 1903부터 IHR 2005까지 전염병 통제에 관한 핵심 조약에서 지속적으로 나타났다. 이러한 통고의무가 국제관습법규칙에 해당하는지를 보려면 국가들의 일반관행과 법적 확신이 존재하는지를 확인해야 한다.[119] 현실적으로 국제관습법의 존재 여부를 확인하는 용이한 방법 중 하나는 이에 관한 국제재판소의 판결을 찾아보는 것이다. 그러나 전염병 발생시 통고의무의 국제관습법 성립 여부를 다룬 국제재판소 판결이 없는 상황에서 국제관습법의 존재 여부를 확인하기 위해서는 국가관행의 존재 여부를 살펴보아야 한다.

그 전에 앞서 19세기 초기 국제보건조약들의 성격을 보면, 해당 조약들은 당시의 관습을 규범화한 것이 아니기 때문에 동 조약들에 규정된 특정 의무, 예를 들어 통고의무가 조약체결 이후 국제관습법이 되었는가를 검토해야 한다. 그러나 초기 국제보건조약들에서 국가들이 전염병 통고의무를 준수하지 않는 것이 큰 문제점으로 지적되었으며, ISR 1951 및 IHR 1969가 채택된 이후에도 회원국들의 태도는 크게 달라지지 않았다.[120] 또한 다른 나라

에서 종종 '신고'라는 단어로 번역되고 있으나, '신고'는 일반적으로 관할기관에 일정한 사실을 진술 · 보고하는 것으로 회원국이 WTO에 '신고'할 의무라고 번역하는 것은 문제가 없으나, 국가가 다른 국가에게 질병의 발생을 '신고'할 의무라고 번역하는 것은 적절한 용어 사용으로 볼 수 없다. 'notification'은 대한민국 외교통상부가 공식 번역한 여러 조약들에서 주로 '통고'로 번역되고 있으므로 이 글에서 'notification'의 한글 번역은 모두 '통고'로 하고 'duty/obligation to notify'는 '통고의무' 또는 '통고할 의무'로 한다.

119) David P. Fidler, *supra* note 21, p.61.

120) David P. Fidler, *supra* note 22, p.108. 학계에서는 일반적으로 조약의 체결, 이행 및 준수 등 조약 관련 국가의 관행은 국제관습법의 증거가 될 수 있다고 본다. 그러나 이 점에 대해서도 논란은 있다. Arthur M. Weisburd, "Customary International Law:

의 질병 발생에 대한 대응조치로써 수입 금지 및 여행 금지와 같은 차단조치들이 빈번하게 사용되었다. 국가들은 이러한 의무들이 반드시 지켜져야 한다는 규범적 필요성 내지는 법적 확신이 존재했다고 볼 수도 있지만, 관행이 뒷받침되지 않는 법적 확신은 국제관습법의 성립 여부에 논란을 불러일으킬 뿐이다.

이와 같은 조약의 이행에 있어 국가가 다른 국가에게 질병의 발생을 통고할 의무가 국제관습법으로 성립되었는지 여부는 불분명하며, 오히려 반복적으로 나타난 국가관행의 불일치는 통고의무가 국제관습법이 아니라는 주장에 힘을 실어준다. 그러나 전염병의 확산과 같이 타국에 심각한 피해를 일으키는 위험한 상황에 대한 통고의무는 다른 규범 영역에서도 발견할 수 있다. 만약 통고의무가 그 밖의 국제법 영역에서 국제관습법으로 성립되었다면 국제보건법 영역에도 적용 가능한지를 검토해 볼 수 있다.

통고의무는 주로 초국경적 피해에 관련된 조약 및 국제문서에서 나타나고 있으며 대부분은 환경오염피해에 관한 것이다. 예를 들어, 1982년 「해양법에 관한 UN협약」(United Nations Convention on the Law of the Sea) 제198조,[121] 1992년 「생물다양성협약」 제14조 제1항(라)[122] 등에서

The Problem of Treaties", *Vanderbilt Journal of Transnational Law*, Vol. 21(1988); Anthony D'Amato, "Custom and Treaty: A Reply to Professor Weisburd", *Vanderbilt Journal of Transnational Law*, Vol. 21(1988).

121) 1982년 「해양법에 관한 UN협약」 제198조: "어느 국가가 해양환경이 오염에 의하여 피해를 입을 급박한 위험에 처하거나 피해를 입은 것을 알게 된 경우, 그 국가는 그러한 피해에 의하여 영향을 받을 것으로 생각되는 다른 국가와 권한 있는 국제기구에 신속히 통고한다."

122) 1992년 「생물다양성협약」 제14조 제1항 (라): "자기 나라의 관할 또는 통제 아래 있는 지역에서 발생하는 위험 또는 피해로서 다른 나라의 관할지역 안 또는 자신의 국가관할권 이원지역의 생물다양성에 긴박하고 중대한 위험 또는 피해가 있는 경우, 영향을 받을 수 있는 국가에게 즉시 그러한 위험 또는 피해를 통고할 뿐만 아니라 이러한 위험 또는 피해를 방지하거나 최소화하기 위한 조치를 취한다."

긴급한 상황 또는 중대한 피해를 야기할 수 있는 위험이 발생하는 경우 관할 또는 통제국가에게 즉각적인 통고의무를 부과하고 있다. 또한 1986년 체르노빌 원자력발전소에서 발생한 폭발로 인하여 방사성물질이 인근 유럽 국가들에까지 누출되었을 때, 소련이 관련 국가들에게 즉각적으로 통고하지 않은 것이 문제가 되어 국제원자력기구(IAEA)는 사건 직후 1986년 9월 비엔나에서 초국경적 영향을 가지는 핵사고에 대한 통고 및 정보제공을 의무화하는 「핵사고의 조기통고에 관한 협약」(Convention on Early Notification of the Nuclear Accident)을 채택한 바 있다.[123] 이 외에도 다수의 환경조약과 국제기구의 선언 및 결의 등에서 '통고의무' 내지는 '정보제공의무'를 인정하고 있다.[124]

이러한 의무는 ICJ의 *Corfu Channel case*(1949)에서도 확인할 수 있는데, 동 사건에서 ICJ는 알바니아 영해를 통과하는 영국 군함에 대해 알바니아가 자국의 영해 내에 수뢰가 부설된 사실을 통고할 의무가 있었다고 판시하였다.[125] 비록 동 사건이 국제관습법상의 무해통항권과 관련된 것이지만, ICJ는 "타국의 권리에 반하는 행위를 위해 자국 영역이

123) 1986년 「핵사고의 조기통고에 관한 협약」 제2조: "제1조에] 명시된 사고의 경우, 동조에 언급된 당사국은 (a) 직접 또는 국제원자력기구를 통하여 제1조에 명시된 바와 같이 물리적 영향을 받거나 또는 받을 수 있는 국가 및 기구에 핵사고 발생사실과 그 성질, 발생시간 및 적절한 경우 정확한 위치를 즉시 통보하여야 하며, …"

124) 예를 들어, 1973년 「선박으로부터의 오염방지를 위한 국제협약」 제8조(통고의무), 제11조(정보제공의무); 1979년 「대기오염의 장거리 국경이동에 관한 제네바협약」 제8조(정보제공의무); 1989년 「유해폐기물의 국가간 이동 및 처분규제에 관한 바젤협약」 제13조(정보제공의무); 1997년 「국제수로의 비항행적 이용의 법에 관한 협약」 제17조; 「리우선언」 원칙 18, 원칙 19(통고의무).

125) *ICJ Reports*(1949), p.22("… The obligations incumbent upon the Albanian authorities consisted in notifying, for the benefit of shipping in general, the existence of a minefield in Albanian territorial waters and in warning the approaching British warships of the imminent danger to which the minefield exposed them …").

사용되는 것을 고의로 허용해서는 안된다"는 국가의 의무에 근거하여 이러한 판단을 내린 것이다.[126)]

비교적 최근인 2001년에 UN국제법위원회(UN International Law Commission: ILC)에서 채택된 「위험한 행위로 인한 초국경적 피해의 예방에 관한 규정초안」(Draft Articles on Prevention of Transboundary Harm from Hazardous Activities) 제17조[127)]와 2006년 동 위원회가 채택한 「위험한 행위로 인한 초국경적 피해의 손실에 관한 국제책임에 관한 원칙 초안」(Draft Principles on the Allocation of Loss in the case of Transboundary Harm Arising out of Hazardous Activities)[128)]에서도 이러한 의무를 발견할 수 있는데, 이 두 주제의 작업을 맡은 특별보고자 Pemmaraju Sreenivasa Rao 교수는 보고서를 통해 긴급한 상황이 발생하였을 경우 관련된 모든 국가에게 그러한 사실을 즉시 통고할 의무가 국제관습법상 존재한다고 주장하였다.[129)] 위와 같은 국제규범의 발전과 국가의 관

---

126) *Ibid.*

127) 2001년 「위험한 행위로 인한 초국경 피해의 예방에 관한 규정초안」 제17조: "발원국은 지체없이 가장 신속한 수단으로 동 조항들의 범위내 행위에 관한 긴급상황에 영향을 받을 수 있는 국가에 통보하고 가능한 모든 관련 정보를 제공한다(The State of origin shall, without delay and by the most expeditious means, at its disposal, notify the State likely to be affected of an emergency concerning an activity within the scope of the present articles and provide it with all relevant and available information)", UN Doc. A/56/10. 동 협약은 UN 총회에서 채택되었으나 회원국 수의 부족으로 아직까지 발효하지 못하고 있다.

128) 2006년 「위험한 행위로 인한 초국경적 피해의 손실에 관한 국제책임에 관한 원칙초안」 원칙 5 (a): "the State of origin shall promptly notify all States affected or likely to be affected of the incident and the possible effects of the transboundary damage", A/C.6/61/L.16.

129) Pemmaraju Sreenivasa Rao(Special Rapporteur), "Third Report on the Legal Regime for the Allocation of Loss in case of Transboundary Harm arising out of Hazardous Activities", ILC 56th session, 7 March 2006, A/CN.4/566, para. 32.

행 및 학자의 견해에 근거하여 판단하건데 긴급한 초국경적 피해상황에서 다른 국가에게 이를 신속히 통고할 의무는 국제관습법상 확립된 것으로 보는 것이 타당하다.

그렇다면 전염병의 발생이 긴급한 초국경적 피해를 야기하는 경우에는 국제법상의 통고의무가 적용될 수 있는가? 먼저 초국경적 피해에서 나타나는 통고의무가 전염병의 발생처럼 위법하지 않은 행위로부터 야기된 피해상황에도 적용된다는 점이 유사하다. 또한 2001년「위험한 행위로 인한 초국경적 피해의 예방에 관한 규정 초안」의 용어정의를 살펴보면, '초국경적 피해'란 국경을 공유하는 것과 관련 없이 발원국 이외의 다른 국가의 관할권 내지는 통제영역에 피해를 야기할 높은 개연성이 있거나 또는 개연성은 적지만 재앙적 피해를 가져올 수 있는 위험을 의미한다.[130] 이 때 '피해'(harm)에는 환경뿐만 아니라 사람과 재산도 포함된다.[131] 전염병에 대한 언급은 없지만 전염병으로 인한 피해도 여기에 포함된다고 보는 데에는 무리가 없어 보인다.

초국경적 피해상황에 대한 통고는 의무를 이행하는데 있어 비용부담을 요구하지 않기 때문에 형평의 법리에 위반되는 것도 아니다.[132] 물론 전염병의 통고로 인해 질병발생국이 무역이나 관광산업 등에 피해를 입을 수는 있으나 이것은 의무 자체를 이행하는데 드는 비용으로 볼 수 없다. 설사 전염병의 통고로 인하여 해당 국가가 경제적 손실을 입게 된다고 하더라도 통고의무의 불이행으로 인해 다른 국가가 입게 되는 피해와 형평을 고려한다면 반드시 이행되어야 할 의무이다.

특히 국제적으로 심각한 피해를 야기할 수 있는 전염병의 발생은 긴급

130) 2001년「위험한 행위로 인한 초국경 피해의 예방에 관한 규정 초안」제2조 (a).
131) *Ibid.*, 제2조 (b).
132) *Ibid.*, 제10조.

하고 중대한 피해상황으로 통고의 중요성이 더욱 높아지며, 이러한 상황에서는 통고의무가 전염병으로부터 인류의 건강을 보호하는 대세적 성격을 갖는다는 점도 전염병 발생시의 통고의무가 국제법적으로 확립되었다는 주장을 뒷받침해 준다. 요컨대 초국경적 피해상황에서 다른 국가에게 이를 신속히 통고할 의무는 국제관습법상 확립되어 있으며 전염병 발생시 다른 국가에 통고할 의무도 여기에 포함될 수 있다고 생각된다.

그러나 지금까지 WHO 회원국들이 전염병의 통고의무나 권리주장에서 국제관습법적 근거를 활용해본 예가 없었다는 점은 전염병 통고의무의 국제관습법적 지위를 약화시킬 수 있다. 2002년 중국에서 사스가 발생했을 당시나 2009년 신종 인플루엔자A(H1N1)가 발생했을 당시 중국[133]과 멕시코[134]의 뒤늦은 보고에 대해 다른 국가들이 국제관습법상의 통고의무 위반을 주장한 경우는 찾아보기 어렵다. 때문에 전염병을 통제하기 위한 국제적 노력이 거의 150년이 넘게 지속되고 있음에도 불구하고 오늘날 전염병의 통제에 관한 국제관습법의 법적 지위는 19세기 때와 크게 다르지 않은 것으로 평가되기도 한다.[135] 그러나 긴급한 초국경적 피해에 있어서 통고의무에 관한 국제관습법적 지위가 점차 확고해지고 있으며, 국제보건법 영역에서도 IHR의 개정을 통해 전염병

133) 사스는 2002년 11월, 중국 광동(廣東)지방에서 첫 출현한 것으로 추정되며, 중국 당국은 2003년 2월 11일에 이르러서야 WHO에 공식 보고하였다. WHO, Severe Acute Respiratory Syndrome(SARS): Status of the outbreak and lessons for the immediate future, 20 May 2003, p.1, available at: http://www.who.int/csr/media/sars_wha.pdf〈2012-03-31〉.

134) 신종 인플루엔자A(H1N1)는 2009년 4월초 멕시코 베라크루즈에서 첫 출현한 것으로 확인되며, 멕시코는 4월 23일 WHO에 처음으로 공식보고를 하였다. WHO Regional Office for South-East Asia, Chronology of Influenza A(H1N1), p.1, available at: http:// www.searo.who.int/LinkFiles/Influenza_A(H1N1)_Chronology_of_Influenza_A(H1N1).pdf〈2012-03-31〉.

135) David P. Fidler, *supra* note 22, pp.108-109.

의 통고의무의 실효성 확보에 노력하고 있는 만큼, 앞으로 전염병 통고의무의 국제관습법적 지위가 공고화 내지는 강화될 것으로 예상된다.

3. 법의 일반원칙

조약과 국제관습법 다음으로 중요하게 다루어지는 것이 법의 일반원칙이다. ICJ는 동 규정 제38조 제1항(다)에 따라 "문명국에 의하여 인정된 법의 일반원칙"을 적용하여 재판할 수 있다. 이 규정은 ICJ의 전신인 PCIJ의 규정 제38조를 그대로 서술한 것으로 그 당시 PCIJ규정 제38조에 삽입된 법의 일반원칙은 "모든 국가의 국내재판소에서 수락된 일반원칙들, 예컨대 일정 소송절차의 원칙들, 신의성실의 원칙, 기판력의 원칙" 등을 말한다.[136] 조약과 관습법의 보조적 역할을 한다고 보나 실제 PCIJ나 ICJ에서 법의 일반원칙을 연원으로 원용한 경우는 매우 드물었다.[137]

136) Bin Cheng, *General Principles of Law as applied by International Courts and Tribunals*(Cambridge University Press, 2006), Introduction; Sir Humphrey Waldock, "General Course on Public International Law," *The Hague Academy of International Law: Le Recueil des Cours*, Tome 106(1962), pp.56-57. PCIJ규정의 채택과정에서 '법의 일반원칙'이 "문명국들에 의하여 승인된 법의 일반원칙"이라고 서술된 이유는 첫째로 자연법원칙을 국제법에 도입하려는 의도와 둘째로 어떤 분쟁에 적용될 조약 또는 관습을 발견할 수 없는 경우, PCIJ가 적용법규의 흠결을 이유로 재판불능에 빠지는 것을 막고자 하는 다수파의 주장과 조약과 관습으로 구체화된 규칙만을 적용해야 한다는 소수파와의 절충의 결과였다. 한편, Grigori I. Tunkin 교수는 오로지 조약과 관습만을 국제법의 연원으로 보았다(*Theory of International Law*(Harvard University Press, 1974), pp.197-198): " … ICJ규정 제38조 제1항(다)가 국제법의 한 특별한 '연원'을 염두에 둔 것이 아니라, 비규범적인, 여기서는 원칙이라 불리는, 특별한 사법적 규정들을 염두에 둔 것임을 의미한다. 그러므로 일반국제법의 규범을 형성하고 발전시키고 수정하는 수단에는 단지 두 개가 존재할 따름이다. 조약과 관습이 바로 그들이다."

137) Malcolm N. Shaw, *supra* note 97, p.100. 법의 일반원칙은 조약과 관습법으로 흡수되어 그 역할이 많이 약화되었으나, 새롭게 등장하는 국제법 영역, 예를 들

법의 일반원칙은 전염병의 국제법적 통제에 있어서도 규범의 근거가 되기에는 부적절해 보인다. 대부분의 국가들이 공중보건에 관한 국내법을 갖고 있지만, 일반적으로 한 국가에 적용되는 보건법의 원칙은 국가간 관계에 관한 규칙으로 전환되지 않기 때문에 국제관계에 적용 가능한 공중보건의 일반원칙을 찾아내기가 용이하지는 않을 것이다.[138] 아마도 이미 존재하는 국제조약이나 국제관습법상의 법규를 보조하는 역할을 할 수는 있으나 독립적인 연원으로서 규범을 창출하기란 어려울 것이다.

4. 사법판결과 학설

ICJ규정 제38조는 "법칙결정의 보조수단으로서" 사법판결 및 가장 우수한 국제법 학자의 학설을 언급하고 있다. 국제법의 영역에서 일반적으로 국제재판소의 사법판결과 의견은 국제법을 확인하고 이해하는데 있어 매우 중요한 역할을 하나 전염병의 통제에 관한 국제법을 직접적으로 다룬 국제재판소의 사법판결이 없기 때문에[139] 전염병에 관한 국제법의 연원을 확인하는 보조적 수단으로서의 역할이 거의 없다. 전염병 통제에 관한 국제재판소의 판결을 찾아보기 어려운 원인으로 IHR 1969가 분쟁해결에 관한 규정이 없다는 점도 기여하지만 무엇보다 규

어 국제형사법이나 국제행정법과 같이 규범이 초보적 단계여서 많은 흠결이 존재하는 경우 법의 일반원칙이 그 흠결을 메우는 역할을 할 수 있다. Antonio Cassese[*International Law*, 2nd ed.(Oxford University Press, 2005)], 강병근 · 이재완 옮김, 『국제법』(삼우사, 2010), 261-269쪽.

138) David P. Fidler, *supra* note 113, p.62.

139) Maria Agius, "Dying a Thousand Deaths: Recurring Emergencies and Exceptional Measures in International Law", *Goettingen Journal of International Law*, Vol. 2(2010), pp.221-222.

범의 위반이 빈번하게 발생하는 것을 서로 묵인해 왔기 때문이다. 그러나 IHR의 개정을 통해 국가의 의무와 권리가 강화되었고, 규칙 내에 명시적으로 중재 및 사법재판을 포함한 분쟁해결에 관한 규정을 두고 있어서 전염병 통제규범에 관한 국제재판소의 판결이 나올 가능성이 높아짐에 따라 앞으로는 전염병 통제규범의 연원에서도 사법판결의 역할이 중요해질 것으로 예상된다.

국제법 학자의 학설과 관련하여서는 그 동안 국제법 학자들이 전염병의 통제에 관한 국제법 전반에 걸친 연구에 큰 관심을 두지 않았기 때문에 다른 국제법 분야에 비해 상대적으로 연구량이 많지 않아 국제법을 확인하는 보조적 수단으로서의 역할이 제한적이었다. 그러나 IHR의 개정을 통해 전염병의 국제법적 통제가 강화되면서 이 분야에 대한 국제법 학자들의 관심이 높아지고 관련 연구도 증가하는 추세에 있다. 전염병의 위협 및 이에 관한 국제법의 역할에 대한 인식이 높아짐에 따라 앞으로 국제법 학자의 학설이 좀 더 중요한 연원의 역할을 할 것으로 기대된다.

5. 연성법

전염병 통제에 관한 국제법에서 소위 '연성법'(soft law)은 조약만큼 중요한 역할을 하는 연원이다. 연성법은 오늘날 국제법의 특징을 설명하는 중요한 요소이자 실질적 연원으로서 중요한 법적 가치가 인정되며 그 용어가 오늘날 국제법 분야 전반에 걸쳐 일반적으로 사용되고 있지만, 학자들마다 다르게 개념을 정의하고 있어 연성법을 일반화하여 설명하기가 쉽지 않은 것이 사실이다.[140] 또한 국제법에서 논의되는 '연

140) 연성법 개념에 대한 논의는 다음의 논문을 참고: 김석현, "국제법에 있어서 Soft Law",『국제법평론』, 통권 제8호(1997); 정경수, "국제법상 연성법의 재인식",『안

성'(softness)의 개념이 연성법뿐만 아니라, '연성입법과정',[141] 연성 국제기구,[142] 연성 집행[143] 및 심지어 국제법 논증[144]에까지 다양하게 사용되고 있기 때문에 연성법의 개념 정의의 혼란은 한층 가중된다.

연성법의 상대적 개념으로 사용되는 소위 경성법(hard law)은 법적으

암법학』, 제34권(2011); Jean d'Aspremont, "Softness in International Law: A Self-Serving Quest for New Legal Materials", *European Journal of International Law*, Vol. 19(2008); Anthony D'Amato, "Softness in International Law: A Self-Serving Quest for New Legal Materials: A Reply to Jean d'Aspremont", *European Journal of International Law*, Vol. 20(2009); Hartmut Hillgenberg, "A Fresh Look at Soft Law", *European Journal of International Law*, Vol. 10(1999); Oscar Schachter, "The Twilight Existence of Nonbinding International Agreements", *American Journal of International Law*, Vol. 71(1997), p.300 이하 참조; Michael Reisman, "A Hard Look at Soft Law"(Remarks), *American Society of International Law Process*, Vol. 82(1988), pp.371-377.

141) Pierre-Marie Dupuy, "Soft Law and the International Law of the Environment", *Michigan Journal of International Law*, Vol. 12(1991), pp.420, 424. Dupuy 교수는 연성법이란 입법과정의 일부를 구성하는 것으로서 아직 법은 아니라고 보았다. 그는 '연성입법과정'(soft law-making process)이라는 개념을 통해 연성법이 어떻게 만들어지는지 설명하고 있다. *Ibid.*, pp.424-428; Oscar Schachter, *ibid.*, p.300 이하 참조.

142) Jan Klabbers, "Institutional Ambivalence by Design: Soft Organizations in International Law", *Nordic Journal of International Law*, Vol. 70(2001), p.403. 그는 대표적인 연성적 국제기구로서 G7(또는 G8), OSCE, APEC 등을 언급하면서 이러한 기구들이 비구속적 국제문서에 근거하여 설립되고 느슨한 구조를 갖는다고 설명하고 있다. *Ibid.*, pp.405-406.

143) O. Yoshida, "Soft Enforcement of Treaties: The Montreal Protocol's Noncompliance Procedure and the Functions of Internal International Institutions", *Colorado Journal of International Environmental Law and Policy*, Vol. 10(1999), pp.95-96. Yoshida 교수는 환경조약의 '연성적' 집행은 조약의 준수가 국제사법재판소와 같은 사법재판소를 통한 분쟁 해결을 통해 이뤄지는 것과 달리 보고제도나 감시(모니터링), 현장조사와 같은 국제적 감시를 통해 통제되는 것이 특징적이라고 설명하고 있다.

144) David Kennedy, "The Sources of International Law", *American University International Law and Policy*, Vol. 2(1987), pp.20-21.

로 구속력 있는 의무가 비교적 명확하게 존재하며 법의 해석과 이행에 대한 권한의 위임이 존재하는 것으로 설명된다.[145] 그러나 경성법과 연성법을 일련의 연속선상에 두고 법적 의무의 정도, 명확성 및 권한이 높은 것은 경성법으로 보고, 반대로 이런 것들이 낮은 것은 연성법이라고 보는 입장[146]은 연성법의 개념 정의에 도움을 주지 못한다. 경성법이라고 해서 법적 제재가 항상 존재하는 것도 아니며, 경성법도 법의 해석과 적용에 있어 불명확성이 항상 존재하기 때문이다.

따라서 연성법의 개념을 좀 더 명확하게 접근하기 위해서는 경성법과 연성법의 구분, 나아가 '법'과 '법이 아닌 것'에 대한 구분이 필요하다.[147] 연성법의 논란의 핵심은 '법'이라는 이름 그 자체에 있기 때문에 연성법과 경성법의 구분보다는 오히려 연성법과 '법'을 구분해야 할 필요가 있다.[148] 그렇다면 연성법은 '법'인가, '법'이 아닌가? 이에 대한 견해는 학자마다 다르겠지만 국제법학에서 연성법의 개념이 활용되고 있는 이유에서 접근한다면 Daniel Thürer의 설명처럼[149] 연성법은 조약, 국제관습법 및 국제법의 일반원칙과 같은 형식적 법원 이외에 규범적 가치를 갖는 법문서들의 '법'적 가치를 설명하기 위해 도입되었다는 점에서 오로지 형식적 법원의 양식을 가진 법만을 '법'으로 보는 전통국제법에서는 '법'이 아니다. 그러나 현대국제법에서 국제법의 규율 영역과

145) Kenneth W. Abbott and Duncan Sindal, "Hard and Soft Law in International Governance", *International Organization*, Vol. 54(2000), p.421.

146) Judith Goldstein *et al.*, "Legalization and World Politics", *International Organization*, Vol. 54(2000), pp.385-400.

147) Daniel Thürer, "Soft Law", in R. Bernhardt(ed.), *Encyclopedia of Public International Law*, Vol. Ⅳ(Elsevier, 1992), p.459.

148) Ulrika Mörth, "Introduction", in Ulrika Mörth(ed.), *Soft Law in Governance and Regulations: An Interdisciplinary Analysis*(Edward Elgar Publishing, 2004), p.5.

149) Daniel Thürer, *supra* note 147, p.453.

국제법의 주체가 확대됨에 따라 법의 제정방식도 다양화되어 기존의 형식적 법원에 포함되지 못하지만 법적으로 중요한 가치를 갖는 실질적 법원의 중요성이 점차 높아지고 있으며 이 영역에 연성법이 존재한다. 즉, 연성법은 조약이나 국제관습법과 같은 '법'은 아니지만, 법적 가치를 갖는 것으로 다음과 같이 설명될 수 있다.

첫 번째, 연성법은 형식적인 법적 구속력이 없다.[150] 조약은 개념상 항상 구속력이 있다.[151] 따라서 조약이라는 명칭으로 체결되어도 법적 구속력이 없는 협정이라면 그것은 연성법적 효력을 갖는다. 그러나 연성법은 조약 규범이나 국제관습법규와 같은 '법'으로 생성되기 이전의 중요한 '전단계의 법'(pre-law)[152] 또는 국제법 발전에 기여할 수 있는 요소를 담고 있는 어떤 것[153]으로서 그 안에 담고 있는 법적 가치 때문에 국가를 비롯한 국제법 주체들은 신의(good faith)를 갖고 연성적 규범을 준수하려고 노력한다.[154] 이것은 연성법이 중요한 법적 가치를 갖는 이유이다.

두 번째, 연성법은 법적 구속력이 없기 때문에 구속력 있는 분쟁해결절차를 통해 이행이 강제되지 못한다. 따라서 연성법의 준수는 법적 구속력이 있는 규범의 준수와는 다른 접근방식을 필요로 한다. 예를 들어

---

150) *Ibid.*, p.454; Alan E. Boyle, "Some Reflections on the Relationship of Treaties and Soft Law", *International and Comparative Law Quarterly*, Vol. 48(1999), pp.901-902.

151) 1969년 「조약법에 관한 비엔나 협약」 제26조: "약속은 준수하여야 한다. 유효한 모든 조약은 그 당사국을 구속하며 또한 당사국에 의하여 성실하게 이행되어야 한다."

152) 그러나 학자들도 지적하고 있는 바와 같이 '법'과 '전단계의 법'의 구분이 항상 명확한 것은 아니다. 특히 국제관습법에 형성에 있어서는 더욱 그러하다. Gennadiĭ M. Danilenko, *Law-making in the International Community*(Martinus Nijhoff Publishers, 1993) p.20.

153) Daniel Thürer, *supra* note 147, p.500.

154) *Ibid.*, p.457.

설득이나 도덕적 책임, 국가의 명예 등과 같은 측면에서의 접근방식이 활용된다.

그렇다면 구체적으로 연성법에 해당하는 것은 어떤 것이 있을까? 위의 개념 정의에 따라서 연성법에 해당되는 것으로는 크게 두 종류가 있는데 하나는 국제 및 지역기구가 채택하는 권고, 선언, 지침, 결정, 결의 등과 다른 하나는 국제기구 또는 관계 당사국들이 채택하는 비구속적 합의가 있다.[155] 이것은 국가 또는 국제기구의 입법활동에 한정하고 있는 것인데, 이 외에도 비정부기구나 전문가 집단과 같은 비국가실체가 채택한 국제적 공통기준을 연성법에 포함시키는 입장도 있다.[156]

전염병 통제에 관한 국제보건법에서는 WHO헌장에 따라 WHA가 행한 권고 및 IHR 2005에 따른 임시 및 상시권고가 연성법의 핵심이 된다. 국제보건법 분야는 각국의 입장 차이가 크고 이해관계가 첨예하게 대립되어 있어 보편적 합의나 동의를 요구하는 조약이나 국제관습법과 같은 규범이 확립되기까지는 많은 시간과 노력을 요한다. 반면에 전염병은 그 특성상 신속하고 유연한 대응을 요구하고 있어 전염병의 통제를 경성법으로만 접근하는 데는 어려움이 있다. 이 점에서 연성법은 전염병 통제에 관한 국제보건법 마련에 있어 매우 중요한 의미를 갖는다. 실제로도 WHO는 헌장이 부여하고 있는 입법권한을 활용하는 대신에 법적 구속력 없는 권고를 통해 활동하는 것을 선호하고 있어,[157] 전염병 통제에 있어 연성법이 갖는 법적 가치에 대한 검토가 중요하다.

---

155) *Ibid.*, pp.454-456.

156) Alan Boyle and Christine Chinkin, *The Making of International Law*(Oxford University Press, 2007), p.213. Boyle과 Chinkin은 비정부기구나 전문가집단과 같은 비국가실체가 채택한 국제적 공통기준도 연성법에 포함된다는 입장이다.

157) 이 책의 제1장 제4절 Ⅲ. 3 참고.

제 4 절 세계보건기구의 설립과 활동

Ⅰ. 법적 지위

세계보건기구(World Health Organization: WHO)는 국제보건체제의 중추이자 UN의 전문기구이다.[158] WHO헌장이 1946년 7월 22일 뉴욕에서 채택되고 1948년 4월 7일에 발효됨에 따라 WHO는 같은 해 9월에 정식으로 발족하였다. 그로부터 지난 60년간 회원국의 여러 보건당국과 긴밀한 관계를 유지하면서 보건의 증진을 위해 협력해 왔다.[159] WHO는 유일한 국제공중보건기구로서 국제보건과 관련된 기능을 수립할 광범위한 권한을 헌장을 통해 부여받았다.[160] WHO의 임무는 모든 사람이 도달할 수 있는 최고수준의 건강을 누릴 수 있도록 하는 것으로, 이를 위해 회원국이 자국민의 건강에 관하여 적절한 보건조치를 제공할 법적 의무를 준수하도록 장려하는 것이다.[161]

---

158) UN헌장 제57조는 "정부간 협정에 의하여 설치되고 경제 · 사회 · 문화 · 교육 · 보건 분야 및 관련 분야에 있어서 기본적 문서에 정한 대로 광범위한 국제적 책임을 지는 각종 전문기구는 제63조의 규정에 따라 국제연합과 제휴관계를 설정한다"(제1항)고 규정하면서 이와 같이 UN과 제휴관계를 설정한 기구를 '전문기구'(specialized agencies)라 명명했다(제2항). 현재 UN은 17개의 전문기구를 가지고 있으며, 이 전문기구들은 UN을 대표하여 다양한 기능을 수행한다.

159) Allyn Lise Taylor, "Making the World Health Organization Work: A Legal Framework for Universal Access to the Conditions for Health", *American Journal of Law & Medicine*, Vol. 18(1992), p.320.

160) Gian Burch and Claud-Henri Vignes, *World Health Organization*(Kluwer Law International, 2004), p.124.

161) WHO헌장 전문; Allyn Lise Taylor, *supra* note 159, p.301; Brian J. McCarthy, "The

국제공중보건에서 WHO의 역할은 다음과 같다. 중요한 보건 사안에 대해서는 통솔력을 발휘하여 이끌어 가고, 국제사회의 협업이 요구되는 경우 이를 위해 필요한 협력관계를 형성한다. 연구 의제를 만들고, 가치 있는 보건 정보를 제공·번역·배포하는 업무를 맡으며, 규범을 제정하고 그 이행을 촉구 및 감시·감독한다. 또한 윤리적이고 증거에 기반한 정책을 구체화 및 다양화하고 기술원조를 제공하면서 이행을 위한 유인책 제공이 지속 가능하도록 기구의 역량을 키우고 보건상태에 대해 감시하며 보건 경향을 분석·평가하는 일을 한다. 이러한 역할을 통해 WHO헌장의 목적을 달성한다.[162)]

WHO는 크게 ① 국제보건사업의 지도와 조정, ② 회원국간의 기술원조 장려 등의 직무를 맡고 있다. WHO는 세 가지 주요기관(총회, 이사회, 사무국)을 통하여 업무를 수행한다. 특징적으로 WHO는 세계 각지에 6개 지역기구로 분산되어 있으며, 지역기구마다 지역위원회와 지역사무국으로 구성되어 있다. WHO의 회원국 수는 2011년 11월 현재 194개국이다.[163)]

World health Organization and Infectious Disease Control: Challenges in the Next Century", *DePaul International Law Journal*, Vol. 4(2000), p.116.

162) 이러한 핵심기능은 「Eleventh General Programme of Work」에 명시되어 있다. 이 임시 의제는 WHO의 실무 프로그램, 예산, 자원 및 성과에 대한 틀을 제공한다. 동 의제는 2006년부터 2015년까지 10년간 적용된다. WHO, Sixty-Third WHA Provisional Agenda Item 14.2, A63/30, 1 April 2010.

163) UN의 회원국은 WHO헌장에 서명하거나 별도로 이를 수락함으로써 WHO의 회원국이 될 수 있다(WHO헌장 제4조). UN 회원국이 아닌 국가는 UN과 WHO간의 협정 조건에 따르는 것을 조건으로 하여 회원국이 되기 위해 신청할 수 있고, WHA의 단순과반수 투표를 통해 가입이 승낙된다(WHO헌장 제6조). 국제관계에 있어 스스로의 활동에 대해 책임을 가지지 않는 영역 또는 영역집단(territories)의 경우 그 국제관계에 대하여 책임을 가지는 회원국 또는 다른 통치권한이 동 영역 또는 영역의 집단을 위하여 신청을 행한 경우, 준회원국으로 가입할 수 있다(WHO헌장

Ⅱ. 전염병 통제와 WHO의 역할

전염병 감시 및 통제와 대응에 있어 일차적 책임은 물론 각국 정부에 있지만, UN의 전문기관인 WHO는 세계적 전염병 통제에 있어 중추적인 역할을 한다. WHO는 글로벌 보건과 무역을 위협하는 전염병이 발생하였을 경우 각국 정부와 국제공동체를 지원하고, 정보를 제공하며 권고를 한다. 특히 IHR은 전염병의 국제적 확산을 방지하기 위한 WHO의 권한과 회원국의 의무에 관한 법적 통제의 틀을 마련해 준다.

WHO에서 IHR이 질병의 국제적 통제의 법적 틀을 마련하고 있다면, 2000년에 WHO가 설립한 '세계적 유행경보 및 대응 네트워크'(Global Outbreak Alert and Response Network: GOARN)는 WHO에 국제적 중요성을 갖는 질병의 발생의 조사에 필요한 기술적 지침과 자원을 제공하는 역할을 한다. GOARN은 "국제 질병 대응의 협력을 강화하고 국가 지원을 핵심으로 운영지침을 제공하는 것"을 목표로 선언하고 있다.[164] WHO는 모든 종류의 질병의 발생에 대응할 수 있는 인적·물적 자원을 가지고 있지 못하다. 때문에 GOARN은 회원국의 과학기관 및 공중보건기관과 연구소 네트워크—예를 들어, 글로벌 인플루엔자 감시 네트워크(Global Influenza Surveillance Network: GISN),[165] UN, 국제적십자위원

제8조).

164) WHO, Global Outbreak and Response Network－GOARN: Partnership in Outbreak Response, available at: http://www.who.int/csr/outbreaknetwork/goarnenglish.pdf 〈2012-03-31〉.

165) WHO의 GISN(Global Influenza Surveillance Network)은 5개 WHO 협력센터(WHO collaborating centres: WHOCCs)와 4개의 규제기관, 그리고 99개국으로부터의 128개 기관으로 구성되어 있다. WHO의 GISN은 전 세계적으로 관련 기관과의 긴밀한 협조체제하에 신종 바이러스 확산 방지를 위하여 바이러스 감시에서 백신 개

회 및 비정부간기구 등 협력자의 자원에 의존한다.

WHO는 당사국과 현장에서 일하는 WHO 직원의 공식보고서와 비정부기구 및 미디어와 인터넷을 통해 얻는 비공식보고서 등 다양한 출처를 통해 질병 발생의 정보를 수집한다.[166] 당사국 정부가 협조를 공식적으로 요청하면, WHO는 일차적으로 GOARN을 통해 대응한다. GOARN의 핵심 대응 목표는 질병의 발생기간 동안 전염지역에 적절한 기술원조를 최대한 신속하게 제공하면서 해당 지역에 향후 질병이 발생할 경우 공중보건 대응능력을 강화시켜 주는데 있다. 주요 활동으로 기술 조언 또는 원조—공중보건 전문가와 임상검사 서비스 등—를 제공하고 백신 공급 등의 물자공급 및 긴급자금의 지원 등 재정지원 등이 있다. WHO는 GOARN을 통한 지원 외에도 WHO 지역사무소를 통해 기술적 원조와 인력배치를 조절한다.

Ⅲ. 전염병 통제를 위한 WHO의 입법활동과 평가

1. WHO헌장의 관련 규정

WHO헌장 제19조에서부터 제23조는 WHO의 입법 관련 권한을 규정하고 있다. 제19조는 WHO의 권능에 속하는 사항에 관하여 협약 또는 협정을 채택하는 권한을 보건총회에 부여하고 있는데 이러한 협약 또는 협정은 보건총회의 3분의 2 이상의 투표가 요구되며, 각 회원국에 대해서는 자국의 헌법상의 절차에 따라 이를 수락하였을 때 효력이 발생한다.[167] 이 규정은 이론상 WHO 회원국들이 질병의 국제적 전파

발 및 다양한 대응방안 마련 등 많은 노력을 기울이고 있다.

166) IHR 2005 제9조 제1항.

167) WHO헌장 제19조: "보건총회는 본 기구의 권능에 속하는 사항에 관하여 협약 또

를 방지하도록 돕기 위한 추가적 권한을 부여하는 것이다. 더욱 주목할 것은 제21조인데, WHO헌장 채택 당시 국가들은 세계보건총회(World Health Assembly: WHA)가 질병의 국제적 확산을 방지하기 위한 규칙을 채택할 수 있도록 허용하는 권한을 헌장에 명시하였는데, 그 내용은 다음과 같다.

> "보건총회는 다음의 사항에 관한 규칙을 채택하는 권한을 가진다.
> (a) 질병의 국제적 확산을 방지하는 것을 목적으로 하는 위생상 및 검역상의 요건 및 기타 절차
> (b) 질병, 사인 및 공중위생 업무에 관한 용어표
> (c) 국제적으로 사용되는 진단절차에 관한 기준
> (d) 국제무역에 있어서 취급되는 생물학적 제제, 약학적 제제 및 유사한 제품의 안전성, 순도 및 효력에 관한 기준
> (e) 국제무역에 있어서 취급되는 생물학적 제제, 약학적 제제 및 유사한 제품의 광고 및 표시"

이 조항은 WHO에 입법권을 전적으로 부여함으로써 다소 복잡한 절차를 거쳐야 하는 조약체결 과정을 극복하는 상당한 발전으로 평가되었다.[168] WHO헌장에 따라 규칙을 제정할 권한을 부여받은 WHO는 이론상 다소 복잡한 조약 절차를 통하지 않고도 시대의 과학적 발전을 고려하면서 관련 규칙들을 항상 최신으로 유지할 수 있는 법적 능력을 갖

는 협정을 채택하는 권한을 가진다. 이러한 협약 또는 협정은 보건총회의 3분의 2 이상의 투표가 요구되며, 각 회원국에 대해서는 자국의 헌법상의 절차에 따라 이를 수락하였을 때 효력이 발생한다."

168) "International Health Security in the Modern World: The Sanitary Conventions and the World Health Organization", *Department of State Bulletin*, Vol. 17(1947).

게 된 것이다. 또한 WHO헌장은 제22조에서 'opt-out'(선택적 이탈)이라고 하는 당시 비교적 새로운 원칙을 도입하였다.[169] 이 조항에 따르면, 제21조에 따라 채택된 규칙은 보건총회가 채택에 관하여 적절한 통고를 행한 후에 전 회원국에 대하여 효력을 발생한다. 다만 통고서에 기재된 기한 내에 사무국장에게 거절 또는 유보를 통고한 회원국에 대하여는 효력을 발생하지 아니한다.

한편 WHO헌장 제23조는 WHA에게 WHO 권능에 속하는 사항에 관하여 회원국에 권고를 행할 권한을 부여하고 있다.

2. 「국제보건규칙」의 제정

세계보건기구의 전염병 통제에 있어서 핵심 법률은 「국제보건규칙」(International Health Regulations: IHR)이다. 이 규칙은 국제적 질병 보고 체제와 질병 확산의 통제를 위한 개별 국가의 권리와 의무를 규정하고 있다. IHR의 시작은 1948년 WHO가 발족된 후 전염병 예방을 위한 국제공조를 국제법으로 전환하기 위한 논의가 전개되어 그 결과로 탄생한 1951년의 「국제위생규칙」(International Sanitary Regulations: ISR 1951)이다. ISR 1951은 그 후 1955년, 1956년, 1960년, 1965년 등 4차례 개정 과정을 거치면서 국제법으로서 역할을 다하였으며, 1969년 ISR을 대체하는 IHR이 채택되면서 종료되었다. IHR 1969는 이후 1973년과 1981년 일부 개정되었으며, 2005년 전면개정[170]을 거쳐 오늘에 이르고 있다. IHR 2005는 WHO 사무국장이 채택한 후 24개월이 지난 2007년에 발효

169) Walter R. Sharp, "The New World Health Organization", *American Journal of International Law*, Vol. 41(1947), p.525.

170) Revision of the International Health Regulations, WHA Res. 58.3, World Health Assembly, 58th Assembly(May 23, 2005), available at http://apps.who.int/gb/ebwha/pdf_files/WHA58/ WHA58_3-en.pdf〈2012-03-31〉.

하였다.[171)]

IHR은 WHO헌장 제21조에 법적 근거를 두고 있다. 앞서 설명하였듯이 WHO는 "질병의 국제적 확산을 방지하는 것을 목적으로 하는 위생상 및 검역상의 요건 및 기타 절차"에 관한 규칙을 채택하는 권한을 가지고 있다. 따라서 IHR과 그 개정은 보건총회가 채택에 관하여 적절한 통고를 행한 후에 전 회원국에 대하여 효력을 발생하지만, 다만 통고서에 기재된 기한 내에 사무국장에게 거절 또는 유보를 통고한 회원국에 대하여는 효력을 발생하지 아니한다. 또한 IHR 1969는 국가가 이 규칙에 대해 유보하는 경우, 보건총회의 수락이 있는 경우에만 유효하며, 보건총회가 그 유보를 수락할 때까지 이 규칙이 해당 국가에 적용되지 않는다는 규정을 담고 있다.[172)]

준입법적 권한을 부여하고 있는 제21조와 적용제외를 규정한 제22조 및 보건총회의 수락이 있는 경우에만 유보가 허용되는 IHR 1969 등은 국가가 일방적으로 WHO체제에 합류하는 것을 거부하거나 중요 규정을 유보하는 것으로 WHO의 입법절차를 약화시키지 못하도록 하는 법적 근거가 되어 준다.

3. 법 제정에 있어 소극적 태도와 정책적 접근의 선호

WHO는 그 동안 세계 건강의 증진을 위해 국제법을 활용하는 것에 대해 머뭇거리는 모습을 보여 왔다.[173)] WHO가 2003년 처음으로 제19조의 권한에 따라 「담배의 규제에 관한 세계보건기구 기본협약」(Framework Convention on Tobacco Control: FCTC, 「담배규제 기본협약」)을

171) IHR 2005 제59조 제2항.

172) IHR 1969 제88조 제1항.

173) Gian Luca Burci, *supra* note 40, p.254.

채택할 때까지 국제보건 문제에 관한 성문화작업 및 조약체결 노력이 진지하게 이뤄지지 않았다.[174] WHO의 이러한 태도는 UN의 다른 전문기구—예를 들어 국제노동기구(ILO), 유네스코(UNESCO) 및 UN환경계획(UNEP) 등—와 비교해 보았을 때 더 두드러진다.[175]

제21조에 근거한 구속력 있는 규칙의 제정도 단 두 차례뿐이었다.[176] 게다가 제21조상의 권한은 5가지 사항으로 제한되어 있다는 점에서 WHO의 권능에 속하는 모든 사항에 대해 구속력 있는 규범을 채택할 수 있으며, 제22조의 적용예외 조항이 적용되지 않는 제19조의 권한에 비해 제한적이다.[177] 제21조에 대하여 이론상으로는 규칙의 채택과정이 조약의 그것보다 기술적으로 앞서 있다고 평가하더라도 WHO가 의도했을 혁신적이고 신속한 변화가 주권국가들에게는 부담으로 작용할 수 있고, 이러한 부담은 제22조의 적용제외 장치를 통해 국가들이 스스

174) 2005년 이전까지 WHO가 제19조를 활용하기 위한 시도는 두 차례 있었다. 첫 번째는 WHO 집행이사회(the Executive Board of WHO) 'health charter'를 채택하기 위한 목적으로 1997년 사무국장에게 회의를 요청했을 때(WHO, "WHO Response to Global Change: Executive Board Expresses Its Satisfaction," WHO press Release, WHO/8(Jan. 27, 1995))와 두 번째는 1996년 WHA가 WHO 사무국장에게 WHO헌장 제19조에 따라 'framework convention on global tobacco control'을 마련할 것을 요청했을 때이다(WHA Res. 49.17, World Health Org., 49th Ass., 6th Plen. mtg., WHO Doc. A49/VR/6(1996)).

175) Allyn Lise Taylor, *supra* note 159, p.303.

176) 1948년「질병과 사망원인에 관한 명명」(Nomenclature with Respect to Diseases and Causes of Death)과 「국제보건규칙」이 그것이다.

177) WHO헌장 제21조: "보건총회는 다음의 사항에 관한 규칙을 채택하는 권한을 가진다. (a) 질병의 국제적 확산을 방지하는 것을 목적으로 하는 위생상 및 검역상의 요건 및 기타 절차, (b) 질병, 사인 및 공중위생 업무에 관한 용어표, (c) 국제적으로 사용되는 진단절차에 관한 기준, (d) 국제무역에 있어서 취급되는 생물학적 제제, 약학적 제제 및 유사한 제품의 안전성, 순도 및 효력에 관한 기준, (e) 국제무역에 있어서 취급되는 생물학적 제제, 약학적 제제 및 유사한 제품의 광고 및 표시"

로 규칙의 적용을 거절 · 유보할 수 있도록 하여, WHO가 의도했을 혁신적이고 신속한 변화가 저지되는 효과가 발생할 수 있다는 점에서 한계가 있다.[178] 그 예로 상당히 오래 전부터 IHR에 대한 개정의 목소리가 높았지만, 현실적으로는 IHR의 신속한 개정은 끊임없는 반대에 부딪쳐야 했다. 1998년 WHO의 법무담당관은 WHO헌장 제21조와 제22조상의 진정한 어려움은 그 시기에 필요한 보건조치를 신속히 채택할 수 없다는 것이라고 지적했다.[179]

WHO는 WHO헌장 채택 당시 "모든 사람이 도달할 수 있는 최고수준의 건강"을 달성하기 위해 국제법의 활용과 권한을 행사하는 규범적 기구의 모습을 예상했을지 모른다. 그러나 WHO의 실행은 이러한 기대에 미치지 못했다.[180] 질병의 국제적 확산을 방지하기 위한 규칙을 채택할 권한은 처음 등장만큼 혁신적이지 못했다. 이미 이러한 확산을 통제하기 위한 노력이 오래 전부터 시작되었고 기존의 조약들에서 규율하고 있었기 때문이다.[181] WHO는 국제법을 제정할 수 있는 자신의 권한을 활용하기보다는 WHO헌장 제23조에 따라 비구속적 권고를 할 수 있는 권한을 더 선호하였다.[182] 실제 WHO는 설득과 자발적인 준수 · 권고 · 지침 · 원칙 및 행동강령 등의 연성법 형식의 비구속적이고 비강제적인

178) David P. Fidler, "Globalization, International Law, and Emerging Infectious Disease", *Emerging Infectious Diseases*, Vol. 2(1996), p.81.

179) Claude-Henri Vignes, *supra* note 85, p.18.

180) Lawrence O. Gustin, *Public Health Law: Power, Duty, Restraint*, 2nd ed.(University of California Press, 2008), p.240.

181) Sev S. Fluss, "International Public Health law: An Overview", in Roger Detels(eds.) *Oxford Textbook of Public Health,* 4th ed.(Oxford University Press, 2002), p.5. Fluss는 WHO헌장 제21조에 따라 조약체결을 개혁하기 위한 노력이 전통적 조약체결 방식에 의해 심각하게 제한을 받았다고 설명한다.

182) WHO헌장 제23조.

방식으로 보건을 감시 · 감독하였다.[183]

WHO가 역사적으로 입법권한을 활용하는데 인색했던 이유는 다양하다. 첫째, WHO는 공중보건과 기술이 급격히 발전하던 시기에 설립되었다. 일부 질병에 대한 WHO의 초기 성공, 신약과 백신의 개발 및 위생환경의 개선은 WHO가 질병 통제에 있어 규범적 접근보다는 기술적 · 정책적 접근을 선호하게 된 원인이 되었다.[184] 이러한 경향은 개발도상국이 새로운 규범의 채택보다는 정책적으로 기술적 · 경제적인 원조를 선호함에 따라 더욱 심화되었다. 둘째, 조약의 교섭과정은 기술의 발전 속도와 비교해볼 때 비교적 많은 시간과 비용이 요구되며, 또한 기술적 또는 연성법적 접근법이 전염병 통제에 있어 유연성과 적합성이 높은 점도 그 이유가 되었다. 셋째, WHO는 IHR 1969에서 규제되던 핵심 전염병 이외의 전염병 또는 예를 들어 비전염성 질병 또는 영양실조 등과 같은 보건문제를 규율하려고 시도할 때마다 경제적 이익에 근거한 저항에 부딪혀 왔다.[185] 예를 들어, WHO는 모유 대체식품의 영업에 관한 구속력 있는 규칙을 채택하려고 시도하였으나 몇몇 선진국의 강한 반대에 부딪혀 1981년에 권고 형식의「모유 대체식품 영업에 관한 국제규정」(International Code of Marketing of Breast-milk Substitutes)을 채택하였다.[186]

그러나 WHO의 목적 달성을 위해 WHO의 규범적 기능이 중요하다는

183) Yutak Arai-Takahashi, "The World Health Organisation and the Challenges of Globalization: A Critical Analysis of the Proposed Revision to the International Health Regulations", *Law, Social Justice & Global Development*, Vol. 1(2004), p.4.

184) Gian Luca Burci, *supra* note 40, p.254.

185) *Ibid.*

186) International Code of Marketing of Breast-milk Substitutes, available at: http://www.who.int/nutrition/publications/code_english.pdf〈2012-03-31〉.

것은 부인할 수 없다. 또한 최근 들어 사스나 조류인플루엔자A(H5N1) 등 유례 없는 피해를 양산하는 신종 전염병이 속속 등장하고 생물테러의 위험도 높아짐에 따라 이를 규제할 국제법 마련의 필요성이 높아지고 있다. WHO는 오랜 시간 국제법을 외면해 왔음에도 불구하고, 정책을 통해 글로벌 보건의 규범적 접근을 천천히 시도해 나가고 있다. 그 변화를 바로 전염병 통제의 핵심 법률이 되는 IHR의 개정에서 확인할 수 있다. 비록 여러 측면에서 한계를 갖고 있긴 하지만, 개정된 IHR은 새로운 국제보건체제에서 중심이 되는 법적 도구가 될 것이다.

제2장

「국제보건규칙」상의 전염병 통제

「국제보건규칙」(International Health Regulations: IHR)은 전염병 규제를 주목적으로 하고 있는 유일한 다자조약이며 전염병을 국제적으로 통제하기 위한 국제공동체의 오랜 노력의 산물이다. 이 규칙은 국제적 질병 통고체제 및 질병 확산의 통제를 위한 개별 국가의 권리와 의무를 규정하고 있다. IHR 1969는 1948년 WHO가 설립된 이후 1951년 채택된「국제위생규칙」(International Sanitary Regulations: ISR)을 개정 및 대체한 것으로 이후 1973년과 1981년 일부 개정되었으며, 2005년 전면 개정을 거쳐 오늘에 이르고 있다. 이하에서는 IHR 1969와 IHR 2005의 전염병 통제규범을 살펴보고 두 규범의 비교를 통해 주요 개정사항을 살펴 보도록 한다.

제 1 절 구「국제보건규칙」(IHR 1969)

I. IHR 1969의 주요 내용

구「국제보건규칙」(IHR 1969)의 제정 목적은 국제이동을 최소한으로 제한하면서 질병의 국제적 확산에 대항하는 최대한의 방지를 보장하는 것이다.[1] 또한 이것은 전통적 보건조약체제의 목적 및 ISR 1951이 구축하려 했던 목표와 크게 다르지 않다.

---

1) IHR 1969, Foreword. IHR 1969는 서문에서만 IHR의 제정 목적을 다음과 같이 명시하고 있다: "(…) The purpose of the International Health Regulations is to ensure the maximum security against the international spread of diseases with a minimum interference with world traffic. (…)"

1. 질병의 국제적 확산의 최대한의 방지

IHR 1969는 "질병의 국제적 확산에 대항하는 최대한의 방지"가 무엇인지 정의하지 않았다.[2] 그러나 이 규칙의 핵심은 다른 국가로부터 전염병이 유입되는 것을 최대한 방지함으로써 WHO 회원국을 보호하는 데 있다. 이 목적을 달성하기 위하여 IHR 1969는 이 규칙이 규율하는 해당 질병에 대한 국제적 감시체계를 세우고,[3] 항만과 공항에 보건관련 시설을 요구하며,[4] IHR이 규율하는 질병의 각각에 대한 특별조항을 두었다.[5]

1) 전염병 감시와 대상 질병의 특화

IHR 1969의 가장 큰 특징은 페스트(plague), 콜레라(cholera), 황열(yellow fever) 이 세 가지 질병에 대해서만 규율하고 있다는 점이다.[6] ISR 1951에서는 이 외에도 두창(smallpox), 매개티푸스(louse-borne typhus)와 매개재귀열(louse-borne relapsing fever) 등을 포함하여 6개의 질병을 규율하고 있었다. 그러나 WHO는 1969년 「국제위생규칙」을 「국제보건규칙」으로 명명하고 개정하면서 매개티푸스와 매개재귀열을 목록에서 제외시켰고, 두창은 IHR 1969가 채택되던 당시에는 규율대상 질병목록에 있었으나 전 세계적 소멸이 확인된 이후인 1981년에 목

2) IHR 1969 제1조, p.7.

3) IHR 1969 제2조~제13조, pp.10-15.

4) IHR 1969 제14조~제22조, pp.15-18.

5) IHR 1969 제50조~제75조, pp.26-33.

6) IHR 1969 제3조; IHR 1969의 Part V(제51~제75조)에는 페스트(제50~제60조), 콜레라(제61조~제64조), 황열(제65조~제75조)과 관련된 특별한 의무를 규정하고 있다. 그리고 Part V에는 회원국이 페스트, 콜레라, 황열에 대해 질병의 국제적 확산을 예방하거나 최소화하기 위한 어떤 조치를 취할 수 있도록 허용하는 기타 조항들이 규정되어 있다.

록에서 삭제하였다.[7] IHR 1969의 이러한 특징 때문에 동 규칙은 신종 전염병뿐만 아니라 사라졌다고 믿었던 전염병이 재등장한 경우 대응할 수가 없었다. 그러나 이러한 문제는 ISR 1951을 채택할 때부터 제기되어 온 것이었다. 실제 IHR 1969가 채택된 이후 약 30년 동안 대략 30개 정도의 신종 전염병이 나타난 것으로 추정된다.[8]

동 규칙의 감시체계는 회원국의 통고에 의존하고 있다. IHR 1969에 따라 회원국은 IHR이 규율하는 3개의 질병—페스트, 콜레라, 황열—이 다음과 같이 발생할 경우 WHO에 통고해야 한다.[9] 첫 번째, 전염병이 자국에서 발생하거나,[10] 두 번째 비감염국가로 가져가거나 옮긴 경우 및 감염된 선박 또는 항공기가 도착한 경우,[11] 세 번째 사람 외에 모기나 척추동물에서 발견되는 바이러스를 포함하여 황열 바이러스나 페스트 바이러스가 자국 영역 내에서 발견되는 경우[12] 모두 통고의무가 발생한다. IHR 1969 제6조는 전염병 유행 상황의 통고시 요구사항을 규정하고 있다.[13] 회원국은 또한 WHO헌장 제62조[14]에 따라 페스트, 콜레

---

7) IHR 1969, Foreword. p.5.

8) "WHO Takes Key Steps to Combat Emerging Diseases", Fifty-sixth session of the WHO Regional Committee for the Western Pacific, 19 to 23 September, available at: http://www.wpro.who.int/rcm/en/archives/rc56/press_releases/pr_20050921_RCM.htm〈2012-03-31〉.

9) IHR 1969 제3조, p.10. 각 회원국은 환자가 1명이라도 발생하면 그 사실을 안 때부터 24시간 이내에 WHO에 통고하고 WHO는 이를 역학주보(*Weekly Epidemiological Record*)에 발표한다.

10) IHR 1969 제3조 제1항, pp.10-11.

11) IHR 1969 제3조 제2항, p.11.

12) IHR 1969 제4조, p.11.

13) IHR 1969 제6조, p.12.

14) WHO헌장 제62조: "각 회원국은 자국민의 건강을 향상시키기 위하여 취한 조치 및 달성한 진보에 관하여 기구에 대해 매년 보고한다."

라, 황열의 발생 및 이들 질병에 대해 취해진 조치에 관한 정보를 매년마다 제공해야 한다.[15] WHO는 해당 국가로부터 받은 질병 보고 및 역학 정보사항을 다른 모든 회원국에게 전달한다.[16]

IHR 1969는 또한 페스트, 콜레라, 황열에 대해 질병의 국제적 확산을 예방하거나 최소화하기 위해 회원국이 취할 수 있는 조치들을 규정하였다. 예를 들어, 각 회원국에게 설치류 및 설치류의 체외 기생충에 의한 페스트의 확산을 줄이기 위해 자국의 권한 내의 모든 수단을 동원해야 한다.[17] 만약 국내에 입국하는 운송수단에서 콜레라가 발견되는 경우, 회원국은 입국날로부터 콜레라의 잠복기를 넘지 않는 기간 동안 개인에 대한 감시 또는 격리(isolation) 조치를 취할 수 있다.[18] 회원국은 또한 자국에서 황열 발생지역으로 떠나는 사람에 대해서는 백신 접종을 요구할 수 있다.[19]

2) 국내 보건기반 구축

최대한의 방지를 달성하기 위한 또 다른 핵심요소는 IHR 1969가 회원국이 일정한 형식의 보건자원, 보건 프로그램 및 보건기관을 유지하도록 요구하고 있다는 점이다.[20] WHO 회원국은 통관항에 적절한 보건시설을 유지함으로써 병원균이 전달되는 상황을 차단하여 전염병의 확산을 저지할 수 있다. 국내 보건시설은 또한 전염병의 초기 발견과 조치를 위해서도 필요하다. 이와 같은 국내 보건체계는 WHO 중심의 감

15) IHR 1969 제9조, 제13조, pp.13-14.
16) IHR 1969 제11조 제1항, p.14.
17) IHR 1969 제52조 제1항, p.26.
18) IHR 1969 제62조 제1항, p.30.
19) IHR 1969 제66조 제1항, p.30.
20) IHR 1969 제14조~제18조, pp.15-16.

시체계와 함께 작동함으로써 두 체계간의 협력과 보완을 통해 질병의 국제적 확산에 대응한다.

2. 국제이동의 최소한의 제한

IHR 1969에 따르면 WHO 회원국은 페스트, 콜레라, 황열 등으로부터 자국 영토를 보호하기 위한 보건조치를 취함으로써 국제이동의 최소한의 제한과 질병의 최대한의 방지라는 목표를 달성해야 한다. 이 때 허용 가능한 보건조치의 수준은 IHR 1969 제23조에 따라 '국제이동에 적용 가능한 최대한의 조치(maximum measures)'이다. 이러한 목적을 달성하기 위해 IHR 1969는 이 규칙이 규율하고 있는 질병에 대항하여 일반적으로 취해지는 보건조치 및 그 절차를 규율하는 일반규정[21]과 구체적인 보건조치에 관한 규정을 두었다. 그 내용으로 감염된 사람 또는 운송수단에 대해서는 출발을 금지하는 조치를 취할 수 있고,[22] 출입국항 사이를 운항중인 선박과 항공기,[23] 입국하는 사람과 운송수단[24] 및 국제적 운송수단을 통해 전해지는 화물, 상품, 수화물 및 우편물 등에 대해서는 제한적인 조치를 취할 수 있다.[25]

IHR 1969에 따라 취해진 모든 보건조치는 즉시 시행되어야 하고, 지체없이 완결되어야 하며, 이 후 즉각적으로 '검역필증'(*free pratique*)을 발부해야 한다.[26] 즉, 기존의 검역(quarantine)의 개념은 상품의 신속하

21) IHR 1969 제23조~제29조.

22) IHR 1969 제30조, p.20.

23) IHR 1969 제31조~제34조, pp.20-21.

24) IHR 1969 제35조~제45조, pp.22-25.

25) IHR 1969 제46조~제49조, pp.25-26.

26) 검역필증(*free partique*)에 대한 용어 정의는 IHR 1969 제1조, p.8.

고 원활한 이동을 위해 폐지되었다.[27] 따라서 IHR 1969가 규율하는 질병에 감염된 사람을 감시하거나 격리하는 것은 해당 질병에 마지막으로 노출된 날 또는 도착일로부터 잠복기 동안에만 가능하다.[28] IHR 1969가 허용하는 제한조치는 정치적 목적이나 비이성적 공포가 아니라 전염병의 역학에 따르는 것이다.[29]

IHR 1969는 또한 IHR 1969가 규율하지 않는 질병에 관한 정부의 개입을 제한한다. 첫 번째로, IHR 1969가 규율하지 않는 질병에 감염되었거나 감염된 것으로 추정되는 선박 또는 항공기에 대해 WHO 회원국은 검역필증의 발부를 거절할 수 없으며, 공중보건에 '심각한 위험'(grave danger)이 되는 비상시를 제외하고는 화물의 하역 또는 선적, 연료와 물의 습득 또는 저장을 막을 수 없다.[30] WHO '전염병국제감시위원회'(Committee on International Surveillance of Communicable Diseases: CISCD)는 IHR 1969 제28조의 '심각한 위험'에 대해 항상 매우 제한적으로 해석해 왔다.[31] 두 번째로, 국제이동의 최소한의 제한을 위해 IHR 1969 제81조는 동 규칙이 나열하고 있는 것 외의 보건문서를 국제이동을 위해 요구해서는 안된다고 규정하고 있다.[32)] 따라서 동 규칙 제81조

27) Pierre J. Delon, *The International Health Regulations: A Practical Guide*(WHO, 1975), p.13.

28) IHR 1969에서 페스트의 경우는 제57조 제1항 및 제2항, p.28; 콜레라의 경우는 제62조 제1항, p.30; 황열의 경우는 제68조, 제71조, pp.31-32.

29) IHR 1969 제84조 제1항, pp.37-38.

30) IHR 1969 제28조, p.19.

31) Pierre J. Delon, *supra* note 27, p. 13; Sidney Edelman, "International Travel and Our national Quarantine System", *Temple Law Quarterly*, Vol. 37(1963), p.39.

32) IHR 1969 제81조, p.35. IHR 1969에서 요구되는 보건문서는 다음과 같다: 국제항행을 하는 선박의 선장이 작성하는 '해양보건신고서'(Maritime Declaration of Health), IHR 1969 제77조, app. 3, pp.33, 46-47; 항공기종합신고서 보건부분(the Health Part

는 WHO 회원국들이 IHR 1969가 규율하지 않는 질병에 대해 보건증서를 요구하는 것을 금지하고 있다.[33)]

IHR 1969는 WHO 회원국이 질병 발생을 WHO에 통고할 때 과도하게 반응하여 제한적인 조치를 취하는 것을 규율한다.[34)] 최소한의 개입은 IHR 1969가 확립하고 있는 감시체계의 균형과 보완이다. 이론적으로 질병의 국제적 확산에 대한 최대한의 방지 원칙과 국제이동에 대한 최소한의 개입은 전염병 통제에 관한 국제법체제 전반에 녹아 있다.

Ⅱ. IHR 1969의 위기

IHR 1969체제가 시작된지 얼마 지나지 않아 동 체제의 한계가 드러나기 시작했고 WHO 공무원과 국제법 학자들은 IHR 1969체제의 실패를 인정했다.[35)] 또한 1980년 이후 각종 신종 전염병의 출현과 과거 전염

---

of the Aircraft General Declaration), IHR 1969 제78조, app. 4, pp.34, 48; 구서증서(Deratting Certificate), IHR 1969 제79조, app. 1, pp.34, 42-43, 황열 국제 예방 · 재예방 접종증명서(International Certificate of Vaccination or Revaccination Against Yellow Fever), IHR 1969 제79조, app. 2, pp.34, 44-45.

33) Nancy E. Allin, "The AIDS Pandemic: International Travel and Immigration Restrictions and the World Health Organizations's Response", *Virginia Journal of International Law*, Vol. 28(1988), p.1050.

34) *Ibid.*

35) P. Dorolle(the Deputy Director-General of WHO), "Old Plagues in the Jet Age: International Aspects of Present and Future Control of Communicable Diseases", *British Medical Journal*, Vol. 4(1968), pp.787-792; E. Roelsgaard(Chief of WHO's Epidemiological Surveillance of Communicable Diseases), "Health Regulations and International Travel", *WHO Chronicle*, Vol. 28(1974), pp.266-267; Boris Velimirovic, "Do We Still Need International Health Regulations?", *Journal of Infectious Disease*, Vol. 133(1976), p.478; David P. Fidler, "Return of the Fourth Horseman: Emerging

병의 재출현은 IHR 1969의 무력함을 드러나게 하는 결정적 요인이 되었으며, IHR 1969의 개정 논의의 발단이 되었다.

1. 구 전염병의 재등장과 신종 전염병의 출현

1980년 이후 신종 전염병의 출현과 과거 전염병의 재출현은 IHR 1969의 한계를 여실히 드러내며, 전염병 예방과 관리를 위한 새로운 국제협력과 공조체제의 강화를 도모하기 위한 IHR 1969의 개정을 요구하는 목소리가 점차 커져갔다. 1995년 세계보건총회(World Health Assembly: WHA)는 결의 채택을 통해 IHR을 개정하기 위한 과정에 착수하는데,[36] 그 계기가 된 것은 1990년대 초반 남미에서 발생한 제7차 콜레라 대유행과 1995년 아프리카에서 유행한 신종 전염병인 에볼라출혈열(Ebola Haemorrhagic Fever)의 발생이었다.[37] 그러나 이후 개정을 위한 논의는 한동안 더디게 진행되었다.

IHR의 개정 논의가 급물살을 타게 된 결정적 계기는 2003년 사스의 발생과 전 지구적 유행이었다.[38] 2003년 5월 WHO는 사스를 "21세기에

Infectious Diseases and International Law," *Minnesota Law Review*, Vol. 81(1997), p.843.

36) WHA, Revision and Updating of the International Health Regulations, WHA 48.7, 12 May 1995(이하 'WHA Resolution 48.7'); Heidi L. Lambertson, "Swatting a Bug Without a Flyswatter: Minimizing the Impact of Disease Control on Individual Liberty under the Revised International Health Regulations", *Penn State International Law Review*, Vol. 25(2006-2007), p.540-541.

37) 이덕형 · 박기동, "국제보건규칙의 개정과 전염병 관리 및 검역체계 개선의 과제", 『대한의사협회지』(2005년 8월), 785쪽.

38) SARS에 대한 WHA의 결의(WHA, Severe acute respiratory Syndrome(SARS), WHA 56.29, 28 May 2003) 참고; David P. Fidler, SARS, *Governance and the Globalization of Disease*(Palgrave, 2004); Belinda Bennet and Terry Carney, "Trade, Travel and Disease: the Role of Law in Pandemic Preparedness", *Asian Journal WTO and*

처음 등장한 심각한 전염병으로서 글로벌 보건안보, 주민의 생활환경 보건체계 기능 및 경제안정과 발전을 심각하게 위협"한다고 보았다.[39] 그렇다면 사스의 어떤 점이 심각한 전염병에 대한 국제적 대응의 인식과 정도를 극적으로 변화시킨 것일까? 사스를 특별한 전염병 사례로 꼽는 가장 중요한 이유는 분명 HIV/AIDS와 같은 다른 전염병과 비교하여 볼 때 질병의 급성도와 치사율이 높다는 점일 것이다. 그러나 사스로 인한 사망자 수는 2003년 6월까지 800명이 조금 넘었고, 그 수치는 주요 다른 전염병의 사망자수와 비교의 대상도 되지 않을 만큼 미미하다. 예를 들어, 사스가 휩쓸고 간 서태평양 지역에서 결핵으로만 매일 1,000명 이상의 사람이 사망하였다.[40]

이 점을 고려해 볼 때 사스가 다른 질병과 다르게 특별하게 다뤄진 것은 급성도나 치사율 이외에도 사람과 물자의 이동을 저지함으로써 발생한 경제적 손실을 중요한 원인으로 볼 수 있다. 예를 들어, 싱가포르는 2003년 2/4분기 국내총생산 성장률이 2.3%로 하락하였고, 대만은 1.9%, 홍콩은 4%, 중국은 0.5% 하락하였다.[41] 한 연구에 의하면 사스 유행기간 동안 아시아-태평양 지역에서만 약 400억달러 정도의 경제적 손실이 발생하였다.[42] 이 외에도 핵물질 사고로 인한 질병의 공포, 미국의 9·11테러 이후 생물테러에 대한 우려 등도 IHR 1969 개정의

International Health and Policy, Vol. 5(2010), p.311.

39) 56th World Health Assembly, agenda item 14.16, WHA 56.29(28 May 2003).

40) Shigeru Omi, "The Haunting Face of An Old Plague", available at: http://www.wpro.who.int/NR/exeres/6336CCCE-1950-4174-9A25-9447F75FCDFA.htm〈2012-03-31〉.

41) WHO, "Severe Acute Respiratory Syndrome(SARS): Global Alert, Global Response", 17 June 2003, available at: http://www.who.int/csr/sars/conference/june_2003/materials /presentations/sarsglobal170603.pdf〈2012-03-31〉.

42) Michael T. Osterholm, "Preparing for the Next Pandemic", *Foreign Affairs*, Vol. 84(2005).

필요성에 한 몫을 했다.

2. 취약한 감시체계

IHR 1969의 감시체계에서 질병 발생의 통고를 오로지 WHO 회원국들의 통고의무에 의존하고 있다는 점은 동 규칙의 실효성 확보에 큰 장애가 되었다. 전염병 문제가 심각하지 않은 평상시의 경우에는 회원국들의 정기적 보고 및 WHO를 통한 정보의 배포가 순조롭게 이뤄졌다. 그러나 심각한 질병이 발생하여 IHR 1969의 체제가 제 기능을 해야 하는 정작 중요한 시기에 국가들은 규율 질병에 관한 보고의무를 잘 준수하지 않았다. 그 원인으로 지적된 것으로 첫 번째는, 보건당국이 질병의 발생을 확인하고 보고하는 데까지 걸리는 시간의 문제인데, 특히 인적·물적 보건 기반시설이 약한 국가의 경우 질병의 발생을 확인하는 데까지 오랜 시간이 걸려 제때에 보고를 하지 못하거나 심지어 질병의 발생조차 확인하지 못하는 경우가 발생할 수 있다.[43] 물론 IHR 1969는 WHO 회원국이 일정한 형식의 보건자원, 보건 프로그램 및 보건기관을 유지하도록 요구하고 있지만[44] 이것을 현실화하지는 못했다. 두 번째는 WHO 회원국들이 국가 명예나 위신과 같은 정치적인 이유 때문에 보고하기를 꺼려하는 경우다.[45] 세 번째는 주변국들의 과도한 반응 때문에 무역이나 관광에 있어 경제적 손실을 입을 수 있다는 우려 때문이다.[46]

결국 국가들이 질병에 대한 보고를 제때에 이행하지 않음으로써 다른 회원국들은 WHO를 통해 필요한 정보를 얻지 못하게 되고, 이로 인해

43) Pierre J. Delon, *supra* note 27, p.24; P. Dorolle, *supra* note 35, p.789.

44) IHR 1969 제14조~제18조, pp.15-16.

45) Pierre J. Delon, *supra* note 27, p.24

46) *Ibid.*

과도한 전염병 통제조치를 취하게 됨으로써 결과적으로 또다시 국가들은 국가이익의 침해를 우려하여 질병 보고를 하지 않으려는 악순환이 반복되었다.[47]

그러나 무엇보다 IHR의 감시체계는 오직 3개의 질병에 대해서만 통고의무가 있기 때문에 WHO 회원국이 그 의무를 이행한다 하더라도 극복할 수 없는 근본적 한계가 있다.

3. 실효성 없는 보건조치

전염병의 확산을 예방하려는 WHO 회원국들의 시도가 성공적이었다면, 질병의 국제적 확산에 대한 최대한의 방지라는 목적은 IHR 1969의 감시체계가 붕괴하더라도 달성될 수 있었을 것이다. 전염병의 국제적 확산을 예방하려는 국가들의 시도는 그것이 IHR 1969가 허용하는 조치이든 아니든 간에 실패를 거듭해 왔다.[48] 1968년 당시 WHO 부사무국장이었던 P. Dorolle는 심지어 콜레라와 두창은 ISR 1951 때부터 규율되는 질병이었음에도 불구하고 해당 질병의 국제적 확산을 막는 데는 실패하였음을 지적하였다.[49]

IHR 1969는 다음과 같은 전염병 통제조치를 규정하고 있었다. 예를 들어, 페스트의 경우에는 각 회원국에게 설치류 및 설치류의 체외 기생충에 의한 페스트의 확산을 줄이기 위해 자국의 권한 내의 모든 수단을 동원할 것을 요구하였다.[50] 콜레라의 경우에 있어서도 만약 국내에 입국하는 운송수단에서 콜레라가 발견되면 회원국은 입국날로부터

47) *Ibid.*

48) David P. Fidler, *supra* note 35, p.845.

49) P. Dorolle, *supra* note 35, pp.790-791.

50) IHR 1969 제52조 제1항.

콜레라의 잠복기를 넘지 않는 기간 동안 개인에 대한 감시 또는 격리(isolation) 조치를 취할 수 있도록 하였다.[51] 황열의 경우에는 회원국은 자국에서 황열 발생지역으로 떠나는 사람에 대해서는 백신 접종을 요구할 수 있었다.[52]

그러나 이러한 전염병 통제조치가 실제로 전염병 통제에 기여하고 있는지가 의문시되었다. 1974년 당시 'WHO 전염병 감시'(Epidemiological Surveillance of Communicable Diseases) 기관의 수장이었던 E. Roelsgaard는 IHR 1969와 상관없이 이미 국가들은 선박과 항구에서 설치류를 통제해야 할 경제적 동기가 충분했기 때문에 IHR 1969가 해당 조치에 별도로 기여한 바가 있는지 매우 의심스럽다고 평가했다.[53] 또한 IHR 1969가 국제적으로 중요한 여타의 여러 전염병들을 규율하지 않았다는 점과 심각한 위험상황을 제외하고는 사실상 국가가 여타 질병에 대해 보호조치를 취하지 못하도록 명시적으로 금지한 것이나 다름없다는 점에서 질병의 국제적 확산에 대응하는 IHR 1969의 무력함 또는 효력에 대한 의구심을 가중시켰다.

4. 국가들의 과도한 보건조치

IHR 1969는 국가가 질병에 대응하여 과도한 보건조치를 취함으로써 불필요하게 국제이동과 국제무역을 제한하는 것을 방지하고자 하였으나 그 효과는 미미했다. 그러나 국제이동의 최소한의 개입이라는 IHR 1969의 목적의 달성에 있어 실제 효과는 실망스러운 것이었다. 질병의 국제적 확산에 대응하는 WHO 회원국들의 조치를 규제하려던 IHR

51) IHR 1969 제62조 제1항.

52) IHR 1969 제66조 제1항.

53) E. Roelsgaard, *supra* note 35, p.267.

1969의 시도는 일반적으로 무시되었다. WHO 회원국들은 IHR 1969가 허용하는 조치보다 상당히 더 제한적인 조치를 반복적으로 취하였다.[54] 질병의 국제적 확산에 대응하여 최대한의 방지가 난항을 겪었던 것과 마찬가지로 국제이동의 최소한의 개입 원칙의 문제점 또한 신종 전염병 문제가 가시화되기 오래 전부터 인식되었다. P. Dorolle는 "과도하고 불필요한 검역조치를 피하자는 목적은 실패했다"라고 비판하였고,[55] E. Roelsgaard는 국제이동의 최소한의 개입을 보장하는데에 있어 IHR 1969의 역할은 "심각하게 의문시된다"고 지적하였다.[56]

1975년『*WHO's Practical Guide to the IHR*』의 저자인 P.J. Delon 역시 "1951년 이래 IHR 1969 적용의 역사에서 과도하고 불필요한 조치가 수도 없이 많았다"고 서술했다.[57] 이러한 IHR 1969의 실패를 그대로 보여준 가장 대표적인 사례로, WHO 회원국들이 IHR 1969를 위반하면서 HIV/AIDS 환자 및 환자로 의심되는 여행객 또는 에이즈 발생이 보고된 지역으로부터 온 여행객에 대해 여행 제한을 적용했을 때를 들 수 있다.[58]

감시체계가 붕괴함에 따라 전염병의 발생에 대한 WHO 회원국들의 과도하고 권한 없는 보건조치는 점점 늘어나게 되고, 그런 과도한 대응 때문에 회원국들은 WHO에 질병의 발생 사실에 관해 통고하는 것을 회피하게 되었다. 최대한의 방지와 최소한의 개입이라는 IHR 1969의 원칙이 실패로 돌아가자 질병의 국제적 확산을 방지하기 위한 IHR 1969

---

54) Allyn L. Taylor, "Controlling the Global Spread of Infectious Diseases: Toward a Reinforced Role for the International Health Regulations", *Houston Law Review*, Vol. 33 (1997), p.1350.

55) P. Dorolle, *supra* note 35, p.789.

56) E. Roelsgaard, *supra* note 35, pp.266-267.

57) Pierre J. Delon, *supra* note 27, p.24.

58) Allyn L. Taylor, *supra* note 54, pp.1053-1054.

의 목표는 실현이 불가능해졌다.[59]

5. 이행 강제력의 부족

IHR 1969의 실행 전반에 걸친 이행 부족은 회원국들이 IHR 1969하의 실행을 과연 WHO가 강제할 수 있는 능력이 있는 것인지에 대한 의문을 야기하였다.[60] WHO헌장은 회원국이 제21조에 따라 제정된 구속력 있는 규칙을 준수하지 않았을 경우에 대한 제재를 규정하고 있지 않다.[61] IHR 1969도 마찬가지로, IHR 1969하의 의무 이행에 대해 어떤 국제기구에게 강제력을 부여하는 규정이 없다. IHR 1969는 분쟁해결 절차를 규정하고 있는데,[62] 이 절차는 거의 활용된 적이 없어 이 또한 IHR 1969의 무력함을 여실히 드러낸다.[63]

WHO는 강제력 있는 법규칙을 제정하기 보다는 비구속적 권고를 함으로써 WHO의 강제력 부족의 문제는 덜 심각해졌다.[64] 그러나 WHO가 국제법을 활용하길 꺼려하는 성향을 보이자, 법적 구속력 있는 여러 규칙들이 실제에 있어서는 마치 권고처럼 취급받는 결과를 야기하였다.[65] 강제력의 결여와 WHO의 권고 방식의 선호는 IHR 1969의 권한

---

59) P. Dorolle, *supra* note 35, p.790.

60) Boris Velimirovic, *supra* note 35, p.481.

61) Walter R. Sharp, "The New World Health Organization", *American Journal of International Law*, Vol. 41(1947), pp.526-527. WHO헌장에 따라 WHO가 회원국에 대해 취할 수 있는 유일한 제재는 회원국이 WHO에 대한 재정적 의무를 이행하지 않는 경우에 회원국이 가지는 투표권 및 받을 수 있는 서비스를 정지하는 것뿐이다(WHO헌장 제7조).

62) IHR 1969 제93조, p.41.

63) E. Roelsgaard, *supra* note 35, p.266.

64) David P. Fidler, *supra* note 35, p.848.

65) David M. Leive, *International Regulatory Regimes: case studies in health, meteorology, and food*(Lexington, Mass.: Lexington Books, 1976), Vol. 1, p.46. 저자

을 심각하게 손상시켰다. 그러나 공식적인 강제력이 결여된 상황에서는 WHO가 비법적 접근방식을 택하는 것 이외에 달리 대안이 없었다. 몇몇 전문가들은 IHR 1969의 집행자로서 WHO에게 좀 더 많은 권한을 부여하자는 주장에 대해 반대하였다. 전 WHO 법무담당관인 Claude-Henri Vignes은 구속력 있는 규칙은 보건적 요청에 따를 만큼 빠르게 채택될 수 없기 때문에 국제보건법에서 구속력 있는 규정을 활용한다는 것은 '비현실적'이라고 지적했다.[66]

WHO 회원국들은 종종 주권제한의 문제를 염려해서 WHO가 비구속적 권고를 통해 활동하도록 의도하였다. 공중보건 권한이 법을 통해 강제되어야 하는가, 아니면 캠페인과 같은 교육을 통해 설득되어야 하는가는 공중보건정책의 매순간마다 문제가 되었다.[67] WHO의 지난 관행은 법적 강제보다 설득이 좀 더 생산적이라고 판단했음을 증명한다. 그러나 법적 강제보다 설득을 통해 공중보건 문제를 접근하려고 한 WHO의 노력은 큰 효과를 거두지 못하고 국제법, 전문가의 조언, 또는 설득을 앞으로 강화할 수 있을지도 불투명한 상황이 되었다.

1960년대 후반에 이미 WHO 안팎에서는 국가들이 IHR 1969를 준수하지 않아 실패한 규칙이라는 이야기가 나오기 시작했다.[68] 한 전문가는 국가들이 IHR 1969를 준수하지도 않고 의무 위반에 대한 처벌도 없는데 이 규칙을 유지시키는 것이 과연 합리적인 것인지 반문하였다.[69] 실제 IHR 1969 당사국들은 이 규칙의 대상 질병이 발생할 때마다 이 사

는 국제법상 WHO 결의의 법적 지위에 대해 설명하고 있다.

66) Claude-Henri Vignes, "The Future of International Health Law: WHO Perspectives", *International Digest of Health Legislation*, Vol. 40(1989), p.18.

67) David P. Fidler, *supra* note 35, p.849.

68) P. Dorolle, *supra* note 35, p.789.

69) Boris Velimirovic, *supra* note 35, pp.478, 481.

태를 WHO에 통고할 의무와 질병 발생국과의 무역과 해외여행에 대한 부당한 제한조치 금지 의무를 예사롭게 위반하였다.[70)]

Ⅲ. IHR 1969의 개정 논의와 과정

1995년 제48차 WHA는 WHO 사무국장에게 IHR 1969의 개정 준비를 요청하는 결의를 채택하였다.[71)] 새로운 IHR의 첫 초안은 1998년 1월에 나왔으나 이후 한동안 개정을 위한 논의는 더디게 진행되었다.[72)] 2002년 WHA는 2001년 결의안을 「국제보건규칙」에 반영하기로 재결의하였다. 그러다 2003년 상반기 사스가 세계적으로 유행하면서 IHR 1969 개정 논의가 급진전되었다. 동년 5월에 개최된 제56차 총회에서 WHA는 2005년 제58차 총회까지 새로운 「국제보건규칙」을 마련하기로 합의하고, 모든 회원국이 참가하는 '정부간 실무팀'(Intergovernmental Working Groups: IGWG)을 구성하는 결의안을 채택하였다.[73)]

2004년 1월에 WHO 집행이사회는 WHO 사무국이 마련한 개정안 초

---

70) P. Dorolle, *supra* note 35, pp. 789-790; Pierre J. Delon, *supra* note 27, p.24; US National Science and Technology Council Committee on International Science, Engineering and Technology(CISET) Working Group on Emerging and Re-Emerging Infectious Diseases, Infectious Disease—A Global Health Threat(1995), p.4; Laurie Garrett, "The Return of Infectious Disease", *Foreign Affairs*, Vol. 75(1996), pp.66, 74.

71) WHA, Global Health Security: Epidemic Alert and Response, WHA Res. 54.14, 54th Ass., 9th plen. mtg.(21 May 2001).

72) WHO, International Health Regulations: Provisional Draft(January 1998).

73) WHO는 1998년 1월 초안을 채택한 바가 있으나 해당 초안은 그 시기까지의 내부적 검토를 위한 초벌 문안을 담고 있는 것으로 실질적으로 새로운 IHR를 위한 완결된 제안은 2004년 1월이 처음이다. WHA, Revision of the International Health Regulations, WHA56.28 (28 May 2003).

안[74]을 보고받고 이를 배포한 후 2004년 3월부터 5월까지 WHO의 6개 지역별 의견 수렴[75] 및 각국 정부와 관련 이해당사자들로부터 초안에 대한 평가를 받았다. WHA는 의견 수렴을 거친 후 이를 반영한 수정안을 2004년 9월에 다시 마련하였다.[76] 이 수정안을 가지고 2004년 11월 '정부간 실무팀'이 제1차 회의를 개최하여 IHR 개정을 논의했으나 최종 합의에 이르지 못하여 2005년 2월 제2차 회의를 다시 개최하였다. 제2차 회의에서는 개정안의 대부분 조항에 대해서는 합의가 이루어졌으나, 개정안의 이행과 관련된 쟁점에 대한 합의를 보지 못하고 결렬되어 새로운 IHR 마련에 대한 우려가 높아졌다. 그러나 WHO는 총회 개최 직전인 2005년 5월 제2차 회의 속개 형식으로 '정부간 실무팀' 회의를 다시 개최하여 최종안을 합의하였다. 최종 합의된 개정안은 곧이어 5월 15일부터 개최된 제58차 세계보건총회에 상정되어 5월 23일 제8차 전체회의에서 정식으로 채택되었다. 이렇게 마련된 국제보건규칙은「국제보건규칙(2005)」로 명명되었다.[77]

---

74) WHO, *International Health Regulations: Working Paper for Regional Consultations*, IGWG/IHR/Working paper/12.2003, 12 January 2004.

75) WHO, Summary Report of Regional Consultations, A/IHR/IGWG/2, 14 September 2004.

76) WHO, *Review and Approval of Proposed Amendments to the International Health Regulations: Draft Revision*, A/IHR/IGWG/3, 30 September 2004.

77) Revision of the International Health Regulations, WHA Res. 58.3, WHA, 58th Assembly(May 23, 2005), available at http://apps.who.int/gb/ebwha/pdf_files/WHA58/ WHA58_3-en.pdf〈2012-03-31〉.

제 2 절 신 「국제보건규칙」(IHR 2005)

오랜 논의 끝에 새로이 채택된 「국제보건규칙(2005)」(IHR 2005)은 10개의 장과 66개의 조항 그리고 9개의 부속서로 구성되어 있다.[78] 비록 IHR 2005는 IHR 1969를 '개정'한 것으로 IHR 1969의 규제 틀이 IHR 2005에서도 연속되는 측면이 있으나, IHR 2005는 IHR 1969가 표방한 기존의 보건체제를 전면적으로 바꾸어 놓았다.

IHR 2005의 주요 개정사항을 살펴보면 먼저, ① IHR의 적용대상 질병의 범위를 획기적으로 확대하였고, ② WHO의 감시체계의 보완 · 강화를 위해 비공식적 정보를 사용할 권한 및 '국제적 관심의 공중보건 비상사태'(PHEIC)를 선언하고 상시 · 임시권고를 할 권한의 부여함으로써 전염병 통제를 위한 WHO의 역할을 강화하였고, ③ 당사국에게 최소한의 핵심적 감시와 대응능력을 강화하기 위한 의무를 부여하였으며, ④ 당사국이 IHR 2005를 이행하는 과정에서 인권을 보호하도록 하기 위해 인권보호의 원칙과 내용을 조문화였다.

이하에서는 IHR 2005의 목적 및 원칙과 위의 네 가지 주요 변화를 중심으로 IHR 2005의 개정내용을 살펴본다.

78) WHO, *International Health Regulations 2005*, 2nd ed.(WHO, 2008), available at http://whqlibdoc.who.int/publications/2008/9789241580410_eng.pdf〈2012-03-31〉.

Ⅰ. 목적과 원칙

IHR 2005는 제2조에서 이 규칙의 목적을 "공중보건 위험에 상응하고 제한된 방식으로 국제이동과 무역에 대한 불필요한 방해를 피하면서 질병의 국제적 확산을 예방·방어·관리 및 대응하는 것"으로 규정하였다. IHR 1969가 "국제이동을 최소한으로 제한하면서 질병의 국제적 확산에 대항하여 최대한 방지하는 것"[79]을 목적으로 명시한 것과 비교한다면, IHR 2005 역시 IHR 1969와 마찬가지로 국제무역과 여행에 대해 최소한으로 개입하면서 동시에 질병의 국제적 확산에 대해 최대한의 방지를 추구하고 있다.[80] 다만, IHR 2005가 이를 좀 더 구체적으로 기술하고 있을 뿐이다. 그러나 IHR 2005가 적용대상 질병을 확대함에 따라 목적의 실질적인 구현은 크게 달라졌다. IHR 1969가 강대국의 무역과 관련된 일부 질병만을 규제대상 질병으로 규정함으로써 공중보건보다는 강대국들의 경제적 이익을 고려한 것이라고 평가한다면, IHR 2005는 규제대상 질병을 확대함으로써 경제적 이익보다는 공중보건을 우선적으로 고려한다고 할 수 있다.[81]

한편 IHR 2005는 별도의 원칙조항을 두고 있는데 이 규칙의 기본원칙 4가지를 다음과 같이 명시하고 있다.

79) IHR 1969, Foreword, p.5.

80) IHR 2005 제2조: "The purpose and scope of these Regulations are to prevent, protect against, control and provide a public health response to the international spread of disease in ways that are commensurate with and restricted to public health risks, and which avoid unnecessary interference with international traffic and trade."

81) Heidi L. Lambertson, *supra* note 36, p.544; David P. Fidler, "From International Sanitary Conventions to Global Health Security: The New International Health Regulations", *Chinese Journal of International Law*, Vol. 4(2005), p.361.

"1. 이 규칙의 이행은 인간의 존엄, 인권 및 개인의 기본적 자유를 완전히 존중한다.
2. 이 규칙의 이행은 UN헌장과 세계보건기구헌장을 따른다.
3. 이 규칙의 이행은 질병의 국제적 확산으로부터 전 세계 모든 사람들을 보호하기 위하여 규칙의 보편적 적용이라는 목적에 따른다.
4. 국가는 UN헌장과 국제법의 원칙에 따라 자국의 보건정책을 수행하기 위한 법률 제정과 시행에 관한 주권을 갖는다. 그렇게 하는 동안 국가는 이 규칙의 목적을 유지한다."

이 4가지 원칙 중 가장 논쟁이 된 것은 보편적 적용을 원칙으로 한 제3조로, 이 원칙을 대만에도 적용할 수 있느냐가 문제되었다. IHR 2005는 제64조에서 WHO 회원국이 아닌 국가에 대해서도 IHR 2005의 회원국이 될 수 있는 길을 열어 놓고 있는데,[82] '국가'만이 IHR 2005의 수용 · 거부 · 유보 의사를 밝힐 수 있게 하고 있어 국가만이 IHR에 가입할 수 있기 때문이다. 대만은 중국과의 관계 문제로 국제법상 국가로 인정받지 못하고 있어 원칙적으로 IHR을 대만에 적용하는 것이 불가능하다. 한편, 대만은 자신을 독립국가로 보고, 자국의 질병 발생상황을 중국에 보고하려 하지 않기 때문에 WHO와 주요 국가들은 이 문제를 해결하기 위해 정부간 협상팀 회의를 진행하였고 그 성과로 WHO와 중국은 대만의 IHR 2005 참여를 가능하게 하는 양해각서(MOU)를 체결하였다.[83] WHA는 IHR 2005를 채택하면서 관련 결의에 "제2조에서 정한 목적과

82) IHR 2005 제64조.
83) 양해각서의 내용은 공개되지 않고 있지만, WHO가 대만의 질병발생 관련 정보를 통고받을 뿐만 아니라 전문가를 대만에 파견하는 것을 중국이 양해하는 내용이 포함된 것으로 추측하고 있다.

범위 및 제3조에 정한 원칙에 따라 IHR 2005를 완전히 이행할 것을 회원국과 사무총장에게 촉구"하는 내용을 삽입하여 이를 뒷받침하였다.

Ⅱ. 질병 범위의 확대

「국제보건규칙」의 개정과정 동안 논란이 되었던 주제 중 하나가「국제보건규칙」의 적용범위의 확대에 관한 문제였다. 기존의 IHR 1969가 콜레라, 페스트, 황열 등 이 세 가지 전염병만을 제한적으로 규율하고 있어 오늘날의 보건 위기에 적절하게 대응하지 못한다는 지적이 끊임없이 제기되었음은 앞에서 언급한 바와 같다. 때문에「국제보건규칙」의 개정 논의 과정에서 예상할 수 없는 공중보건의 위험까지 포함하는 다양하고 폭넓은 적용범위로 변경하는 것이 요구되었다.

그 결과로 IHR 2005는 제2조(목적과 범위)에 '공중보건위험'만을 언급하고 별도의 적용대상 질병을 한정하지 않음으로써 규율하는 질병의 범위를 확대시켰다. 이러한 질병 범위의 확대는 다음과 같은 세 가지 특징을 갖는다.[84] 첫 번째는 규제대상 질병을 한정하지 않는 대신에 규모나 사태의 심각성에 따라 '질병'(disease), '사태'(event), '공중보건위험'(public health risks), '국제적 관심의 공중보건 비상사태'(public health emergency of international concern)로 구분한 점이다. 여기서 '질병'의 개념적 정의는 원인이나 출처와 상관없이 사람에게 현저한 손상을 야기하거나 야기할 수 있는 질환 또는 의학적 상태를 말하며,[85] '사태'는 질병의 발현 또는

84) David P. Fidler, *supra* note 81, p.361.

85) IHR 2005 제1조 제1항: "disease" means an illness or medical condition, irrespective of origin or source, that presents or could present significant harm to humans.

질병의 발생 가능성을 야기하는 사건을 의미한다.[86] 또한 '공중보건위험'은 국제적으로 확산되거나 또는 심각하고 직접적인 위험을 야기할 수 있는 것으로서 인류의 건강에 해로운 영향을 주는 사건의 가능성을 말하고,[87] '국제적 관심의 공중보건 비상사태'(이하 'PHEIC'라 함)는 IHR 2005에서 규정한 바에 따라 결정되는 특별한 사태를 의미하는데 첫째, 질병의 국제적 확산으로 인해 다른 국가에 공중보건위험을 구성하는 것과 둘째, 잠정적으로 국제적 협업 대응이 요구되는 경우를 말한다.[88] 이와 같은 IHR 2005의 대상 질병의 설정방식은 특정 질병의 나열에서 벗어남으로써 단순히 규율범위를 확대했다는 의미를 넘어 예견하지 못했던 새로운 질병도 규율한다는 점에서 IHR 1969의 최대 단점을 극복하는 모습을 보여 주었다. IHR 2005는 대상 질병의 범위가 동적이고 융통성이 있으며, 미래지향적이라고 평가할 수 있다.[89]

IHR 2005의 두 번째는 적용대상이 되는 질병으로 전염성 질병 이외에도 비전염성 감염질병도 해당된다는 점이다.[90] IHR 2005는 원인이나 출처와 상관없이 PHEIC를 구성하는 모든 질병 사태를 규율하도록 개정됨으로써 질병 자체의 전염성 여부를 구별하지 않았다. 예를 들어, 기

---

86) IHR 2005 제1조 제1항: "event" means a manifestation of disease or an occurrence that creates a potential for disease.

87) IHR 2005 제1조 제1항: "public health risk" means a likelihood of an event that may affect adversely the health of human populations, with an emphasis on one which may spread internationally or may present a serious and direct danger.

88) IHR 2005 제1조 제1항: "public health emergency of international concern" means an extraordinary event which is determined, as provided in these Regulations: (i) to constitute a public health risk to other States through the international spread of disease and (ii) to potentially require a coordinated international response.

89) David P. Fidler, *supra* note 81, p.362.

90) IHR 2005 제1조 제1항.

존에는 식중독균에 감염된 식품의 수출에 의해 전 세계에 수많은 사람들에게 식중독균에 의한 질병을 야기한 경우에 WTO법은 이를 규율하는 반면 IHR 1969를 포함한 국제보건법은 이 문제를 다루지 않았다.[91] 그러나 개정된 IHR에서는 이러한 문제도 규율범위에 포함된다. 마찬가지로 대기오염에 의한 비전염성 질병의 발생과 비전염성 질병과 관련된 인권의 보호 및 침해의 문제도 이젠 IHR 2005의 관심사가 되었다.

세 번째는 공중보건위험에 자연적으로 발생한 것뿐만 아니라 우발적, 의도적인 발생까지 모두 포함됨에 따라 화학물질 또는 핵물질 관련 위험도 IHR 2005의 규율대상이 된다.[92] 이는 IHR 2005는 질병의 개념적 정의에 "원인이나 출처와 상관없이"가 삽입됨에 따라 '생물학적 · 화학적 또는 방사능 출처'도 질병의 범위 안에 포함된다는 해석이 가능해졌기 때문이다.[93] WHO는 IHR 개정 논의과정에서 질병의 정의에 명시적으로 이를 언급하여 질병의 범위를 전염병뿐만 아니라 화학물질 누출 및 방사능 사고까지 확대하려고 했으나 일부 회원국의 강력한 반발에 부딪혀 그 타협의 결과로 질병의 정의가 다소 모호하게 표현되었다.[94]

---

91) 특히, WTO GATT 제20조 (b)호 및 SPS협정.

92) WHO, Review and Approval of Proposed Amendments to the International Health Regulations: Explanatory Notes, A/IHR/IGWG/4, 7 October 2004.

93) David P. Fidler, *supra* note 81, p.363, note. 205.

94) WHO 사무국에서 처음 마련한 규칙 초안에서 질병의 정의는 "생물학적 · 화학적 또는 방사능 출처로 인해 사람에게 심각한 위해를 일으킬 수 있는 사람 또는 동물의 질병"(an animal or human illness that presents a risk of significant harm to humans caused by biological, chemical or radionuclear sources)이었다. WHO, Intergovernmental Working Group on Revision of the International Health Regulations, Review and Approval of Proposed Amendments to the International Health Regulations: Draft Revision. A/IHR/IGWG/3; Sept. 30, 2004; Jonathan B. Tucker, "Updating the International health Regulations", *Biosecurity and Bioterrorism: Biodeffense Strategy, Practice, and Science*, Vol. 3(2005), p.342; 이덕형 · 박기동, 앞의 주 37), 787쪽.

그러나 IHR 1969를 비롯한 고전적인 보건체제가 오로지 자연적 질병에만 관심을 가졌던 것과 비교하면 큰 변화이다. 이처럼 IHR 2005의 규제질병은 전염성 질환과 비전염성 감염질환을 넘어 비감염질환인 화학물질 또는 방사능에 의한 질병으로까지 확대되었다.

IHR 2005의 관할범위를 간단히 정리하면 다음과 같다.

질병의 출처	전파방법
• 생물학적 출처(세균, 포자, 바이러스 등) • 화학적 출처(독성이 있는 화학약품 등) • 방사능 출처(원자력 발전소 또는 핵무기 등)	• 사람에 의한 경우(예를 들어 사스, 인플루엔자, 폴리오, 에볼라 등), • 상품, 식품, (인수공통질병의 위협이 포함하여) 동물에 의한 경우 • 모기와 같은 질병매개체에 의한 경우(황열, 페스트, 웨스트나일열) • 환경에 의한 경우(방사능 방출, 화학물질 유출 또는 기타 오염)

Ⅲ. WHO의 권한과 책임의 확대

IHR 2005 이전의 WHO의 주요 역할은 글로벌 공중보건기준과 지침을 마련하고, 역학정보를 수집하고, 질병의 발생을 차단하기 위한 노력을 통합하고, 수립한 통제 조치의 효율성을 평가하고, 필요한 경우 기술적 지침과 원조를 제공하기 위해 '세계적 유행경보 및 대응 네트워크'(Global Outbreak Alert and Response Network: GOARN)를 통해 국제적 전문가 팀을 구성하는 역할을 해왔다.[95] 그러나 새로운 IHR은 기존 체제에는 없었던 권한과 책임을 WHO에게 부여함에 따라 WHO의 권한과

95) Jonathan B. Tucker, *ibid.*, p.343.

책임이 크게 확대되었다. IHR 2005를 통해 확대된 WHO의 권한과 책임은 다음과 같다.

1. 비공식적 정보의 활용

IHR 2005는 비국가행위자, 예를 들어 비정부기관, 학계 또는 개인이 제공하는 정보를 수집하고, 그에 근거하여 행동하는 것을 허용함으로써 WHO의 권한과 책임을 확장시켰다.[96] IHR 1969의 경우 WHO는 오로지 회원국이 제공하는 정보에만 의존하여 조치를 취할 수 있었으나, 이제는 국가가 제공하는 정보 이외에도 비국가행위자의 정보를 사용할 권한이 부여됨에 따라 국가주권에 따른 제한을 넘어서 글로벌 보건안보의 차원으로 WHO와 회원국 사이의 감시체계를 동태적으로 변화시켰다.

한편, WHO가 비국가행위자로부터 획득한 정보를 수집할 수 있도록 허용함에 따라 WHO는 실효적이고 효과적으로 이러한 자료를 수집할 의무와 그 정보가 정확한 정보임을 증명할 책임이 발생한다.[97]

2. 정보의 비밀보장

IHR 2005에 따라 WHO는 특별한 경우를 제외하고는 정보의 비밀을 유지할 의무가 있다.[98] 먼저, WHO는 국가로부터 받은 정보의 비밀보장을 유지해야 하는데 다음의 예외사항이 있다. 첫째, 해당 사태가 PHEIC임을 선언하거나, 둘째, 해당 정보가 감염 또는 전염의 국제적 확산을 증명함을 확인한 경우, 셋째, 국제적 확산에 대한 통제조치가 실

96) IHR 2005 제9조 제1항.

97) IHR 2005 제9조 제1항, 제10조.

98) IHR 2005 제11조.

패할 것이라는 증거가 있거나 해당 회원국이 추후 질병의 확산을 방지하기 위해 필요한 조치를 수행할 능력이 부족하다는 증거가 있는 경우, 넷째, 오직 즉각적인 통제조치의 적용만이 감염 또는 전염에 효과적이라는 결정이 있는 경우이다.[99] 또한 자국에서 위험이 존재하는 회원국이 WHO와의 협업을 허락하지 않는 경우 공중보건위험의 규모에 따라 WHO는 자신이 받은 정보를 다른 회원국가와 공유할 수 있다.[100]

다음으로 WHO는 공중보건위험을 평가하고 관리하는데 있어 개인식별정보의 비밀유지를 보호할 의무가 있으며 WHO가 보유한 개인적 정보를 해당 개인에게 제공해야 하고, 그러한 정보가 부정확할 경우 수정해야 한다.[101] 개인식별정보에 대한 비밀유지의 의무는 IHR 1969에서는 없던 내용으로 IHR 2005가 인권 원칙과 보호를 포섭하면서 반영된 내용이다.

IHR 2005의 경우 회원국은 부속서 2의 결정도구에 따라 PHEIC를 구성하는 사태에 관해 WHO에 통고해야 한다. 추가로 IHR 2005에 따르면 WHO는 국가의 보고서 또는 국가와의 협의를 통해 얻는 정보 외에도 단체나 개인 등으로부터 비공식적 정보를 얻을 수 있다. 이렇게 획득한 정보에 대해 WHO는 확립된 역학적 원칙에 따라 보고서를 평가하고, 자국 영토에 질병이 발생했다고 주장하는 회원국이 요청하는 경우 당사국으로부터 받은 역학적 증거를 평가하는데 협조해야 한다.[102] 이러한 정보에 대해 당사국의 검증을 요청하는 것도 WHO의 의무이다.[103]

99) IHR 2005 제11조 제2항.
100) IHR 2005 제10조 제4항.
101) IHR 2005 제45조 제2항 및 제3항.
102) IHR 2005 제8조.
103) IHR 2005 제10조.

3. 권고조치

WHO는 PHEIC를 선언할 권한[104)]과 함께 비구속적 임시권고를 통해 이러한 비상사태시 국가가 취해야 하는 대응방법을 권고할 수 있는 권한을 부여받았다.[105)] 또한 WHO는 진행중인 특정 공중보건위험에 대해 질병의 국제적인 확산을 방지 또는 감소시키고, 불필요한 국제이동의 방해를 피하기 위해 일상적이고 주기적으로 적용되는 적절한 보건조치에 관한 비구속적 상시권고(non-binding standing recommendations)를 할 수 있는 권한을 부여받았다.[106)] IHR 2005는 권고를 하거나 이를 수정할 때의 기준을 설정하고[107)] 권고의 종류를 상세히 기술하고 있으나 한정적 예시는 아니다.[108)]

---

104) IHR 2005 제12조.

105) IHR 2005 제1조 제1항: "temporary recommendation" means non-binding advice issued by WHO pursuant to Article 15 for application on a time-limited, risk-specific basis, in response to a public health emergency of international concern, so as to prevent or reduce the international spread of disease and minimize interference with international traffic.; IHR 2005 제15조.

106) IHR 2005 제1조 제1항: "standing recommendation" means non-binding advice issued by WHO for specific ongoing public health risks pursuant to Article 16 regarding appropriate health measures for routine or periodic application needed to prevent or reduce the international spread of disease and minimize interference with international traffic; IHR 2005 제16조.

107) IHR 2005 제17조.

108) IHR 2005 제18조: 임시 및 상시적 권고에 포함될 수 있는 사항을 다음과 같다.

1. 사람을 대상으로 하는 권고(제1항)
   - 특정 보건조치에 대한 권고는 없음
   - 감염 지역에서의 여행력(travel history) 심사
   - 의학적 검사와 실험실 분석의 증거 심사
   - 의학적 검사 요구
   - 예방접종이나 기타 예방법의 증거 심사
   - 예방접종이나 기타 예방조치 요구

2003년 사스가 발생했을 당시 WHA가 이 사태에 대한 권고를 담은 결의를 채택하였는데 WHA가 이러한 사태에 대해 권고를 할 권한에 대한 법적 근거가 불명확했다.[109] WHA는 동 결의에서 권고의 법적 근거가 되는 규정에 대한 언급을 하지 않았다. IHR 1969는 역시 3가지 전염병 이외에 대해서는 규제 권한이 없었으며, 이 3가지 전염병의 경우에도 질병의 발생상황에 맞는 조치를 권고하기 위한 WHO의 권한을 명시하지 않았다. WHO헌장 제23조에 따라 WHA는 WHO의 권능에 속하는 사항에 관하여 회원국에 권고를 행할 권한이 있고, WHO헌장 제2조에 따라 "국제적으로 보건과 관련된 사항에 대해 조약, 협정 및 규칙을 제안하고 권고"를 행할 임무가 있기 때문에 이것을 법적 근거로 볼 수 있으나, 전염병 통

- 의심환자 대상 공중보건관찰
- 의심환자에 대한 검역(quarantine) 및 기타 보건조치 실시
- 필요할 경우 감염자 격리 · 치료 실시
- 의심환자나 감염자의 접촉자 추적검사 실시
- 의심환자나 감염자의 입국 거부
- 감염지역으로 비감염자의 입국 거부
- 감역지역에서 온 사람에 대한 출국심사(exit screening) 및 제한 실시

2. 수하물, 화물, 컨테이너, 운송수단, 상품, 우편 소포물과 관련한 권고(제2항)
   - 특정 보건조치에 대한 권고는 없음
   - 적하목록과 운송경로 심사
   - 조사 실시
   - 감염 또는 오염 제거를 위하여 출국 · 환승시 취하는 조치에 대한 증거 심사
   - 매개체와 병원소를 포함한 감염 또는 오염제거 조치의 실시
   - 격리 또는 검역 실시
   - 달리 이용 가능한 성공적인 절차가 없는 경우에 통제된 상황 아래에서 행하는 오염되거나 의심되는 수하물, 화물, 컨테이너, 운송수단, 상품 또는 소포우편물의 압류 또는 파괴
   - 출 · 입국 거부

109) WHO Resolution, Severe Acute Respiratory Syndrome(SARS), WHA 56.29, 28 May 2003.

제에 관련된 권고에 대한 명시적 권한 부여가 없는 IHR 2005가 WHA에게 이러한 권한을 공식적으로 부여한 점은 의미 있는 발전이다.[110)]

IHR 2005의 경우 회원국은 부속서 2의 결정도구에 따라 PHEIC를 구성하는 사태에 관해 WHO에 통고해야 한다. 추가로 IHR 2005에 따르면 WHO는 국가의 보고서 또는 국가와의 협의를 통해 얻는 정보 외에도 단체나 개인 등으로부터 비공식적 정보를 얻을 수 있다.

당사국들은 IHR 2005 부속서 2의 결정도구에 따라 어떤 사태가 PHEIC를 구성한다고 판단되는 경우 이를 WHO에 보고할 의무가 있으나,[111)] 이러한 사태가 실제 PHEIC를 구성하는지에 대한 선언은 WHO 사무국장의 권한이다.[112)] WHO는 국가의 보고서 또는 국가와의 협의를 통해 얻는 정보 외에도 단체나 개인 등으로부터 얻은 비공식적 정보에 근거하여 PHEIC를 선언할 수 있다. 그러나 비공식적 정보에 근거하여 행동하기 전에 WHO는 확립된 역학적 원칙에 따라 정보를 평가하고 해당 국가—비공식적 정보에서 PHEIC를 구성하는 질병이 발생하였다고 지명된 회원국—에 관련 정보를 제공한다.[113)] 또한 WHO는 이러한 정보에 대해 당사국의 검증을 요청할 의무가 있으며,[114)] 질병의 확산 가능성 및 통제조치의 적절성 등에 관해 해당 국가와 협업해야 할 의무가 있다.[115)] PHEIC의 존재 여부에 대한 결정에 따라 WHO 사무국장은 당사

110) Eric Mack, "The World Health Organization's New International health Regulations: Incursion on State Sovereignty and Ill-Fated Response to Global Health Issues", *Chicago Journal of International Law*, Vol. 7(2006), p.367.

111) IHR 2005 제6조.

112) IHR 2005 제12조 제1항.

113) IHR 2005 제9조.

114) IHR 2005 제10조 제1항.

115) IHR 2005 제10조 제2항.

국이 이행할 적절한 대응과 보건조치에 관한 임시권고를 할 의무가 발생한다.[116] WHO는 PHEIC를 선언함에 있어 해당 국가와 상의한 후에 임시권고를 할 수 있다.[117] IHR 1969는 오로지 당사국의 보고에만 의존하였기 때문에 당사국이 WHO에게 정보제공 또는 협력을 거부하는 경우 WHO가 공중보건위험에 대해 효과적인 조치를 취할 길이 원천봉쇄되었으나 IHR 2005는 당사국의 보고서 없이도 비공식적 정보에 근거하여 조치를 취할 수 있도록 하였다.

한편, IHR 2005는 당사국이 WHO 권고와 같은 수준이거나 또는 더 높은 수준의 건강 보호를 달성하는 한, 그리고 권고에 의해 달리 금지되지 않는 이상 자국만의 보건조치를 취하도록 허용하고 있다.[118]

4. 새로운 운영조직과 절차

IHR 2005는 WHO 사무국장이 어떤 사태의 PHEIC 해당 여부를 결정하고, 임시권고를 하는데 있어 조언의 역할을 할 조직으로 비상위원회(Emergency Committee)의 설립을 규정하고 있다.[119] 비상위원회의 기능은 IHR 2005에서 규정한 절차적·실체적 요건에 따른다.[120] WHO는 또한 당사국들이 언제든 접근 가능하고, 당사국이 IHR 2005 이행과 관련하여 긴급한 연락을 취할 수 있는 IHR 연락사무소(IHR Contact Points)를 설치해야 한다.[121] IHR 연락사무소는 회원국의 IHR 국가대표기관(National IHR

116) IHR 2005 제15조 제1항.
117) IHR 2005 제12조 제2항.
118) IHR 2005 제43조 제1항. 추가 보건조치에 관한 자세한 내용은 이 책 제3장 제1절 Ⅰ. 3 참고.
119) IHR 2005 제48조.
120) IHR 2005 제49조.
121) IHR 2005 제4조 제3항.

Focal Point)과 연락하며 이 기관을 통해 상호 편리하게 관련자료를 공유할 수 있다. IHR 연락사무소는 회원국의 신속하고 효율적인 의무이행을 보장하고, 동시에 회원국에 대한 WHO의 감독을 용이하게 할 수 있다.

IHR 2005는 또한 심사위원회(Review Committee)를 설치하도록 요청하고 있는데, 심사위원회는 WHO 사무국장에게 IHR 2005의 개정에 관한 기술적 권고의 제공 및 상시적 권고 또는 그 권고의 수정 및 종료에 대한 기술적 권고의 제공, 그리고 IHR 2005의 기능에 관해 WHO 사무국장이 부탁하는 모든 관련 사항에 대한 기술적 권고를 제공하는 역할을 수행한다.[122] WHO 사무국장은 비상위원회와 심사위원회 각 분야의 전문가명부(IHR Roster of Experts)를 관리해야 한다.[123]

5. 당사국과 협업할 의무

IHR 2005는 WHO가 전염병 통제를 위한 대응을 수행하는데 있어 당사국과 협업할 의무를 규정하고 있다. 먼저, WHO는 정보입수와 관련하여 PHEIC에 해당하는 사태에 관한 정보를 입수한 경우 해당 질병의 국제적 확산 및 국제이동의 방해 가능성을 평가하고, 대응조치의 적절성을 평가하는데 있어 당사국과 협업할 의무가 있다.[124] 다음으로 회원국이 동 규칙에 따라 사태를 발견 · 평가 · 통고 및 보고할 역량, 즉 회원

122) IHR 2005 제50조 제1항. WHO는 2010년 4월 12~14일 처음으로 심사위원회 회의를 열었다. 심사위원회는 신종 인플루엔자A(H1N1)의 대유행 사태에 대한 WHO의 대응을 평가할 책무를 맡았다. 심사위원회의 권고에 근거하여 WHO 사무국장은 2010년 5월 WHA에 첫 중간보고서를 제출하였고, 2011년 5월에 최종보고서를 제출하였다. 「Implementation of the International Health Regulations(2005)」, Report by the Director-General of WHO, 64th WHA, A64/10, 5 May 2011.

123) IHR 2005 제47조.

124) IHR 2005 제10조 제3항.

국의 감시역량을 개발 · 강화 및 유지하기 위해 당사국이 요청하는 경우 이를 지원해야 한다.[125] 또한 회원국의 공중보건위험 또는 기타 감시와 대응의 여러 방면에서 당사국에게 기술적 원조를 제공하고 당사국의 요청에 따라 당사국과 협업하며,[126] 필요한 경우 공중보건 정보를 당사국에게 전달할 의무를 갖는다.[127] WHO는 또한 다른 국제기구 및 기관들과 협업 또는 조직하고,[128] 회원국간에 분쟁이 발생했을 경우 분쟁 당사국들이 WHO 사무국장에게 사건을 의뢰하는 경우 분쟁해결을 위해 최선의 노력을 해야 한다.[129]

Ⅳ. 당사국의 의무 확대

IHR 1969가 콜레라, 페스트, 황열 등 이 3가지 전염병만을 제한적으로 규율했던 것과 달리 IHR 2005는 별도의 적용대상 질병을 한정하지 않음으로써 규율하는 질병의 범위를 확대시켰고, 당연한 결과로 당사국은 공중보건의 보호와 무역의 균형을 맞추기 위해 더 복잡하고 더 많은 조치를 취해야 하는 상황이 되었다. IHR 2005는 질병의 원인이나 출처가 무엇이든지 간에 공중보건에 위험이 되는 것에 대한 공중보건 조치가 허용된다.

1. 규율대상 질병의 확대로 인한 통고의무의 확대

IHR 2005는 자국 내에서 PHEIC에 해당하는 모든 사태에 대하여

125) IHR 2005 제5조 제3항.
126) IHR 2005 제13조 제3항 및 제4항, 제6항.
127) IHR 2005 제11조 제2항 및 제4항.
128) IHR 2005 제14조, 제17조 (f), 제57조 제1항.
129) IHR 2005 제56조 제2항 및 제5항.

WHO에 통고하도록 하고 있어 IHR 1969에 비해 통고해야 할 질병의 범위가 대폭 확대되었다. IHR 1969의 경우 페스트, 콜레라, 황열이 한 건이라도 발생한 경우, 당사국은 그 사실을 세계보건기구에 통고하여야 했으나,[130] IHR 2005는 당사국이 자국의 질병 발생상황을 IHR 2005 부속서 2에서 제시하는 '국제적 관심의 공중보건 비상사태(PHEIC)의 평가와 통고를 위한 결정도구'에 따라 평가하고 그 결과에 따라 통고하도록 하는 새로운 접근방식으로 비교적 복잡하다.

'결정도구'의 채택과정을 잠시 살펴보면, 새로운 IHR의 2004년 1월 초안의 '결정도구'에는 다음에서 설명할 4가지 질문만 있을 뿐 특정 질병에 대한 나열이 없었으나,[131] 2004년 9월 초안에는 몇몇 질병을 명시적으로 나열하였다.[132] 이는 질병목록의 확정을 강력하게 요구하는 회원국과 질병의 특정화를 원하지 않는 회원국들의 입장을 수용하여 절충시킨 것이다.

'결정도구'에는 당사국이 WHO에 질병 사태의 통고 여부를 결정할 세 가지 경로가 있다. 첫 번째 경로는 두창(Smallpox), 야생 폴리오바이러스에 의한 폴리오(Poliomyelitis due to wild-type polio virus), 신규 아형으로 인한 인체감염 인플루엔자(Human influenza caused by a new subtype), 중증급성호흡기증후군(SARS) 등 4종의 전염병이 1건이라도 발생한 경우 WHO에 통고하여야 한다. IHR 2005는 이 질병들의 발생은 항상 PHEIC에 해당한다는 입장으로 볼 수 있다.[133]

130) IHR 1969 제3항.

131) WHO, *supra* note 74, Annex 2.

132) WHO, *supra* note 76, Annex 2.

133) 새로운 IHR의 2004년 1월 초안의 '결정도구'에는 4가지 질문만 있을 뿐 특정 질병에 대한 나열이 없었으나, 2004년 9월 초안에는 몇몇 질병을 명시적으로 나열하였다. 이는 질병목록의 확정을 강력하게 요구하는 회원국과 질병의 특정화를 원하지 않는 회원국들의 입장을 수용하여 절충시킨 것이다.

〈부속서 2〉

국제적 관심의 공중보건 비상사태의 평가와 통고를 위한 결정도구

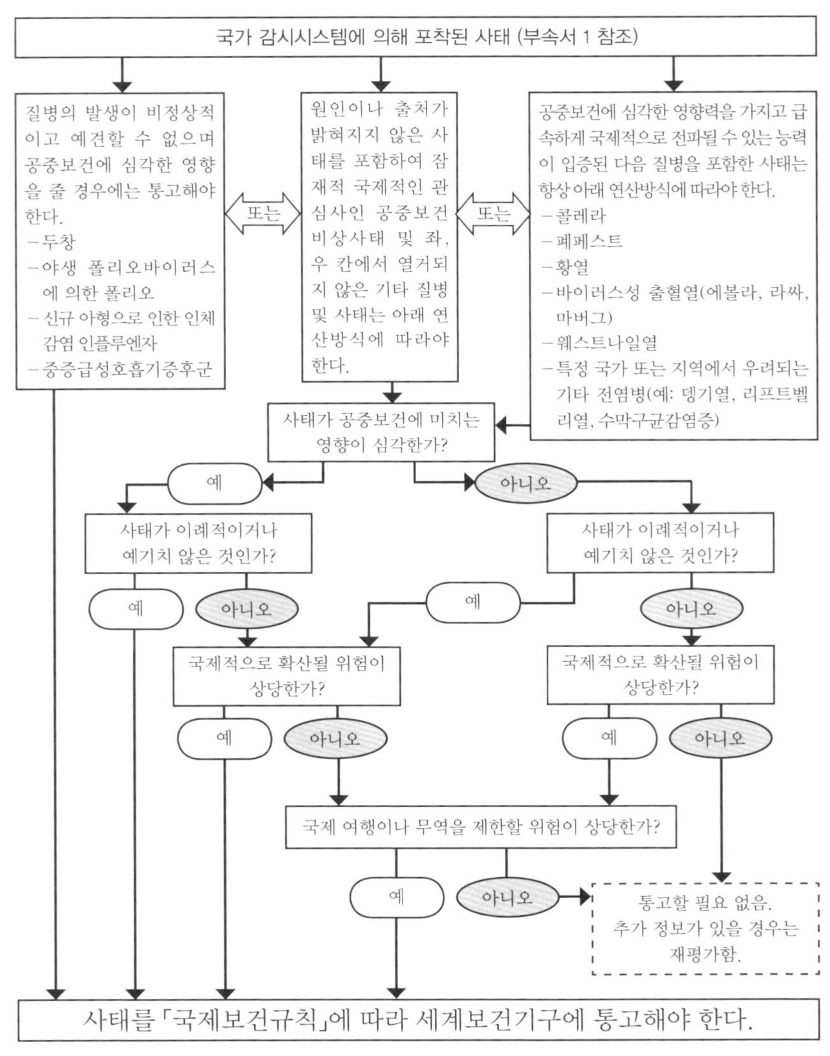

두 번째 경로는 공중보건에 심각한 영향력을 가지고 급속하게 국제적으로 전파될 수 있는 능력이 입증된 콜레라, 폐페스트, 황열, 바이러스성 출혈열(에볼라, 라싸, 마버그), 웨스트나일열 및 특정 국가 또는 지역에서 우려되는 기타 전염병(뎅기열, 리프트벨리열, 수막구균감염증 등)을 포함한 사태는 항상 '결정도구'의 순서에 따라 PHEIC에 해당하는지 여부를 결정한다.[134] 즉 IHR 1969는 페스트, 콜레라, 황열이 발생하는 경우 바로 WHO에 통고해야 했으나[135] IHR 2005의 경우 이러한 질병이 발생했다고 하더라도 결정도구의 연산방식에 의한 결과에 따라 통고 여부가 결정되므로 때에 따라서는 통고할 필요가 없는 경우도 생길 수 있다. 두 번째 경로의 경우 당사국은 4가지 질문에 따라 통고 여부를 결정한다. 질문의 순서는 다음과 같다: ① 사태가 공중보건에 미치는 영향이 심각한가?, ② 사태가 이례적이거나 예기치 않은 것인가?, ③ 국제적으로 확산될 위험이 상당한가?, ④ 국제여행이나 무역을 제한할 위험이 상당한가? 만약 문제의 사태가 4가지 질문 중 2개 이상에 해당되면 당사국은 해당 사태를 IHR 2005에 따라 WHO에 통고하여야 한다.[136]

세 번째 경로는 원인이나 출처가 밝혀지지 않은 사태를 포함하여 잠재적 국제관심사인 공중보건 비상사태 및 첫 번째 경로와 두 번째 경로에서 열거되지 않은 기타 질병 및 사태로 이 또한 두 번째 경로와 동일한 연산방식에 따라 통고 여부를 결정한다.

IHR 2005는 또한 부속서 2에서 PHEIC의 평가와 통고를 위한 결정도구의 적용례를 나열하고 있으며, 이는 당사국의 결정도구 활용을 도울 목적으로 제시한 지침으로서 구속력이 없다.[137] 당사국은 PHEIC에 해

134) IHR 2005 부속서 2.

135) IHR 1969 제3조.

136) IHR 2005 부속서 2.

137) IHR 2005 부속서 2,「Examples for the Application of the Decision Instrument for the

당하는 모든 사건을 평가한 후 24시간 이내에 가능한 가장 효율적인 통신수단을 이용하여 WHO에 통고하여야 하며, 해당 사태에 대응하여 시행한 보건조치의 내용에 대해서도 통고해야 한다.[138]

2. 질병 감시 및 대응역량의 강화

IHR 1969는 예를 들어 국제수화물에 대한 위생조치, 그리고 국경에서 요구되는 핵심역량을 제한적으로 규정하고 있었다. 개정된 IHR 2005는 국내보건체계의 강화와 핵심역량의 강화를 지역사회 차원과 광역단체 차원에서 각 국가가 기본적으로 갖추어야 할 핵심 질병 감시역량과 대응역량을 제시하고, 정해진 기한 내에 이 조건을 충족할 것을 요구하는 새로운 방식으로 당사국의 의무범위를 확장시켰다. IHR 2005에 따라 당사국은 사태를 탐지 · 평가 · 통고 · 보고할 수 있는 역량,[139] 공중보건위험과 PHEIC에 즉각적이고 효과적으로 대응할 수 있는 역량[140]을 개발 · 강화 및 유지해야 한다. 당사국이 갖추어야 할 핵심 질병 감시와 대응역량은 IHR 2005 부속서 1에서 규정하고 있는데,[141] 그 의무범위가 상당히

Assesment and Notification of Events that may Constitute a Public Health Emergency of International Concern」, pp.44-46.

138) IHR 2005 제6조 제1항.

139) IHR 2005 제5조 제1항.

140) IHR 2005 제13조 제1항.

141) IHR 2005 Annex 1. Annex 1에서 규정한 감시와 대응을 위한 핵심역량 요건은 다음과 같다(이덕형 · 박기동, 앞의 주 37), 789쪽).

1. 지역사회 차원 또는 일차적 공중보건 대응 차원(보건소 차원)
   1) 관할구역내 전역의 특정 시간과 장소에서 예상 정도를 초과하는 정도의 질환 또는 사망을 동반한 사태를 탐지할 역량
   2) 가능한 모든 필수정보—임상적 특징, 실험실 결과, 위험의 출처와 유형, 환자 수와 사망자 수, 질병의 확산에 영향을 끼치는 조건 및 적용한 보건조치 등—를 적절한 차원의 보건의료 대응기관에게 즉각 보고할 역량

넓다. 그 범위만큼이나 당사국이 느낀 부담감은 컸고, 당사국들은 IHR 2005 교섭과정에서 우려를 표출하였다.[142] 이에 WHO는 각 국가에게 핵심역량의 개발에 필요한 기간으로 IHR 2005의 발효부터 5년의 유예기간을 제시하였다.[143] 그러나 교섭 과정에서 상당수의 개발도상국들이 이

3) 임시적 관리조치를 즉각 시행할 역량

2. 중간 공중보건 대응 차원(광역자치단체 차원)
   1) 보고된 사태의 상황을 확인하고 추가적 관리조치를 지원 또는 시행할 역량
   2) 보고된 사태를 즉각 평가하고 긴급사건일 경우 모든 필수정보를 국가에 보고하는 역량

3. 국가 차원
   1) 48시간 내에 모든 긴급사태 보고를 평가할 역량
   2) WHO에 통고하여야 할 상황인 경우 IHR 국가대표기관을 통해 이를 즉시 통고할 역량
   3) 질병의 국내외 확산 방지에 필요한 관리조치를 신속히 결정할 역량
   4) 전문요원, 검체의 실험실 분석, 물자 등의 지원을 제공할 역량
   5) 지역조사를 보완하기 위한 현장지원을 제공할 역량
   6) 신속하게 억제 및 관리조치를 승인하고 시행할 수 있도록 고위 보건관리 및 기타 관리와 직접적인 운영연결체계를 제공할 역량
   7) 다른 관련 정부부처와 직접적인 연락체계를 제공할 역량
   8) 당사국의 영토 또는 다른 당사국의 영토에서 발생한 사건과 세계보건기구에서 수신한 정보 및 권고사항을 보급하기 위하여 의료기관, 공항, 항만, 육상교차점, 연구소 및 기타 핵심 업무처와 가장 효율적인 의사소통 수단을 통한 연결을 제공할 역량
   9) 국제적 관심의 공중보건 비상사태가 될 수 있는 사태에 대응하기 위하여 다학제/다부문 팀을 창설하는 것으로 포함한 국가공중보건비상 대응계획을 수립 · 시행 · 유지할 역량
   10) 위 3)에서 9)를 24시간 제공할 역량

142) WHO, *supra* note 92, para. 15.

143) IHR 2005 제5조 제1항, 제13조 제1항; WHO, *supra* note 76, Arts. 4 (1), 11 (1); WHO, Review and Approval of Proposed Amendments to the International Health Regulations: Proposal by the Chair, A/IHR/IGWG/2/2, 24 January 2005, Arts. 4 (1), 11 (1).

러한 조건을 충족시키기 어렵다는 주장을 제기하여, 최종 IHR에서는 당사국들이 필요한 경우 WHO에 그 필요성과 이행계획을 제출하여 2년의 기간을 연장할 수 있도록 하였다. 여기에 또 추가로 한 차례 더 2년을 넘지 않는 한도에서 WHO 사무국장에게 기간연장을 요청할 수 있도록 했다. WHO 사무국장은 심사위원회의 기술적 조언을 고려하면서 연장 허용 여부를 결정할 수 있다.[144)]

3. 인권 개념의 포섭

IHR 1969를 포함하여 일련의 「국제위생협정」 및 1951년 「국제위생규칙」 등 기존의 조약들에서는 국제인권규범을 바탕으로 국가의 의무를 명시적으로 규정한 경우가 없었다.[145)] IHR 2005는 여러 조항이 인권의 보호와 관련되어 있다. 흥미로운 점은 2004년 1월 IHR 개정초안이 나왔을 때 개인의 권리보호의 정도가 지금의 IHR보다 더 높았다는 점이다. 2004년 1월 IHR 초안은 당사국들이 여행객의 '사전통보동의'(Prior Informed Consent: PIC) 없이는 침습적 의학검사(invasive medical examination), 예방접종(vaccination)이나 예방적 투약(prophylaxis)을 금지하였다.[146)] 그러나 이후 논의 과정에서 이와 같은 규정이 당시의 국제인권법의 보호기준 이상으로 국가의 권리를 제한한다는 인식에 따라 WHO는 침습적 의학검사, 예방접종 및 예방적 투약 등 강제적 조치가 긴급한 공중보건위험을 통제하기 위해 필요할 경우 여행객의 동의 없이도 그러한 조치를 취할 수 있도록 규정을 수정하였고,[147)] 이것이 IHR

144) IHR 2005 제5조 제2항 및 제13조 제2항.

145) David P. Fidler, *supra* note 81, p.367.

146) WHO, *supra* note 74, Art. 36 (2).

147) WHO, *supra* note 76, Art. 27 (4); WHO, Review and Approval of Proposed

2005의 입장이다.[148] IHR 2005의 인권 관련 핵심조항은 다음과 같다.

먼저 IHR 2005의 원칙규정에서 IHR 2005의 이행이 인간의 존엄, 인권 및 개인의 기본적 자유를 완전히 존중할 것을 명시하였다.[149] 이 원칙규정은 국제보건과 인권의 조화를 표명했다는 점에서 의의가 있다. 그러나 원칙규정의 경우 특히 여행객과 같은 개인의 인권을 국가의 간섭으로부터 충분히 보호하기에는 규정이 너무 일반적이고 추상적이므로 이 원칙을 구체화할 필요가 있다.[150] 한편, IHR 2005의 제2조 목적과 범위에서는 질병의 국제적 확산을 최대한 방지하는데 있어 '국제이동'과 '무역'에 대한 불필요한 방해를 피할 것을 규정하고 있으나 인권의 제한을 최소화하라는 언급은 없다.[151] 이에 대해 IHR 2005가 전반적으로, 인권의 보호에 우선을 두는 것이 아니라 무역의 지속에 우선을 두고 있다는 비판을 받고 있다.[152]

IHR 2005의 인권존중의 원칙은 다음과 같은 규정을 통해 구체화된다. 첫 번째로 의학적 검사 및 예방접종에 관한 조항이다. 국가는 여행객에 대해 자신 또는 부모 및 대리인의 사전통보 · 동의 없이는 침습적 의학검사, 예방접종 및 예방적 투약을 할 수 없다.[153] 또한 IHR 2005에 따라 예

Amendments to the International Health Regulations: Proposal by the Chair, A/IHR/IGWG/2/2, 24 January 2005, Art. 27 (2).

148) IHR 2005 제31조 제2항.

149) IHR 2005 제3조 제1항.

150) Lawrence O. Gostin, "International Infectious Disease Law: Revision of the World Health Organization's International Health Regulations", *Journal of the American Medical Association*, Vol. 291(2004), p.2626.

151) 그러나 이를 두고 Fidler 교수는 국제이동의 최소한의 제한이라는 목적에 무역의 보호뿐만 아니라 인권의 보호도 포함된다고 해석하였다. David P. Fidler, *supra* note 81, p.367.

152) Heidi L. Lambertson, *supra* note 36, pp.544-545.

153) IHR 2005 제23조 제3항; 반면, IHR 1969는 여행객에게 보건당국이 예방접종을 하

방접종 및 예방적 투약을 받아야 하는 경우에는 예방접종 및 예방적 투약과 관련된 위험을 여행객 자신 또는 부모 및 대리인에게 알려야 한다.[154] 그러나 만약 여행객이 예방접종 및 예방적 투약의 보건조치에 동의하지 않는다면 입국이 거부될 수도 있으며, 보건위험의 증거가 있다면 강제로 침습적 의학검사를 받거나 예방접종을 받아야 한다고 제한하고 있다.[155] 그러나 예방접종증명서를 소지하고 있는 여행객에 대해서는 그 백신이 효과가 없다는 확인 가능한 증거가 없는 이상 입국을 거부할 수 없다.[156] 침습적 의학검사는 인권침해의 정도가 높기 때문에 공중보건의 목적을 달성하기 위해 최소한의 침해를 야기하는 수단이어야 한다.[157]

두 번째는 보건조치에 있어 특히 인권침해 가능성이 높은 여행객의 대우와 관련된 특별조항이다. 먼저 당사국은 보건조치를 취함에 있어 여행객의 존엄과 인권, 기본적 자유를 보장하고, 그러한 조치로 인한 모든 불편함과 고통을 최소화해야 한다.[158] 차단과 격리[159] 대상이 되는

거나 검사를 하기 전에 동의를 요구하지 않았다. IHR 1969에서, 보건당국은 만약 필요하다고 생각한다면 국제여행후 도착한 그리고 국제여행을 떠나는 사람을 검사할 수 있도록 허용하고 있다. IHR 1969 제36조 제1항 및 제30조 제3항.

154) IHR 2005 제23조 제4항.

155) IHR 2005 제31조 제1항.

156) IHR 2005 제36조 제2항.

157) IHR 2005 제31조 제2항 (a).

158) IHR 2005 제32조.

159) 차단과 격리는 종종 혼용되기도 하지만 서로 다른 조치이다. '격리'(isolation)는 감염 또는 전염의 확산을 방지하기 위한 방법으로 병증이 있거나 전염된 사람을 또는 감염된 수하물, 화물, 컨테이너, 운송수단, 상품, 우편 소포물을 다른 것들로부터 분리시키는 것을 의미한다. 반면 '차단'(quarantine)은 감염 또는 전염의 확산을 가능한 한 예방할 목적으로 병증은 없으나 감염이 의심되는 사람의 활동 또는 감염이 의심되는 수하물, 화물, 컨테이너, 운송수단, 상품, 우편 소포물의 이동을 제한하거나 또는 다른 것들과 분리하는 것을 의미한다. IHR 2005 제1항; IHR 2005, Part V 이하; CDC Quarantine and Migration Health, Legal Authorities for Isolation

여행객에게 적절한 음식, 물, 의복, 수화물의 보호 및 치료가 제공되어야 한다.[160] 또한 여행객에 대한 보건조치로 인한 비용은 원칙적으로 당사국이 부담한다.[161]

세 번째는 일반조항으로서 먼저 보건조치의 '비차별원칙'이다. 당사국은 IHR 2005에 따라 "비차별적인 방법으로" 지체없이 보건조치를 시행해야 한다.[162] 다음으로 당사국은 필요한 경우 IHR 2005에서 규정하고 있는 보건조치 이외에 추가적인 보건조치를 취할 수가 있는데, 그러한 추가 보건조치를 취함에 있어 그 조치가 건강보호의 적절한 수준을 달성할 수 있는 합리적이고 가능한 대안조치의 침해 정도보다 심한 경우 그 조치를 취할 수 없다.[163] 마지막으로 IHR 2005는 개인의 정보보호를 명시하고 있다. 특정 개인을 나타내거나 특정 개인을 알 수 있는 건강정보를 수집했거나 그러한 정보를 IHR 2005에 따라 다른 당사국 또는 WHO로부터 받은 국가는 비밀을 유지하고 국내법에 따라 익명으로 처리한다.[164] 그러나 당사국은 공중보건위험의 평가와 관리 목적을 위해 꼭 필요한 경우 개인정보를 공개할 수 있다.[165] 그러나 개인정보의 공개는 공평하고 적법한 절차에 따라야 하며 공개의 목적과 양립가능하면서 적절하고 과도하지 않은 조치여야 하는 등 제한이 있다.[166] WHO는 개인의 요청이 있는 경우 가능한 한 요청한 개인의 정보를 알

and Quarantine(http://www.cdc.gov/quarantine/AboutLawsRegulationsQuarantineIsolation.html〈2012-03-31〉.

160) IHR 2005 제32조 (c).

161) IHR 2005 제40조 제1항.

162) IHR 2005 제42조.

163) IHR 2005 제43조 제1항.

164) IHR 2005 제45조 제1항.

165) IHR 2005 제45조 제2항.

166) IHR 2005 제45조 제2항.

기 쉬운 형태로 제공해야 하며 여기에 부당한 지연 또는 비용이 없어야 한다. 또한 필요한 경우 개인정보의 수정을 허용한다.[167]

4. IHR 국가대표기관과 책임당국의 지정 또는 설립

IHR 2005가 시행되면 각 국가는 WHO의 IHR 연락사무소(WHO IHR Contact Point)와 항시 연락이 가능한 'IHR 국가대표기관'과 '책임당국'을 지정하거나 설립하여야 한다.[168] IHR 1969하에서는 당사국들이 잠재적 보건 위협에 대한 보고를 상당히 지연시키는 일이 종종 발생했기 때문에 이 문제를 해결하기 위해 국가대표기관의 설립이 요구되었다.[169]

IHR 국가대표기관은 세계보건기구의 IHR 연락사무소에 각종 통고를 담당하는 역할과 WHO의 다른 회원국 당국에 관련 정보를 제공하고 이를 수렴하는 역할을 담당한다.[170] 한편, WHO는 매년 각 국가의 IHR 국가대표기관의 상세 연락처를 갱신하고 이를 모든 국가에 제공한다.

5. 국내법과 행정체계의 정비

IHR 2005는 제59조 제2항에 따라 통고한 시점으로부터 24개월이 경과한 시점에 발효하게 되는데,[171] 이 기간 동안 각 국가는 규칙 시행에 필요한 국내법 및 행정체계를 정비하여야 하며, 동 기간 내에 국내법 및 행정체계 정비를 마치지 못할 경우에는 WHO 사무국장에게 12개월 이내의 기한을 정하여 유예를 요청해야 한다.[172] 이 때, 회원국의 공중보

167) 이러한 정보는 "부당한 지연 또는 비용 없이"(without undue delay or expense) 제공되어야 한다. IHR 2005 제45조 제3항.

168) IHR 2005 제4조 제1항.

169) Eric Mack, *supra* note 110, p.370.

170) IHR 2005 제4조 제2항.

171) IHR 2005 제59조 제2항.

172) IHR 2005 제59조 제3항.

건과 관련된 입법은 IHR 2005의 목적과 일치해야 한다.[173] WHO는 IHR 2005의 국내이행에 관한 설명서에서 IHR 2005에 의해 영향을 받는 국내법 영역으로 "환경, 공중보건, 항만 · 공항 · 국경(검역 포함), 관세, 식품안전, 농업(동물 건강 포함), 방사선 안전, 화학물질 안전, 교통(위험물질 이송 포함), 공중보건 정보의 수집과 배포, 정부당국 또는 관련 기관의 공중보건 활동" 등을 열거하였다.[174]

V. IHR 2005의 운용 및 적용

1. 조약의 발효와 유보

WHO헌장 제22조는 "제21조에 따라 채택된 규칙은 보건총회가 채택에 관하여 적절한 통고를 행한 후에 전 회원국에 대하여 효력을 발생한다. 다만, 통고서에 기재된 기한 내에 사무국장에게 거절 또는 유보를 통고한 회원국에 대하여는 효력을 발생하지 아니한다"고 규정하고 있어 WHO헌장 제21조에 따라 채택된 IHR 2005는 회원국의 별도 비준이나 서명 등의 절차를 거치지 않고 발효하게 된다.[175]

한편 WHO 회원국은 IHR 2005의 채택 사실을 WHO 사무국장이 서면으로 각 회원국에게 통고한 시점으로부터 18개월 이내에 IHR 2005의 수용 · 거부 · 유보 의사를 표시해야 한다.[176] WHO 사무국장이 채택 사실을 서면으로 각 회원국에게 통고한 시점이 2005년 6월 15일이

173) IHR 2005 제3조 제4항.

174) WHO, IHR 2005: A brief introduction to implementation in national legislation, January 2009, WHO/HSE/IHR/2009.2, p.4.

175) WHO헌장 제22조.

176) IHR 2005 제59조 제1항.

므로 18개월인 2006년 12월 15일까지 세계보건총회에 회원국이 거부의 의사를 밝히지 않는 회원국에 대해서는 IHR 2005 제59조 제2항에 따라 통고한 시점으로부터 24개월이 경과한 2007년 6월 15일부터 해당 회원국에 대해 발효하게 된다.[177] IHR 2005가 발효하면 IHR 2005 회원국과 WHO 사무국장은 세계보건총회의 결정에 따라 IHR 2005의 이행상황을 WHA에 보고하여야 한다.[178] 이와 관련하여 WHA에서 결의(WHA58.3)가 통과되어 회원국은 2008년 제61차 세계보건총회에 이행상황을 보고한다.[179]

WHO 회원국은 IHR 2005의 규정에 따라 유보를 할 수 있으나, IHR 2005의 대상과 목적에 양립이 가능할 경우에만 허용되며,[180] 양립 가능성에 대한 판단은 세계보건총회의 단독 권한이다.[181] 이 때 회원국은 유보의 이유를 설명해야 하며,[182] 일부 조항에 대한 거부는 유보로 간주된다.[183]

이러한 규정에 따라 해당 기간 동안 거부 및 유보 의사를 밝히지 않은 191개국에 대해 IHR 2005는 2007년 6월 15일 발효하였으며, 유보 의사를 밝힌 인도와 미국에 대해서는 다른 국가의 유보 반대가 1/3을 넘지 않아 두 국가는 유효한 유보를 포함하여 2007년 7월 18일 발효하였다. 몬테네그로의 경우 2006년 8월 29일에 WHO에 가입하여 IHR 2005는 2008년 2월 5일 발효함에 따라 가입국 수는 2011년 11월 현재 194개국이다.[184]

177) IHR 2005 제59조 제2항.
178) IHR 2005, 제54조 제1항.
179) WHA Resolutions and Decisions, "Revision of the International Health Regulations", available at: http://www.who.int/csr/ihr/WHA58-en.pdf〈2012-03-31〉.
180) IHR 2005 제62조 제1항.
181) IHR 2005 제62조 제9항.
182) IHR 2005 제62조 제2항.
183) IHR 2005 제62조 제3항.
184) IHR 2005 회원국 수와 발효에 관한 정보는 WHO의 다음 웹 주소의 자료를 참조:

2. 조약의 해석과 분쟁해결

조약의 해석과 관련하여 IHR 2005는 동 규칙이 다른 국제협정과 양립 가능하게 해석되어야 한다는 것[185] 이외에 별도의 규정을 두고 있지 않으므로, 조약의 해석에 관한 일반적인 사항은 1969년「조약법에 관한 비엔나협약」및 국제관습법에 따른 일반규칙이 적용된다.[186]

IHR 2005는 회원국간에 조문의 적용과 해석에 대해 분쟁이 발생하는 경우 이를 해결하기 위한 여러 분쟁해결 장치를 마련하고 있다.[187] IHR 2005는 제56조에서 IHR의 해석과 적용에 관한 회원국 사이의 분쟁해결을 규정하고 있다. 분쟁의 당사국은 우선 교섭(negotiation), 주선(good offices), 중개(mediation), 조정(conciliation)을 포함하여 당사자가 선택하는 다른 평화적 수단에 의한 해결을 구한다.[188] 이러한 방법을 통해 분쟁이 해결되지 못한 경우에, 당사국은 서로 동의하여 WHO 사무국장에게 분쟁을 의뢰할 수 있다.[189] 이 때 WHO 사무국장은 분쟁을 해결하기 위해 모든 노력을 다해야 한다. 그러나 WHO 사무국장에게 사건을 의뢰하는 것이 의무는 아니다.

IHR 2005는 사법적 분쟁해결 방법도 규정하고 있는데, 분쟁당사국 '모두'가 서면으로 수락하는 경우 중재재판(arbitration)이 가능하다.[190] 즉, 분쟁의 사법적 해결을 위해서는 분쟁당사국의 별도의 합의가 요구

http://www.who.int/ihr/legal_issues/states_parties/en/index.html〈2012-03-31〉. 참고로 UN 회원국 수는 193개국이다.

185) IHR 2005 제57조.

186) 1969년「조약법에 관한 비엔나협약」제31조.

187) IHR 2005 제56조.

188) IHR 2005 제56조 제1항.

189) IHR 2005 제56조 제2항.

190) IHR 2005 제56조 제3항.

된다. 한편, 당사국은 IHR 2005의 해석과 적용에 관한 모든 분쟁에 대하여 동일 의무를 수락하는 다른 당사국에 대한 관계에 있어 중재재판을 의무적(강제적, compulsory)인 것으로 인정한다고 언제든지 서면으로 선언할 수 있다.[191]

IHR 2005의 중재재판은 「양국간 중재분쟁을 위한 국제상설중재재판소 선택규칙」(Permanent Court of Arbitration Optional Rules for Arbitrating Disputes between Two States: PCA규칙)에 의한 중재재판을 말하는데, 이 중재재판의 경우 앞서 나열한 다른 분쟁해결 방식과는 달리 분쟁당사국이 수락하는 경우 최종적이고 구속력 있는 판결로서 효력을 갖는다. 이런 과정을 거치지 않더라도 IHR 2005는 회원국이 본 규칙에 대한 분쟁을 다른 분쟁해결기관에 회부하는 것을 금지하지 않기 때문에, IHR 2005의 해석에 대한 문제를 직접 국제사법재판소(ICJ)에 회부할 수 있다.[192]

한편 IHR 2005의 적용과 해석에 대해 WHO와 회원국 사이에 분쟁이 발생하는 경우에는 WHA에 사안이 회부된다.[193] 이 때 분쟁이 해결되지 않으면, WHO헌장에 따라 ICJ에 회부된다.[194]

191) IHR 2005 제56조 제3항 1문.
192) IHR 2005 제56조 제4항; ICJ규정 제36조 제2항.
193) IHR 2005 제56조 제5항.
194) WHO헌장 제75조.

제3장

국제법 일반에 있어 전염병 통제

전염병의 문제는 국제보건법에서만 규율되는 대상이 아니며, 사실상 국제법의 모든 분야에 관계된다고 할 수 있다. 그러나 전염병과 특히 관련이 많은 국제법 분야로서 국제보건법 이외에 국제경제법, 국제환경법, 국제인권법 등을 꼽을 수 있다. 이 외에도 무력충돌 관련, 국가책임과 개인의 형사책임, 전염병으로 인한 재난시 발생하는 국제법적 문제 등에 관한 국제규범에서 전염병 문제가 직접 또는 간접적으로 규율된다.

이러한 국제법 영역 중 일부는 국제보건법의 규제영역과 겹치기도 한다. 그 예로 국제경제법상의 무역제재 조치와 IHR 2005상의 무역제재 조치를 들 수 있다. 규범의 중복은 규범간 충돌로 인한 규범준수의 혼란과 의무 위반과 같은 단점뿐만 아니라 중복규제를 통한 규범의 강화와 같은 장점도 존재한다. 그 예로 IHR 2005의 인권보호와 국제인권법상의 인권보호를 들 수 있다. IHR 2005는 그 개정을 통해 처음으로 인권 개념을 포섭하였으나 실제 전염병 통제과정에서 발생하는 인권침해로부터 개인을 보호하기에는 그 내용이 원칙적이고 구체적이지 못하다. IHR 2005의 이러한 부족한 면을 인권보호의 전문영역인 국제인권법이 보완해 주는 것이다.

한편 국제보건법이 다루지 못한 영역, 예를 들어 전염병 발생 또는 악화의 원인이 되는 환경오염의 문제를 국제환경법 영역에서 규제함으로써 국제보건법의 규범적 결함을 보완해 주는 역할을 하기도 한다. 그 외의 다른 국제법 영역들도 역시 국제보건법의 규범과 충돌 또는 보완의 방식으로 서로 관계를 맺는다.

이하에서는 전염병과 관련이 많은 국제법 영역을 중심으로 해당 법 영역에서 전염병의 문제가 어떻게 다루어지고 통제되고 있는지를 구체적으로 살펴보고, 국제보건법, 특히 IHR 2005가 규율하는 영역과의 관련성을 검토함으로써 규범충돌과 같은 문제점이 발견되는 경우 이를 보완할 수 있는 방법과 각각의 개별 영역이 국제보건법의 강화에 기여할 수 있는 지점을 모색하고자 한다.

제 1 절 국제경제법 분야

상품과 서비스 무역 그리고 사람의 국경간 이동과 전염병은 밀접한 관계를 갖는다. 무역량의 증가와 무역상품의 다양화 등 무역환경의 변화는 전염병의 순환고리—숙주, 인자, 매개체— 전반에 영향을 주어 전염병의 전파와 확산 위험을 높임으로써 전염병 통제를 어렵게 하는 측면이 있다. 그러나 무역을 통한 상품과 서비스의 수입이 국가의 보건 관련 자원, 상품, 서비스 및 정보를 향상시키고 국내보건체제의 강화를 도모한다는 점에서 전염병 통제에 기여하는 긍정적인 측면도 있다. 반대로 전염병의 발생 또한 국가간의 자유로운 무역과 사람의 이동을 방해함으로써 사회적 · 경제적 피해를 야기한다.

무역과 전염병의 밀접한 관련성은 국제무역규범을 통해 전염병을 규율해야 하는 중요한 근거가 된다. 국제무역규범의 근간이 되는 다자간 무역협정인 WTO법[1]의 경우 전염병 통제에 있어서는 「위생 및 식물

1) 여기서 'WTO법'은 「세계무역기구를 창설하는 마라케쉬협정」(Marrakesh Agreement Establishing the World Trade Organization, 이하 'WTO협정'이라 함)과 WTO협정의 부속서 1, 2, 3에 부속된 다자간무역협정을 말한다. WTO협정 부속서 1A는 「상품무역에 관한 다자간 협정」(Multilateral Agreements on Trade in Goods)이며, 부속서 1B는 「서비스 무역에 관한 일반협정 및 부속서」(General Agreement on Trade in Services and Annexes), 부속서 1C는 「무역관련 지적재산권에 관한 협정」(Agreement on Trade-Related Aspects of Intellectual Property Rights), 부속서 2는 「분쟁해결규칙

위생조치의 적용에 관한 협정」(Agreement on the Application of Sanitary and Phytosanitary Measures : SPS협정)이 특히 전염병 문제와 깊은 관련이 있다.[2] 한편, 전염병 통제에 중요 사안 중 하나인 의약품 접근 문제에 대해서는 「무역관련 지적재산권에 관한 협정」(Agreement on Trade-Related Aspects of Intellectual Property Rights : TRIPS협정)이 가장 핵심 규범이다.[3]

이하에서는 이 두 협정을 포함한 WTO법을 중심으로 국제경제법이 어떻게 전염병을 통제하고 있는지를 살펴보고, IHR 2005와의 규범적 관계를 통해 전염병 통제에 미치는 영향과 실효성을 검토하기로 한다.

Ⅰ. SPS협정과 전염병 통제를 위한 보건조치

SPS협정은 전염병으로부터 자국 국민의 건강을 보호하기 위해 국내 보건정책과 기타 정책적 목표들을 추구하는 과정에서 무역을 제한하는 조치를 취하는 것을 허용한다. 즉, SPS협정에 따라 회원국들은 'SPS협정에 따른 인간과 동・식물의 생명 또는 건강을 보호하기 위하여 필요한 위생 및 식물위생조치'(SPS조치)를 취할 수 있는 권리를 갖는데, 이 권리의 행사에는 다음의 제한이 있다.

및 절차에 관한 양해」, 부속서 3은 「무역정책검토제도」이다.

2) WHO와 WTO가 공동으로 진행한 WTO Agreements & Public Health: A joint study by the WHO and the WTO Secretariat(2002) 연구에서 전염병 통제와 밀접하게 관련되는 WTO법으로 「관세 및 무역에 관한 일반협정」(GATT), 「위생 및 식물위생조치의 적용에 관한 협정」, 「무역에 대한 기술장벽에 관한 협정」(Agreement on Technical Barriers to Trade) 등 이 세 가지를 꼽았다. WTO Agreements & Public Health: A joint study by the WHO and the WTO Secretariat(WTO Secretariat, 2002), p.58, Box 5(Specific health issues and most relevant WTO agreements).

3) *Ibid.*

첫째, WTO 회원국은 SPS조치를 인간과 동·식물의 생명 또는 건강을 보호하는데 필요한 범위 내에서만 채택할 수 있다.[4] 따라서 보건정책을 계획하고 실행함에 있어 국가들은 항상 그러한 조치가 무역을 최소한으로 제한하는 방법인지를 고려해야 한다.[5] 둘째, SPS조치는 과학적 원리에 근거하며, 또한 충분한 과학적 증거 없이 유지되지 않도록 보장해야 한다.[6] 셋째, SPS조치는 WTO법의 목적을 방해하는 '위장된 제한'에 해당하지 않아야 하며, 최혜국원칙과 내국민원칙 등을 위반하지 않아야 한다.[7]

1. SPS협정의 발전과정과 전염병 규제

최초의 다자간 무역협정인 1947년「관세 및 무역에 관한 일반협정」(General Agreement on Tariffs and Trade: GATT)은 무역과 공중보건의 관계에 대해 규정하였다. 1947년 GATT 협상자들은 국가들이 과거에 위생규칙을 오용하여 수출국에 피해를 야기했던 경험 때문에 국가의 위생조치가 무역을 제한할 가능성에 대해 염려하였다.[8] 이러한 문제를 해결하기 위해 GATT 제XX조 (b)호를 규정함에 있어서 제XX조의 전문에 기술된 요건을 충족하는 것을 조건으로 하여[9] "인간, 동물 또는 식물

4) SPS협정 제2조 제1항. SPS협정은 4가지 주요한 목적을 위한 모든 조치를 포함하고 있는데 ① 식품으로부터 발생하는 위험요소로부터 인간 또는 동물을 보호하는 것, ② 동물 혹은 식물로부터 인간에게 옮겨질 수 있는 질병들로부터 보호하는 것, ③ 급성전염병 혹은 다른 질병으로부터 동·식물을 보호하는 것, ④ 급성전염병의 진입 및 확산으로 발생할 수 있는 피해로부터 국가의 영토를 보호하는 것이다.

5) SPS협정 전문, 제5조 제4항.

6) SPS협정 제2조 제2항.

7) SPS협정 전문, 제2조 제3항.

8) GATT, *Guide to GATT Law and Practice*, 6th ed.(WTO, 1995), p.521.

9) GATT 1947(WTO법에서 GATT 1994에 포함) 제XX조 전문은 다음과 같다: "다음의

의 생명 또는 건강을 보호하기 위하여 필요한 조치"를 취하도록 함으로써 전염병 통제조치를 취할 수 있는 국가의 주권과 자유무역간의 균형을 시도하였다.[10] GATT 제XX조 전문에 기술된 조건은 첫째, 회원국은 자국의 조치가 동일한 조건하에 있는 국가간에 자의적이거나 정당화할 수 없는 차별의 수단으로 사용되지 않아야 하며, 둘째는 이러한 조치가 국제무역에 대한 위장된 제한에 해당해서는 안된다는 점이다.

GATT 패널 역시 제XX조 (b)호에 따른 조치의 허용 여부에 대해 첫째, 해당 무역제한조치가 인간 및 동·식물의 생명 또는 건강을 보호하기 위한 것인가 여부, 둘째, 해당 조치가 그러한 보호를 위하여 '필요한'(necessary) 것인가의 여부, 셋째, 이러한 조치가 제XX조의 전문과 일치하는가 여부에 따라 판단하고 있다.[11] GATT 패널은 '필요한'이라는 문구에 대하여 문제되는 조치가 합리적으로 가능한 조치여야 하고, GATT의 다른 규정과 불합치되는 것이 가장 적은 것이어야 한다고 해석하였다.[12]

그러나 GATT 제XX조 (b)호는 국가가 취할 수 있는 조치의 성격과 범위에 대해 구체적인 내용이 없어 국가들이 국내산업을 보호하기 위한

조치가 동일한 여건이 지배적인 국가간에 자의적이거나 정당화할 수 없는 차별의 수단을 구성하거나 국제무역에 대한 위장된 제한을 구성하는 방식으로 적용되지 아니한다는 요건을 조건으로, 이 협정의 어떠한 규정도 체약당사자가 이러한 조치를 채택하거나 시행하는 것을 방해하는 것으로 해석되지 아니한다."

10) *United States－Import Prohibition of Certain Shrimp and Shrimp Products*(1998), WTO Appellate Body Report, WT/DS58/AB/R, para. 156.

11) WTO Panel Report, *United States－Standards for Reformulated and Conventional Gasoline*, WT/DS2/R(24 January 1995), para. 6.20.

12) GATT Panel Report, *United States－Restrictions on Imports of Tuna: Tuna/Dolphin Case Ⅱ*, DS29/R(16 June 1994), para. 3.64, available at: http://www.worldtradelaw.net/reports /gattpanels/tunadolphinII.pdf〈2012-03-31〉.

수단으로 본 규정의 조치를 자의적으로 해석하여 남용한 것이 무역분쟁의 원인이 되자,[13] 회원국들의 위생조치에 대해 객관적이고 구체적인 국제기준을 마련하기 위하여 우루과이라운드 협상의 의제로 포함시켜 WTO협정의 불가분의 일부로서 SPS협정을 채택하였다.[14]

SPS협정은 WTO 회원국들이 자국 소비자들의 안전한 식품 소비를 보장하도록 한다는 점에서 GATT 제XX조, 특히 (b)호의 규정을 발전시킨 것으로 볼 수 있다.[15] 서문 및 14개의 본문과 3개의 부속서로 구성되어 있는 SPS협정은 WTO체제에 있어서 식품안전과 동물 및 식물의 위생보호에 관한 규범으로 정의될 수 있다. 따라서 본 협정은 각국 정부가 자국민과 동 · 식물의 생명 또는 건강을 보호하기 위하여 위생 및 검역기준을 설정하고 그에 따라 수입상품의 안전성을 판단하기 위한 조치를 시행할 수 있는 권한을 인정해 주고 있다.

SPS조치는 세 가지 점에서 GATT 제XX조 (b)호와 본질적으로 다르다. 첫 번째는 GATT 제XX조 (b)호에 의해 예외적으로 정당화되지 않는 한 차별적인 건강상 조치가 금지되는 GATT와 달리 SPS조치는 회원

---

13) 이은섭 · 이주영, "SPS협정상의 구체적 의무조항을 활용한 통상관련 환경보호조치의 적법성 확보－GATT 제20조 예외조항과의 비교를 중심으로－", 『환경법연구』, 제29권 제3호(2007), 294쪽.

14) Agreement on the Application of Sanitary and Phytosanitary Measures, 15 April 1994, Marrakesh Agreement Establishing the World Trade Organization, Annex 1A, Legal Instruments－Results of the Uruguay Round, *International Legal Materials*, Vol. 33(1994), p.1125.

15) SPS협정 전문: "… 위생 및 식물위생조치와 관련된 1994년도 GATT 규정, 특히 제20조 제(b)항(Re.1)의 규정의 적용을 위한 규칙을 발전시켜 나갈 것을 희망하면서, … 제2조 제4항 이 협정의 관련 규정에 따르는 위생 또는 식물위생조치는 동 조치의 이용과 관련된 1994년도 GATT 규정, 특히 제20조 제(b)항의 규정에 따른 회원국의 의무에 합치하는 것으로 간주된다."

국의 권리로부터 출발한다는 점이다. 즉, SPS협정은 자국 영역에서 인간 및 동 · 식물의 생명 혹은 건강의 보호를 위하여 필요한 조치를 취할 회원국의 권리를 인정하고 있다.[16)]

그러나 무역을 제한하는 효과가 있는 SPS조치는 다른 WTO 회원국들의 무역 이익을 침해할 수 있다. 따라서 SPS조치는 "과학적 원리에 근거하며 또한 충분한 과학적 증거 없이 유지되지 않도록 보장"해야 하는 조건을 만족시켜야 한다.[17)] 이것이 두 번째 차이점이다. 1991년 페루에서 콜레라가 발생하여 3,000명 이상의 콜레라 감염 사례가 확인되었을 때, 페루는 IHR 1969에 따라 이 사실을 WHO에 보고했고[18)] 이후 전 세계적인 페루산 수입품의 금지로 인해 페루는 무역에서 7억 7천달러의 손해를 보았다.[19)] 페루는 GATT 규정이 지켜지지 않고 있는 점과 과학적 근거나 공중보건을 위한 명확한 근거 없이 다른 회원국이 자국에 대해 막대한 무역손해를 입히는 보건보호조치를 취한 것에 대해 GATT 이사회에 여러 차례 문제를 제기하였으나[20)] 아무런 구제를 받지 못했다. SPS협정은 과학적 정당성을 요구함으로써 이러한 문제를 해결하였다.

---

16) Robert Howse, "Democracy, Science, and Free Trade: Risk Regulation on Trial at the World Trade Organization", *Michigan Law Review*, Vol. 98(2000), p.2329; Martin J. Wagner, "The WTO's Interpretation of the SPS Agreement has Undermined the Right of Governments to Establish Appropriate Levels of Protection Against Risk", *Law and Policy in International Business*, Vol. 31(2000), p.855.

17) SPS협정 제2조 제2항.

18) David P. Fidler *et al.*, "Emerging and Reemerging Diseases: Challenges for International, National, and State Law", *International Lawyer*, Vol. 31(1997), p.778.

19) Richard A. Cash and Vasant Narasimhan, "Impediments to Global Surveillance of Infectious Diseases: Consequences of Open Reporting in a Global Economy", *Bulletin of the World Health Organization*, Vol. 78(2000), p.1363.

20) Restrictions on Exports from Peru Following the Cholera Epidemic, Statement by the Representative of Peru, GATT Doc. No. C/M/248(12 March 1991).

SPS협정은 SPS조치가 WTO의 자유무역과 공정경쟁 원칙에 근거하면서, 다른 회원국에 대해 자의적이거나 부당한 차별 또는 위장된 규제를 구성하지 않도록 보장하는 것이다. 과학적 원리,[21] 과학적 증거,[22] 국제적 기준[23] 및 위험평가[24] 등 SPS협정의 일련의 규정은 회원국이 인간과 동·식물의 생명과 건강을 보호하기 위해 조치를 취할 때 발생할 수 있는 잠재적 피해를 줄이기 위한 장치이다.

GATT 제XX조 (b)호와 SPS협정의 세 번째 차이점은 분쟁해결 방식이다. SPS협정은 WTO법의 일부로서 WTO에 가입하는 모든 국가는 SPS협정을 수락해야 한다. 이것은 WTO 회원국이 취한 "과학적 또는 기술적인 쟁점을 포함하는" SPS조치에 대해 WTO 분쟁해결제도상의 절차에 따라 해결해야 한다는 것을 의미한다.[25] GATT 1947 체제에서는 단 하나의 체약국이라도 패널 설치를 반대하면 패널 설치가 불가능하였으나, WTO체제에서는 단 하나의 회원국이라도 패널 설치에 찬성하면 패널이 설치되도록 개선하였다.[26] 또한 GATT 1947은 패널보고서의 채택에 체약국단 또는 이사회의 총의(consensus)가 요구됨에 따라 패소국이나 또는 다른 회원국이 패널보고서의 채택을 저지할 수 있어 분쟁해결제도에 큰 제약이 되었다.[27] 그러나 WTO체제에서는 채택 거부에 대

---

21) SPS협정 제2조 제2항, 제5조 제2항.

22) *Ibid.*

23) SPS협정 전문, 제3조.

24) SPS협정 제5조 제1항.

25) SPS협정 제11조 제1항. 그러나 동조 제3항에 따라 WTO 회원국은 WTO의 분쟁해결제도 이외에 다른 국제기구의 주선 또는 분쟁해결제도나 다른 협정에 따라 설치된 주선 또는 분쟁해결제도를 이용할 수 있는 권리를 갖는다.

26) WTO협정 부속서 2, 「분쟁해결규칙 및 절차에 관한 양해」 제6조 제1항. 박노형, 『WTO체제의 분쟁해결제도연구』(박영사, 1996), 55-56쪽.

27) 박노형, 위의 책, 82-83쪽.

해 총의를 요구함에 따라 분쟁당사국 일방 또는 다른 한 회원국이라도 패널보고서의 채택 거부에 반대의견을 표시하면 패널보고서가 채택된다.[28] 이 점에서 SPS협정은 "강제적 분쟁해결체제를 갖춘, 무역과 공중보건의 균형을 시도한 최초의 국제협정"으로 평가된다.[29]

2. SPS협정과 IHR 2005와의 관련성

SPS협정과 IHR 2005 모두 인간의 건강과 무역의 보호라는 같은 목적을 갖고 있으며 전염병 통제를 위한 조치 및 무역에 대한 제한을 규정하고 있다. 그러나 IHR 2005의 핵심은 공중보건의 보호에 있으며 국제무역과 보건의 이익이 충돌하는 경우 보건이익이 우선하는 반면 SPS협정은 본질적으로 무역협정으로서 국제무역의 보호에 규범의 가치를 두고 있다.[30]

IHR 2005와 SPS협정은 규범의 적용범위에 있어서도 차이가 있다. IHR 2005는 국제적 관심의 공중보건 비상사태를 야기하는 질병의 국제적 확산을 폭넓게 다루고 있는 반면 SPS협정은 오직 수입 식품, 농·축산물로 인해 발생하는 위험 또는 피해와 회원국 영역 내의 인간, 동·식물의 생명과 안전을 다루고 있다. 즉, SPS협정에 따라 인간과 동·식물의 생명과 건강의 보호를 위한 조치를 취할 수 있으나 이러한 조치를 취할 수 있는 위험의 원인으로는 병해충, 질병, 질병매개체, 질병원인체

28) WTO협정 부속서 2,「분쟁해결규칙 및 절차에 관한 양해」, 제16조 제4항.

29) David P. Fidler, *International Law and Infectious Diseases*(Oxford University Press, 1999), p.143.

30) Huei-chih Niu, "A Comparative Respective on the International Health Regulations and the World Trade Organization's Agreement on the Application of Sanitary and Phytosanitary Measures", *Asian Journal of WTO and International Health Law and Policy*, Vol. 1(2006), p.531.

그리고 식품, 음료 또는 사료 안의 첨가제, 오염물질, 독소 또는 질병원인체 등에 제한된다.[31] 이처럼 IHR 2005가 취할 수 있는 조치의 범위가 SPS협정보다 넓다.

문제는 두 규범이 중복 적용되는 영역인데, 수입품에 의한 질병의 확산을 통해 합법적으로 취해진 보건조치가 SPS협정의 제한사항에 의해 규제되거나 또는 규범 위반이 될 수 있다는 점이다. 이러한 두 규범간의 충돌문제를 피하고 조율하기 위한 노력이 IHR 1969의 개정 이전에 시도되었다. WHO는 '위생 및 식물위생조치 위원회'(이하 'SPS위원회'라 함)의 1998년 3월 회의에서 IHR에 관한 설명과 개정과정 및 IHR과 SPS협정의 조화 등에 관한 정보를 제공한 후 SPS위원회로부터 IHR에 대한 질의사항 등을 받고 이후 회의에서도 필요한 정보를 주고받았다.[32] 두 기구간의 정보교환의 목적은 IHR 1969를 개정한 새로운 IHR과 WTO

---

31) SPS협정, Annex A. para. 1.

1. 위생 또는 식물위생조치 - 아래 목적으로 적용되는 모든 조치

가. 병해충, 질병매개체 또는 질병원인체의 유입 · 정착이나 전파로 인하여 발생하는 위험으로부터 회원국 영토 내의 동물이나 식물의 생명 또는 건강의 보호,

나. 식품, 음료 또는 사료 내의 첨가제, 오염물질, 독소 또는 질병원인체로 인하여 발생하는 위험으로부터 회원국 영토 내의 인간 또는 동물의 생명 또는 건강의 보호,

다. 동물 · 식물이나 동물 또는 식물로 만든 생산품에 의하여 전달되는 질병이나 해충의 유입, 정착 또는 전파로 인하여 발생하는 위험으로부터 회원국 영토 내의 인간의 생명 또는 건강의 보호, 또는

라. 해충의 유입, 정착 또는 전파로 인한 회원국 영토 내의 다른 피해의 방지 또는 제한

32) The World Trade Organization and the IHR, *Weekly Epidemiological Record*, 31 July 1998, 73re Year, pp.235-236, available at: http://www.who.int/docstore/wer/pdf/1998 /wer7331.pdf(2012-03-31); Bradly J. Condon and Tapen Sinha, "The Effectiveness of Pandemic Preparations: Legal Lessons form the 2009 Influenza Epidemic", *Florida Journal of International Law*, Vol. 2(2010), p.23.

내의 구속력 있는 공중보건체제를 조화시키기 위한 것으로, 새로운 IHR의 임시 또는 상시권고와 WTO법이 충돌하지 않도록, 특히 SPS협정과의 양립 가능(compatibility)하도록 의도하였다.[33)]

이와 같은 SPS협정과 IHR 2005의 충돌을 피하기 위한 노력은 입법적으로도 확인되는데, IHR 2005는 WHO 사무국장이 임시 또는 상시권고를 하는데 있어 '관련 국제기준 및 문서',[34)] '관련 국제기구 또는 기관의 활동'[35)] 등을 고려하도록 규정함으로써 WTO법 및 WTO 분쟁해결기관의 보고서 등이 반영될 수 있도록 하여 두 규범간의 충돌 가능성을 줄였다.

이러한 노력에 더하여 IHR 2005의 초안자들은 이후에 있을 국제법규범간의 충돌 가능성을 고려하여 IHR 2005에 IHR과 다른 관련 국제협정이 양립 가능하도록 해석되어야 하며, IHR 2005의 규정이 다른 국제협약으로부터 나오는 당사국의 권리와 의무에 영향을 주지 않는다는 조항을 삽입하였다.[36)] SPS협정 또한 다른 국제규범과의 충돌을 방지하기 위해 "이 협정의 어느 규정도 다른 국제기구의 주선 또는 분쟁해결제도나 다른 협정에 따라 설치된 주선 또는 분쟁해결제도를 이용할 수 있는 권리를 포함하여 그 밖의 국제협정에 따른 회원국의 권리를 저해하지 아니한다"고 규정하였다.[37)]

3. 전염병 통제를 위한 SPS조치의 체제

수입물품이 질병 원인체 혹은 매개체인 경우 국가가 해당 물품의 수

33) International Health Regulations Revision, Communication from the World Health Organization, WTO Doc. G/SPS/GEN/522, 21, Oct. 2004, para. 6.

34) IHR 2005 제17조 (e).

35) IHR 2005 제17조 (f).

36) IHR 2005 제57조 제1항.

37) SPS협정 제11조 제3항.

입을 금지하는 조치를 내린 경우 SPS협정은 SPS조치가 WTO의 자유무역과 공정경쟁 원칙에 근거하면서, 다른 회원국에 대해 자의적이거나 부당한 차별 또는 위장된 규제를 구성하지 않도록 보장하는 것이다. 이를 위한 장치로서 SPS조치에 대해 과학적 원리,[38] 과학적 증거,[39] 국제적 기준[40] 및 위험평가[41] 등을 마련하고 있다. IHR 2005의 경우 WHO 회원국은 특정 공중보건위험 또는 PHEIC를 구성하는 사태에 대응하여 IHR 2005가 규정하고 있는 조치 이외에 추가조치를 취할 수 있는데[42] 이 때 과학적 원리, 과학적 증거 및 정보 등에 근거하도록 하였다.[43] 이 역시 불필요한 무역제한을 피하고 전염병 대응에 적절한 보건조치를 취하도록 하는 장치이다. 이처럼 두 조약은 보건조치 관련 규정만 보더라도 그 구조가 매우 흡사하다는 것을 알 수 있다.

이하에서는 전염병 통제에 대응한 두 조약의 보건조치가 어떠한 관련성을 갖는지에 대해 SPS협정의 규정을 중심으로 살펴보도록 한다.

1) SPS조치의 요건으로서 과학적 근거

WTO 회원국이 SPS조치를 도입하기 위해서는 과학적 원리에 근거해야 하고 이를 유지하기 위해서는 충분한 과학적 증거를 제시해야 한다.[44] 그렇다면 WTO와 WHO의 양 조약 모두의 회원국인 국가가 전염병 발생에 대응하여 SPS조치를 취한 경우를 가정해 보자.[45] SPS협정의

38) SPS협정 제2조 제2항, 제5조 제2항.

39) *Ibid.*

40) SPS협정 전문, 제3조.

41) SPS협정 제5조 제1항.

42) IHR 2005 제43조 제1항.

43) IHR 2005 제43조 제2항.

44) SPS협정 제2조 제2항.

45) WTO 회원수는 2011년 11월 현재 153개국이고, 옵서버의 지위를 갖는 31개의 정부

경우 제2조 제2항에 따라 SPS조치는 충분한 과학적 증거에 근거했을 때만 유지가 가능한데, 그렇다면 IHR 2005의 PHEIC를 구성하는 사태가 SPS조치를 채택하기 위한 충분한 과학적 증거로 간주될 수 있을까 하는 문제를 생각해 볼 수 있다.

먼저 WTO 패널은 *Japan–Measures Affecting on Importation of Apples* 사건에서 '과학적' 증거란 단순한 정보의 집합이 아니라 '과학적 방법을 통하여 취합된' 증거여야 하며, 따라서 과학적 방법을 통해 취합되지 않은 정보는 제외된다는 입장을 취했다.[46] '증거'에 대해서는 SPS협정의 초안자가 제5조 제7항에서 "과학적 증거가 불충분한 경우"에 "입수 가능한 적절한 정보"에 근거할 것으로 규정한 것으로 보아 '증거'와 '정보'를 구분하여 다르다고 보았다.[47] 따라서 불충분하게 증명된 정보나 증명되지 않은 가설은 제외하여야 하며, 정황증거보다는 과학적으로 생산된 증거에만 의존하는 접근방법이 적절하다고 보고 관련된 모든 과학적 증거를 고려하여야 한다고 판정하였다.[48]

IHR 2005에 따른 회원국의 PHEIC 통고 및 회원국에 의해 검증된 비공식적 정보와 나아가 이에 근거하여 WHO가 전염병이 발생한 특정 국가나 지역에 대해 공식적으로 발표하는 경우 SPS협정상 '과학적 증거'에 해당하는지 여부가 문제될 수 있다. 예를 들어, WTO 회원국이 WHO의 PHEIC 선언이 특정 국가에 전염병이 발생했다는 것을 증명하는 과학적 증거라고 주장하면서 해당 국가나 지역의 농산물을 수입금지하는 SPS조

가 있다. 대부분의 WTO 회원국 및 옵서버는 WHO 회원국(194개국)이라는 점에서도 SPS협정과 IHR 2005의 관계를 밝히는 것은 중요한 가치를 갖는다.

46) WTO Panel Report, WT/DS245/R(15 July 2003), para. 8.92.

47) *Ibid.*, para. 8.97.

48) *Ibid.*, para. 8.99.

치를 도입할 수 있는지 여부이다.

또한 SPS조치를 유지하기 위해서는 '충분한' 과학적 증거가 요구되는데 *Japan–Measures Affecting on Importation of Apples* 사건에서 패널은 '충분한'은 과학적 증거의 양과 질뿐만 아니라 SPS조치와 위험의 존재 및 조치의 합리성을 증명할 수 있는 과학적 증거간의 관계도 요구한다고 판단하였다.[49] 따라서 WHO의 PHEIC 선언에 근거한 SPS조치의 도입은 WHO의 PHEIC 선언의 근거가 된 정보가 과학적 증거인지에 대한 증명뿐만 아니라, SPS조치가 해당 사태에 적절한 조치인가도 증명할 필요가 있다.

2) SPS협정상의 국제기준과 WHO의 정보

WTO 회원국은 도입하려는 SPS조치와 관련한 국제기준, 지침 또는 권고(이하 '국제기준'이라 함)가 있는 경우 회원국은 다음의 세 가지 경우를 선택할 수 있는데 ① 국제기준에 기초하거나(제3조 제1항),[50] ② 합치하는 조치를 취할 수 있고(제3조 제2항), ③ 국제기준보다 높은 보호 수준의 조치를 취할 수도 있다(제3조 제3항).[51] 이 때 국제기준에 합치하

49) *Ibid.*, 8.82, 8.103, 8.170.

50) SPS협정 제3조 제1항. 여기서 국제기준에 '기초'(based on)한다는 의미와 관련하여 *WTO European Communities—Measures Concerning Meat and Meat Products(Hormones)* 사건에서 상소기구는 '기초'한다(based on)는 의미는 반드시 국제기준에 합치할 필요 없이 국제기준을 구성하는 일부의 요소들이 SPS조치에 포함되어 있는 경우이며(para. 163), '합치'한다(conforming to)는 의미는 국제기준을 완전히 실현시키면서 국내적 기준으로 전환시키는 것으로 설명하고 있다(para. 170). Appellate Body Report, WT/DS26/AB/R(16 January 1998).

51) SPS협정 제3조 제1항은 국제기준에 기초하도록 한다고 규정하고 있으나, 이는 회원국들 간의 SPS조치를 국제기준에 맞춰 전체적으로 조화시키고자 하는 것으로, 국제기준이 존재한다고 하여 반드시 이 국제기준에 합치하거나 이에 기초한 위생검역조치를 결정하여야 하는 것은 아니다. 전정기 외, "SPS협정상 위생검역조치의

는 조치를 취하는 경우 SPS협정 및 1994년 GATT의 관련 규정과 합치되는 것으로 추정되는 이익이 있다.[52] 그동안 WTO 회원국이 국제기준에 합치하거나 그에 기초한 SPS조치가 WTO에서 문제된 경우는 없다.[53] SPS협정상의 국제기준은 식품안전의 경우 국제식품규격위원회(Codex Alimentarius Commission: Codex),[54] 동물위생 및 동물성전염병의 경우 세계동물보건기구(World Organization for Animal Health: OIE),[55] 식물위생의 경우 「국제식물보호협약」(International Plant Protection Convention: IPPC) 등으로부터 나온 국제기준이거나 그 외의 국제기구로부터 나온 국제기준 중 SPS위원회에 의해 확인된 것이다.[56]

그렇다면 WHO가 WHO헌장 또는 IHR 2005에 근거하여 특정 국가 또는 지역의 전염병 발생에 대한 공식적 발표가 국제기준이 될 수 있는가? WHO는 전염병의 확산과 관련한 건강 이슈를 다루는 중심 국제기구로서 WHO의 지침과 성명, 결정 및 권고 등은 국제사회가 전염병 위협에 대처하도록 도움을 주는 가장 믿을 만한 정보라고 할 수 있다. 사

도입과 위험평가", 『무역학회지』, 제35권 제4호(2010), 265쪽. 한편, 국제기준이 존재하는 경우 적어도 국제기준을 기초로 해야 한다는 입장으로는 이태호, "SPS조치에 관한 WTO 사건 분석", 『통상법률』, 통권 제43호(2002), 155쪽 참조.

52) SPS협정 제3조 제2항.

53) 고준성 외 13인 공저, 『국제경제법』(박영사, 2006), 276-277쪽.

54) Codex는 UN식량농업기구(FAO)와 WHO에 의하여 1962년 설립된 정부간 기구로 2011년 현재 184개국 및 EU가 회원으로 구성되어 있다.

55) SPS협정의 외교부 공식 번역에는 OIE가 '국제수역사무국'으로 표기되어 있으나, 이는 OIE의 일본식 번역 방식으로, OIE의 명칭의 한국어 번역으로는 다소 부자연스럽다. 최근 농림수산식품부는 OIE의 명칭이 'World Organization for Animal Health'이므로 이에 따라 기존의 국제수역사무국에서 세계동물보건기구로 명칭을 변경하여 사용한다고 공고하였다(농림수산식품부 공고 제2011-426호).

56) SPS협정 부속서 1.

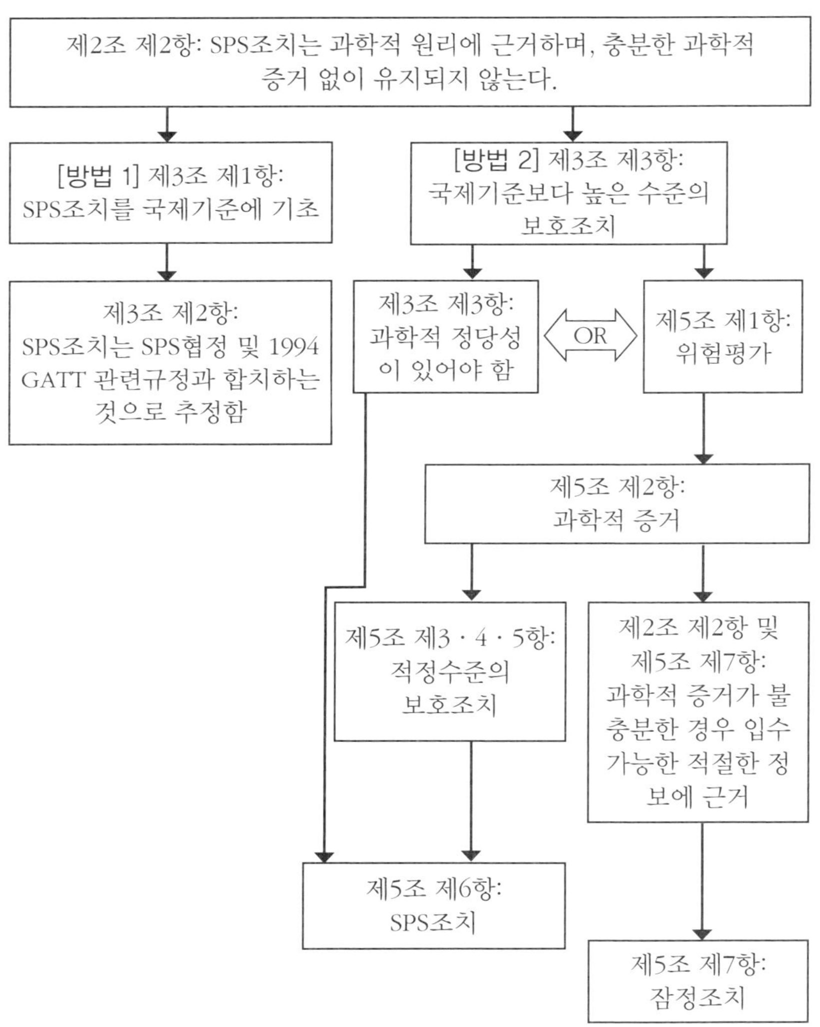

57) Huei-chih Niu, *supra* note 30, p.530.

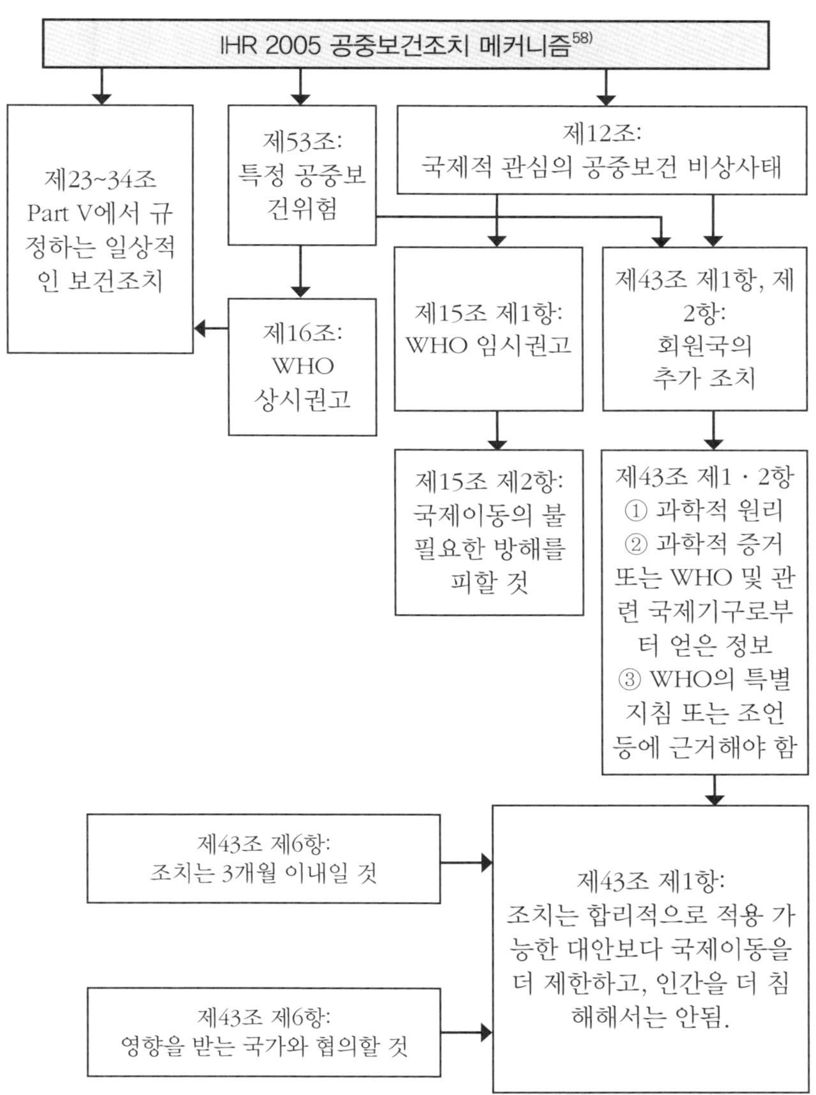

58) *Ibid*, p.522의 표를 기본으로 필자가 내용을 수정 및 재구성하였음.

실 WHO가 모든 당사국과 관련 국제기구에 이런 정보를 제공하는 목적은 이러한 공중보건위험에 대응할 수 있도록 도와 주고, 이와 유사한 사태가 발생하는 것을 방지하기 위함이다.[59] WHO가 WHO헌장 또는 IHR 2005에 근거하여 회원국에 제공한 전염병 관련 정보는 공중보건위험에 대응하기 위해 필요한 보건조치 이행의 근거가 된다.

이와 같이 WHO가 제공하는 정보는 SPS협정 부속서에 명시된 3개의 국제기준에는 해당되지 않으므로 SPS위원회에 의해 확인될 필요가 있다. 그러나 SPS위원회는 지금까지 SPS협정이 명시한 국제기구 이외의 기준을 인정한 바가 없다.[60] 따라서 국제기준을 결정하는 기준이 WTO법이나 분쟁해결기구 보고서를 통해 발전되기 전까지는 WTO 회원국이 WHO가 제공하는 정보에 근거하여 질병이 발생한 회원국으로부터 수입을 제한하는 보건조치를 취하게 된다면 해당 조치를 취한 국가는 그러한 조치가 국제기준에 기초 또는 합치하는 것임을 주장하거나 SPS협정 제3조 제3항에 따라 '위험평가'에 근거한 과학적 정당성을 입증해야 한다.

3) 과학적 증거에 근거한 국제기준보다 높은 수준의 보건조치

IHR 2005와 SPS협정상 보건조치의 가장 큰 차이점 중 하나는 IHR 2005의 경우 동 규칙에서 명시적으로 나열한 조치만 채택할 수 있는 반면,[61] SPS협정상 조치는 무역에 해로운 영향을 끼치지 않는다면 인간과 동·식물의 생명과 건강을 보호할 수 있는 필요한 조치를 자유롭게 계획할 수 있다는 점이다. 다만 IHR 2005의 경우 제43조에 따라 회원국은

---

59) IHR 2005 제11조.

60) Joanne Scott, *The WTO Agreement on Sanitary and Phytosanitary Measures: A Commentary*(Oxford University Press, 2007), p.245.

61) IHR 2005 제42조.

과학적 원리, 과학적 증거, 이용 가능한 WHO의 특별한 지침 또는 조언에 근거한다면 IHR에서 규정하고 있는 것 외의 보건조치를 채택하고 실행할 수 있다.[62] 이 기준은 SPS협정에서 요구하는 조건과 유사하다. SPS협정상 회원국이 국제기준보다 높은 수준의 보호조치를 도입하려 할 때 위험평가, 과학적 증거 및 기타 경제적 · 사회적 요소를 만족시켜야 한다. 그러나 SPS협정 제5조는 위험평가라는 장치가 포함되어 있고, 이는 IHR 2005 제43조의 요구조건보다 더 정밀한 평가를 요구한다.[63]

여기에 또 SPS협정과 IHR 2005 사이의 충돌 가능성이 존재한다. 예를 들어, 특정 지역에 PHEIC를 구성하는 사태가 발생했다는 정보가 WHO에 입수되고 검증된 후 WHO가 회원국에게 특정 국가 또는 지역의 전염병 발생을 공식발표한 경우, 이 정보는 '이용 가능한 과학적 증거'(available scientific evidence) 또는 '이용 가능한 정보'로 간주되어 당사국은 이 정보에 근거하여 추가 보건조치를 채택할 수 있을 것이다. 그러나 이러한 정보에 근거한 보건조치가 동시에 SPS조치에 해당한다면 이 정보는 위험평가를 포함한 과학적 정당성이 요구된다. 만약 이러한 요건에 맞지 않는다면 SPS체제에서 분쟁의 원인이 될 수 있다. 이러한 잠재적 논란을 줄이기 위해 IHR 2005의 제43조와 SPS협정을 구체적으로 조화시킬 필요가 있다.

4) 과학적 증거가 불충분할 경우: 사전주의 원칙의 적용 문제

SPS협정은 '과학적 증거가 불충분할 경우에도' 일정한 요건에 따라 SPS조치를 허용하고 있다.[64] *Japan–Measures Affecting Agricultural Products* 사건에서 패널은 당사국이 SPS협정 제5조 제7항에 근거하여

62) IHR 2005 제43조 제2항.

63) Huei-chih Niu, *supra* note 30, p.535.

64) SPS협정 제5조 제7항.

SPS조치를 도입하려는 경우 ① 과학적 증거가 불충분하고, ② 이용 가능한 적절한 정보에 근거해야 한다고 보았다.[65] 만약, SPS조치를 도입하려는 회원국이 과학적 증거가 불충분한 상황에서 이용 가능한 적절한 정보에 근거한 경우 해당 조치를 실행하는 기간 동안 ③ 더욱 객관적인 위험평가를 위하여 필요한 추가정보를 수집하도록 노력하며, ④ 합리적인 기간 내에 SPS조치를 재검토해야 할 의무가 발생한다.[66] 그러나 추가적 보건조치를 규정하고 있는 IHR 제43조 제2항 (b)호는 과학적 증거가 불충분한 경우 WHO나 다른 국제기구가 제공하는 이용 가능한 정보에 근거하여 추가조치를 취할 수 있다고만 규정하고 있어 SPS협정의 규정에 비해 규정이 구체적이지 못하다.

전염병의 위협이 무역에 큰 피해를 줄 가능성이 높을 때 SPS협정에 따라 과학적 증거가 불충분한 상황에서도 SPS조치를 취할 수 있다는 점은 논란의 대상이 된다. 1999년 EU가 광우병(공식명칭은 '소해면상뇌증', Bovine Spongiform Encephalopathy: BSE) 공포에 대응하기 위해 광우병 감염 가능성이 높은 동물의 유해(遺骸) 사용을 일괄적으로 금지하였다.[67] 금지의 범위는 동물사료를 먹인 축산물과 동물 유해 일부가 포함된 2차생산물까지 포함되었다.[68] 예를 들어, 동물성 기름을 끓여 만든 수지(獸脂)를 포함하는 의약품, 화장품 및 윤활유의 수입금지까지 확장되었다.[69] 수지 파생물은 45억달러 이상 가는 미국의 의약품 수출의 핵

---

65) WTO Panel Report, *Japan-Measures Affecting Agricultural Products*, WT/DS76/R(Oct. 27 1998), para. 8.54.

66) *Ibid.*

67) Ryan D. Thomas, "Where's the Beef? Mad Cows and the Blight of the SPS Agreement", *Vanderbilt Journal of Transnational Law*, Vol. 32(1999), p.488.

68) *Ibid.*

69) *Ibid.*

심 재료이다.[70] 이후 미국과 EU는 수지가 포함된 생산품에 대해서는 금지를 해제하기로 합의하였지만, EU는 소의 부산물을 포함한 비누 또는 화장품은 광우병을 전염시킬 위험이 있다고 보아 계속 금지하였다.[71]

2001년 SPS위원회는 광우병 전염에 관한 SPS협정의 적용을 논의하였다.[72] 논의의 주요 쟁점은 EU의 무역장벽과 위험분류체계가 '사전주의 원칙의 합법적인 행사'였는지 여부였다.[73] 특히, 페루와 칠레, 미국은 가축에게 사료를 주는 특정 방식에 대해 EU가 제한한 것은 과학적으로 정당화되지 않는다고 주장했다.[74] EU는 SPS협정상 상품이 건강과 환경을 위협한다는 정당한 믿음이 있다면, 확고한 과학적 증거가 뒷받침되지 않더라도 그 상품을 금지하는 것이 허용된다는 입장을 취했다.[75] EU의 새로운 입장은 사전주의 원칙하에 국가는 해당 상품이 건강과 환경을 위협하지 않는다는 확실한 증거가 나올 때까지 그 상품의 수입을 무기한 금지할 수 있다는 의미를 함축하고 있다.[76] 그러나 SPS협정은 다음과 같이 사전주의 원칙에 대한 비교적 명확한 제한을 두고 있다.

---

70) *Ibid.*

71) *The Economist*, "Trade Disputes－Big Beef", 24 Jan 1998.

72) WTO News, SPS Committee 10-11 July 2001, Committee Discussed Foot and Mouth Disease, BSE, and Equivalence, available at: http://www.wto.org/english/news_e / news01_e/010711_spsctte_e.htm〈2012-03-31〉.

73) *Ibid.* 참고로 사전주의 원칙에 관하여는 Alan E. Boyle *et al.*, *International Law and the Environment*, 3rd. ed.(Oxford University Press, 2009), pp.159-164 참고.

74) WTO News, "Sanitary, Phytosanitary Measures Committee, Mad Cow Disease", 10-11 July 2001, available at: http://www.wto.org/english/news_e/news01_e/010711_spsctte_e.htm〈2012-03-31〉.

75) Ryan D. Thomas, *supra* note 67, p.510.

76) Jesse Male, "The State of Genetically Modified Crops in the European Union Following Monsanto v. Italy and the Adoption of a Regulatory Framework for Genetically Modified Food and Feed", *Drake Journal of Agricultural Law*, Vol. 9(2004), p.448.

"관련 과학적 증거가 불충분한 경우, 회원국은 관련 국제기구로부터의 정보 및 다른 회원국이 적용하는 위생 또는 식물위생조치에 관한 정보를 포함하여 입수 가능한 적절한 정보에 근거하여 잠정적으로 위생 또는 식물위생조치를 채택할 수 있다. 이러한 상황에서, 회원국은 더욱 객관적인 위험평가를 위하여 필요한 추가정보를 수집하도록 노력하며, 이에 따라 합리적인 기간 내에 위생 또는 식물 위생조치를 재검토한다."[77)]

WHO는 1990년대 후반 특정 호르몬을 사용한 쇠고기 및 쇠고기 제품의 수입 금지를 위해 EC가 위와 유사한 주장을 한 것을 받아들이지 않았다.[78)] 수입금지 조치가 사전주의 원칙에 기초한 것으로 SPS협정상 허용되는 조치라는 EC의 주장에 대해 WTO 상소기구는 사전주의 원칙은 SPS협정 제5조 제7항에 명시한 특별한 의미를 갖는다는 입장을 밝혔다.[79)] 상소기구는 또한 SPS조치를 유지하기 위해서는 '충분한 과학적 증거'가 있어야 하며, 사전주의 원칙에도 조약 해석에 관한 통상의 원칙이 적용된다는 평결을 하였다.[80)]

잠정적으로 PHEIC를 구성하는 사태가 발생하는 경우 WTO · WHO 회원국인 국가는 전염병 위협에 대한 과학적 증거가 불충분한 상황에서도 SPS협정과 IHR 2005에 근거하여 전염병 통제를 위한 무역제한 조치를 취할 수 있을 것이다. 이 경우 회원국은 두 규범 중에 하나를 선택

77) SPS협정 제5조 제7항.

78) WTO Report of the Appellate Body, *EC Measures Concerning Meat and Meat Products(Hormones)*, WT/DS26, 48/AB/R, 16 January 1998. 이 사건은 1996년 EC가 식품안전을 이유로 특정 호르몬을 사용한 쇠고기 및 쇠고기 제품의 수입을 금지하여 미국이 WTO 분쟁해결절차에 제소한 사건이다.

79) *Ibid.*

80) *Ibid.*

하여 보건조치를 취할 수가 있는데, IHR 2005 제43조 제2항에 근거한 추가 보건조치를 취한다면 SPS협정보다 낮은 요건으로 조치의 신속성과 유연성을 꾀할 수 있을 것이다. 그러나 반대로 이 조치에 의해 영향을 받는 국가들로부터 이의 제기를 받을 가능성이 크고 추가적으로 합법성을 입증해야 하는 부담도 높아진다는 단점이 있다. 즉, IHR 2005 제43조 제2항에 근거한 추가조치가 SPS협정 제5조 제7항의 네 가지 요건—불충분한 과학적 증거, 입수 가능한 적절한 정보, 추가정보의 수집, 합리적 기간내 조치의 재검토—을 충족하지 못한다면 WTO협정상의 분쟁이 발생할 수 있을 것이다.

그러나 역으로 보건조치에 의해 영향을 받는 국가의 입장에서는 SPS협정의 절차를 통해 전염병을 근거로 취한 무역제한 조치에 대해 객관적이고 입증 가능한 증거를 요구할 수 있게 되었다. 이러한 분쟁 가능성 때문에 WTO · WHO 회원국은 IHR 2005에 근거한 추가 보건조치를 취하더라도 SPS협정의 조건에 맞춰 보건조치를 취하려고 노력할 것이다. 이처럼 SPS조치의 요건은 IHR 2005의 목적인 '무역에 대한 불필요한 방해'를 피하기 위한 좋은 수단이 될 수 있다. 그러나 다른 한편으로는 전염병 통제를 우선하고 있는 IHR 2005상의 보건조치가 자유무역을 핵심가치로 하는 WTO법에 의해 제한됨으로써 유연하고 신속한 대응조치가 어려워질 수 있다는 점도 간과해서는 안된다.

Ⅱ. 전염병 관련 의약품특허 보호와 의약품 접근의 문제

1. TRIPS협정상의 의약품 특허의 보호

전염병의 통제에 있어 WTO법이 관련되는 또 중요한 분야는 의약품의 특허보호를 규정하고 있는 「무역관련 지적재산권에 관한 협정」

(Agreement on Trade-Related Aspects of Intellectual Property Rights: TRIPS 협정)이다.[81] 1989~1994년 동안 진행된 우루과이라운드에서 협상된 TRIPS협정은 최초로 지적재산권 규범을 다자무역체제 내로 편입시킨 것으로 WTO 설립을 위한 마라케쉬협정 부속서 1(c)에 포함된 협정이다. TRIPS협정은 세계 각국의 다양한 지적재산권 보호 방법에 관한 격차를 좁히고 공통된 국제규범하에 편입시키려는 목적으로 체결되었다.

전염병의 효과적인 통제에 있어 중요한 전략 중 하나는 전염병을 예방 또는 치료할 수 있는 의약품 및 예방 · 치료기술을 시의적절하게 제공하는 것이다. 그러나 높은 수준의 지적재산권의 보호로 말미암아 공급독점에 의한 공급 부족 또는 지나치게 높은 가격으로 인해 의약품의 접근성이 떨어지는 문제가 발생한다. 높은 수준의 특허권 보호로 인한 폐해의 예로 HIV/AIDS 관련 의약품의 높은 가격이 자주 논란이 되었다. 제네릭 의약품[82]의 최대 생산국인 인도의 제약회사들은 특허권으로부터 보호되는 다국적 제약사의 약값에 비해 1/43의 가격까지 낮춘 제네릭약을 제공하겠다고 발표한 바가 있다.[83]

의약품의 특허 보호는 TRIPS협정을 통해 다자적으로 실시되었는데, 이 협약의 체결 이전에는 의약품과 그 생산방법에 특허를 부여한 국제

---

81) WTO and WHO, *WTO Agreements & Public health: A joint study by the WHO and the WTO Secretariat*(WTO/WHO, 2002), p.42.

82) '제네릭 의약품'이란 일반적으로 이미 허가된 품목과 유효성분의 종류, 함량, 제형, 효능 · 효과, 용법 · 용량 등이 동일한 의약품을 말하는 것으로(식품의약품안전청, 제네릭의약품 정보방 홈페이지: http://opendrug.kfda.go.kr/generic/index.jsp) 흔히 카피약이라고 불리기도 한다.

83) 남희섭, "특허발명의 강제실시", 한국지식재산연구원 포럼 발표자료(2005. 7. 29), 3쪽. 그러나 실제 HIV/AIDS 제네릭약의 제공 가격은 특허약품의 평균 1/3 정도인 것으로 조사된 바 있다. Colleen V. Chein, "HIV/AIDS Drugs for Sub-Saharan Africa: How Do Brand and Generic Supply Compare?", *PLoS ONE*, March 2007, Issue 3, p.1.

협약이 없었기 때문에 개발도상국과 최빈개도국들은 직접 해당 의약품을 생산하거나 또는 수입 의약품을 모방하여 생산하는 방식으로 자국민들에게 저렴하게 의약품을 제공해 왔다. 그러나 TRIPS협정은 지적재산권 보호의 최적표준을 규정하였으며 기존의 보호범위를 확대하여 의약품의 발명에 대한 물질특허뿐만 아니라 제조방법에 대한 특허도 인정하였다.[84] 이 같은 강력한 수준의 특허 보호는 의약품의 가격이 상승하게 되는 원인이 되었고, 특히 개발도상국과 최빈개도국들의 공중보건에 위기를 몰고 왔다.

이처럼 국제적 특허제도와 함께 새롭게 발전한 의약산업이 국제보건체제에 미칠 영향이 컸음에도 WHO는 TRIPS협정의 협상과정에 전혀 참여하지 못하였다.[85] TRIPS체제가 적용되기 이전부터 WHO 회원국들은 WHO에 TRIPS협정에 대한 대응을 요구하였으며, TRIPS협정의 요건에 어떻게 대처할 것인지를 문의하였다. 이에 따라 WHO 내에 소규모 기술그룹이 설립되어 TRIPS의 유연성 조항에 기초한 그들의 요구사항에 부응하는 권고적 의견을 준비하였다. 그러한 권고적 의견에는 병행수입 권한과 적절한 강제실시 권한을 포함하고 있었다.[86]

84) TRIPS협정 제27조 제1항. 우루과이라운드 과정에서 50여개 개발도상국들은 자국민에게 저렴한 의료공급을 보장하기 위하여 의약품을 특허 보호의 범위에서 제외할 것을 주장하였다. 그러나 특허의 보호범위는 최종적으로 미국의 입장이 반영되어 물질특허뿐만 아니라 제법특허까지 보호하게 되었으며, 특허보호 기간도 특허출원일로부터 20년으로 규정하고 있다(TRIPS협정 제33조).

85) Eric Stein, "International Integration and Democracy: No Love at First Sight", *American Journal of International Law*, Vol. 95(2001), p.489.

86) WHO, "Globalization, TRIPS and Access to Pharmaceuticals", *WHO Policy Perspectives on Medicines*, No. 3, March 2001, pp.2-51.

2. 전염병 예방과 치료를 위한 의약품 사용의 특허보호 제한의 문제

1) 강제실시와 병행수입제도에 의한 특허권의 제한

HIV/AIDS나 결핵, 말라리아와 같은 질병으로 심각한 국가적 위기를 겪은 개발도상국에서는 1990년대 말부터 의약품의 접근성 보장을 위해 특허권 제한의 필요성을 강하게 주장해 왔다. TRIPS협정에는 특허권이 과도하게 보호되는 것을 제어할 수 있는 제도로 강제실시제도와 병행수입제도가 있다.

먼저, 강제실시란 국가가 특허권자의 동의 없이 제3자에게 특허상품을 생산하거나 또는 특허권이 부여된 절차를 사용하도록 하는 것을 말한다.[87] TRIPS협정은 제31조에서 '권리자의 승인 없는 기타 사용'이라는 용어로 강제실시를 규정하고 있다.[88] TRIPS협정 제31조의 협상과정에서 강제실시의 허용요건을 두고 선진국과 개발도상국간이 크게 대립하였는데, 그 결과로 강제실시권이 승인될 수 있는 요건을 한정하지 않고 대신에 강제실시를 발동할 때 부가하여야 하는 조건만을 규정하였다.[89] 따라서 이론적으로는 TRIPS협정상 강제실시를 발동할 수 있는 범위에는 제한이 없다.[90]

다음으로 병행수입이란 독점수입권자에 의해 외국상품이 수입되는 경우 제3자가 다른 유통경로를 통하여 진정상품을 국내 독점수입권자

87) WTO and WHO, *supra* note 81, p.45.

88) TRIPS협정 제31조의 강제실시에는 국가에 의한 강제실시 이외에도 정부의 승인을 받은 제3자에 의한 상용 등 특허권자의 동의 없이 행해지는 일반적인 특허의 실시도 포함하고 있다. TRIPS협정 제31조: "회원국의 법률이 정부 또는 정부의 승인을 받은 제3자에 의한 사용을 포함하여 …".

89) 특허청 국제협력과(편),『WTO TRIPS 협정 조문별 해설』(특허청, 2008), 제31조.

90) 이윤주, "특허권과 개발도상국에서의 의약품에 대한 접근과의 조화를 위한 모색: TRIPS협정과 그 이후",『산업재산권』, 제24호(2007), 201쪽.

의 허락 없이 수입하는 것을 말한다.[91] 병행수입이 허용되면 개발도상국들은 전염병으로 인한 공중보건 위기상황을 극복하기 위해 해당 질병의 백신 또는 치료제를 저가에 공급하는 것이 가능해진다. TRIPS협정은 제6조에서 병행수입에 대해 "이 협정에 따른 분쟁해결의 목적을 위하여 제3조와 제4조의 규정을 조건으로, 이 협정의 어떠한 규정도 지적재산권의 소진 문제를 다루기 위하여 사용되지 아니한다"라고 소극적으로 규정함에 따라 병행수입의 허용 여부가 불명확해 논란이 되었다.[92] 그러나 2001년 카타르 도하에서 발표된 WTO의 「TRIPS협정과 공중보건에 관한 각료선언」(Declaration on the TRIPS Agreement and Public Health : 도하공중보건선언)에서 각 회원국이 자유로이 병행수입의 허용 여부에 대한 정책을 결정할 수 있음을 명확히 하였다.[93] 한편, TRIPS협

---

91) 외교통상부 다자통상국 세계무역기구과(편), 『DDA협상 관련 용어집』(외교통상부 통상교섭본부, 2002), "parallel importation 병행수입", available at: http://www.wtodda.net /etc.php?menu=02&dic=16〈2012-03-31〉.

92) TRIPS협정은 병행수입이라는 용어를 사용하지 않고 "지적재산권의 소진"이라고 표현하고 있는데, 병행수입과 권리소진은 동일한 문제의 두 가지 측면으로 병행수입 허용 여부는 특허권의 국제적 권리소진의 인정 여부에 기초하고 있다. 특허권의 권리소진이란 특허권자가 이미 시장에 유통시키거나 또는 허가한 상품의 사용 또는 재판매에 대해 통제권리를 상실한다는 것으로 권리가 소진되었음을 의미한다. 따라서 특허권자로부터 일단 적법하게 특허품을 양도받은 특허품을 재판매하는 행위는 특허권의 침해를 구성하지 않는다. 임호, 『공중보건과 국제지적재산권법』(한국학술정보(주), 2006), 2009-2013쪽. 윤미경 · 이성미, 『병행수입에 대한 WTO TRIPS 논의: 공중보건과 제약산업을 중심으로』, WTO협동연구시리즈 01-07(대외경제정책연구원, 2001), 49쪽.

93) 「Declaration on the TRIPS Agreement and Public Health, Ministerial Conference」, Forth Session, Doha, 9-14 Nov. 2001, WT/NIN(01)/DEC/2, Art. 5 (d): "The effect of the provisions in the TRIPS Agreement that are relevant to the exhaustion of intellectual property rights is to leave each Member free to establish its own regime for such exhaustion without challenge, subject to the MFN and national treatment

정 제6조에 따라 각 회원국은 자유롭게 병행수입 문제를 결정할 수 있으며 이는 분쟁해결절차의 대상이 되지 않는다.[94] 따라서 병행수입을 허용하는 회원국을 상대로 WTO 분쟁해결제도하에서의 협의요청이나 제소를 할 수 없다.

TRIPS협정은 이와 같이 각 국가들이 특허의약품으로 인한 국가적 공중보건 위기상황에는 특허권을 적절히 제한할 수 있는 법적 틀을 마련하고 있다. 그러나 현실적인 제도의 운영에 있어서는 아래와 같은 문제점이 남아 있다.

2) TRIPS협정상의 특허권 제한의 문제점

TRIPS협정체제가 특허권 제한규정을 통해 법적 유연성을 갖추고 있으나 다음과 같은 이유로 이 제도가 실제 활용되지 못하고 끊임없이 논란의 대상이 되고 있다.

첫 번째는 TRIPS협정의 강제실시 허용요건에 "주로 동 사용을 승인하는 회원국의 국내시장에 대한 공급을 위해서 승인된다"라고 규정하고 있어 실질적으로 강제실시에 의해 생산된 의약품의 수출이 차단됨에 따라 의약품의 생산시설이 없어 수입에 의존해야 하는 개발도상국 또는 최빈개도국들의 필수의약품을 공급을 어렵게 하였다.[95] 결국 이 문제는 도하공중보건선언 제6항에서 2002년 말까지 TRIPS협정 이사회가 이 문제에 대한 해결책을 찾아 일반이사회에 보고하도록 결정함으로써 강제실시에 대한 재검토가 이루어지게 되었다. 2년여에 걸친 협상 끝에

---

provisions of Articles 3 and 4"(TRIPS협정에서 지적재산권의 소진과 관련된 규정의 취지는 제3조와 제4조의 내국민대우와 최혜국대우의 조건으로, 자국의 권리소진 제도를 확립하는 것을 각 회원국의 자유에 맡기는 것이다).

94) TRIPS협정 제6조.

95) TRIPS협정 제31조 (f).

「TRIPS협정과 공중보건에 관한 도하선언문 제6항의 이행에 관한 결정」이 2003년 8월 열린 WTO 일반이사회에서 채택됨으로써, 동 조항은 그 효력이 정지(waiver)되었다.[96)]

이 결정은 의약품의 제조능력이 없거나 불충분한 회원국의 공중보건 위기상황을 극복하기 위하여 의약품을 수출하는 경우에는 국내실시의 의무가 면제되는 것을 그 기본내용으로 하고 있다. 2005년 12월 6일 WTO 일반이사회는 본 결정의 내용을 반영하여 TRIPS협정을 개정하는 의정서[「무역 관련 지적재산권에 관한 협정의 개정을 위한 의정서」(Protocol Amending the TRIPS Agreement)]를 채택하였다. 개정부분은 국내실시의 의무 면제와 관련된 것으로 TRIPS협정 제31조에 덧붙여진 제31조 2와 TRIPS협정 부속서이다. 그러나 이 규정은 복잡하고 까다로운 절차를 요구하고 있어 강제실시의 발동에 대한 제한이라는 지적이 나오고 있다.[97)] 한편, 이 의정서에 대한 회원국의 승인 기한은 원래 2007년 12월 1일이었으나, WTO 일반이사회의 결정으로 2009년 12월 31일, 2013년 12월 31일로 두 차례 연기되었다. TRIPS협정의 개정 조항은 동 의정서를 WTO 회원국의 3분의 2가 승인한 경우 발효된다. 현재 이 의정서는 43개국과 EU가 승인한 상태로 아직 발효하지 못했다.[98)]

두 번째는 TRIPS협정 제31조의 범위와 적용의 불명확성이다. 특히

---

96) 「Implementation of Paragraph 6 of the Doha Declaration on the TRIPS Agreement and Public Health」, Decision of the General Council of 30 August 2003, WT/L/540 and Corr.1

97) Carlos M. Carlos "TRIPS and Access to Drugs: Toward a Solution for Developing Countries without Manufacturing Capacity?", *Emory International Law Review*, Vol. 17 (2003), p.389.

98) WTO 홈페이지 관련 내용 참고: "Members accepting amendment of the TRIPS Agreement", available at: http://www.wto.org/english/tratop_e/trips_e/amendment_e.htm〈2012-03-31〉.

TRIPS협정 제31조 (b)호는 강제실시에 앞서 "사용 예정자가 합리적인 상업적 조건하에 권리자로부터 승인을 얻기 위해 노력을 하고 이러한 노력이 합리적인 기간 내에 성공하지 아니하는 경우에 한하여 허용될 수 있다"는 요건을 두고, 다만 "국가 비상사태, 극도의 긴급상황 또는 공공의 비상업적 사용의 경우"에 특허권자와의 사전협의 없이 사용할 수 있도록 허용하고 있다.

그러나 '국가 비상사태', '극도의 긴급상황', '공공의 비상법적 사용'에 대한 별도의 개념 정의가 없는 상황에서 어떤 경우가 이에 해당할 수 있는지가 불명확하다. 그렇다면 전염병 발생으로 인한 공중보건의 위기는 위의 3가지 경우에 포함될 수 있는가? 이에 대해 도하공중보건선언은 제5항 (c)에서 "각 회원국은 어떠한 것이 국가 위기상황 또는 극도의 긴급상황을 구성하는지 결정할 권리를 가지며 HIV/AIDS, 결핵, 말라리아 및 기타 유행병과 관련한 것을 비롯한 공중보건 위기가 국가 위기상황 또는 기타 극도의 긴급상황을 대표할 수 있다고 이해된다"고 선언하였다. 이와 관련하여 일부 선진국들은 선언의 범위를 HIV/AIDS에 제한하려고 시도했으나,[99] '기타 유행병'이라고 규정함으로써 명시한 질병에 한정되지 않고 모든 유행병이 여기에 해당될 수 있다. 도하공중보건선언은 TRIPS협정을 수정하는 구속력 있는 규범은 아니지만 연성법으로서 법적 가치를 갖는다.

세 번째는 선진국과 개발도상국 사이의 강제실시 적용의 불균형의 문제이다. 실제로 미국을 비롯한 선진국에서는 특허품의 강제실시를 광

---

99) 미국과 스위스는 협상과정에서 제안서의 선언의 범위를 보건위기, 유행병, 전염병으로 제한하였다. Ellen't Hoen, "The Declaration on TRIPs and Public Health: A Step in the Right Direction", *Bridges*, Vol. 5(2001), available at: http://www.iprsonline.org/ictsd /docs/HoenBridgesYear5N9NovDec2001.pdf〈2012-03-31〉.

범위하게 활용해 왔지만,[100] 개발도상국의 경우 선진국과 다국적 제약사들의 정치적 압력과 무역보복 등의 문제로 강제실시를 발동하는 데 있어 어려움을 겪었다.[101] 이 때문에 개발도상국들은 자국민을 보호하기 위하여 강제실시제도를 활용하는 것은 무역보복의 대상이 될 수 없다는 WTO 각료선언을 원하였다. 이러한 요구는 도하공중보건선언에 어느 정도 반영되어 도하공중보건선언 이후 개발도상국들이 강제실시제도를 좀 더 적극적으로 활용하는 경향은 있으나, 여전히 선진국과 다국적 제약사들의 위협과 WTO 분쟁기구의 압력 및 제소, 엄청난 소송비용과 무역제재 등의 문제로부터 자유롭지 못하다.[102]

네 번째는 TRIPS-플러스의 이행 문제이다. TRIPS-플러스란 TRIPS협정이 규정하고 있는 보호의 최저기준과 요구를 초과하는 지적재산권의 보호를 말하는 비공식적 용어이다.[103] TRIPS-플러스는 FTA를 포함하여 국가들의 개별 협상을 통해 이행된다. TRIPS협정은 일정한 요건을 갖춘 경우 강제실시를 허용하고 있기 때문에 이 요건을 충족시키는 한 강제실시를 이유로 WTO에 제소하는 것은 무의미하다. 그럼에도 불구하고 TRIPS협정 체결 이후 태국과 남아프리카공화국 정부가 강제실시를

100) 예를 들어, 캐나다는 1969~1992년에 613건의 의약품 강제실시권을 발동한 바 있고, 미국과 유럽연합에서 허가된 강제실시권도 수만 건에 이른다. 9 · 11테러 이후 미국에서 탄저균 소동이 일어나자 미국은 독일 바이엘사의 탄저병 치료제 가격이 너무 높다고 항변하면서 바이엘사의 특허권에 대해 강제실시를 했다. 『한겨레21』, '타미플루'는 해방돼야 한다, 2005년 10월 26일, 제582호.

101) 구체적인 사례는 이윤주, "특허권과 개발도상국에서의 의약품에 대한 접근과의 조화를 위한 모색: TRIPS협정과 그 이후", 『산업재산권』, 제24호(2007), 208-217쪽 참고.

102) Ebenezer Durojaye, "Compulsory Licensing and Access to Medicines in Post Doha Era: What Hope for Africa?", *Netherlands International Law Review*, Vol. 55(2008).

103) WTO, *International Trade and Health: A Reference Guide*(WTO, 2009), p.19.

시도하려 할 때 미국 정부는 초기에 강제실시 자체가 TRIPS협정 위반이라는 주장을 제기하기도 하였다.[104)]

도하공중보건선언 이후 비상사태 등의 경우 특허의약품에 대한 특허권자의 권리를 약화시키는 개발도상국 정부의 조치에 대한 무역보복 등을 통한 저지가 종전처럼 쉬운 것만은 아니어서 FTA를 통한 TRIPS-플러스 이행의 활용도는 더욱 높아지고 있다. TRIPS-플러스는 TRIPS협정이 구현하는 유연성을 저해하는 주요 원인이 될 것이고, 의약품에 관한 공중보건 정책과의 마찰이 우려된다.

「도하공중보건선언」 이후 TRIPS협정상의 특허제한에 대한 논란이 일부 해소된 점은 인정되나 이 문제를 보다 근본적으로 해결하기 위해서는 아직도 많은 변화가 요구된다. 이를 위해 TRIPS협정의 수정을 통해 제도적 안정을 꾀하는 것도 중요하지만, 전염병 확산과 이로 인한 국제공중보건의 위기를 극복하기 위해서는 국제공동체의 협력이 동반되어야 한다.

3) 사례: TRIPS협정 제31조와 조류인플루엔자A(H5N1)

조류인플루엔자는 본래 종(種) 특이성 때문에 사람에게 병을 일으킬 가능성이 매우 낮으나 인체에 감염된 경우 높은 사망률을 보인다.[105)] 아직 사람 사이의 감염이 가능한지는 확실히 밝혀지지 않고 있으나 위험성 때문에 세계적으로 주시하고 있는 질병이다. 2003년 12월부터 2011년 3월 13일까지 베트남, 태국, 인도네시아, 캄보디아 및 유럽, 아프리카 등지에서 조류인플루엔자 인체감염 사례는 총 553명이고 그 중 323

104) 박준우, "의약품특허에 관한 WTO의 분쟁사례와 논의동향", 『서강법학』, 제8권 (2006), 143-144쪽.

105) CDC, Key Facts About Avian Influenza(Bird Flu) and Avian Influenza A(H5N1) Virus, available at: http://www.cdc.gov/flu/avian/gen-info/facts.htm 〈2012-03-31〉.

명이 사망하였다.[106] WHO에 의해 국제적으로 공인된 조류인플루엔자의 치료제는 스위스 로슈사의 타미플루가 유일하다.[107]

2005년 조류인플루엔자A(H5N1)의 세계적 유행에 대한 우려의 확산으로 조류인플루엔자 치료제인 타미플루에 대한 강제실시 여부가 국제사회에서 논쟁의 대상이 되었다. 스위스 로슈사는 국제적인 압력이 계속되자 WHO에 타미플루 300만 도스(3,000만 캡슐)분을 유사시를 대비한 비축용으로 무상으로 제공하였다. 그러나 몇몇 국가들은 이러한 공급이 전 세계의 수요를 감당할 수 없다고 보았다. 인도 정부는 자국 제약사 중 하나인 시플라사가 타미플루의 제네릭 버전을 생산하도록 장려했다.[108] 시플라사는 로슈사의 타미플루 소매가격보다 훨씬 낮은 가격의 제네릭 의약품을 생산할 수 있을 것이라고 발표했다. 로슈사는 인도 특허청에 타미플루 특허신청서를 제출했지만, 조류인플루엔자 사태가 국가 비상사태 또는 극도의 긴급상황에 해당한다면 시플라사의 제네릭 의약품 생산은 강제실시권에 근거해 정당화될 수 있다.[109] 하지만, 외국 제약사들은 인도가 개발도상국에 수출하려는 목적을 벗어나 로슈사의 특허권이 아직 인정되지 않은 국가에 의약품을 저가에 판매하려

106) WHO GAR, Cumulative Number of Confirmed Human Cases for Avian Influenza A(H5N1) Reported to WHO, 2003-2011, available at: http://www.who.int/influenza/human_animal _interface/EN_GIP_LatestCumulativeNumberH5N1cases.pdf〈2012-03-31〉.

107) Jean-Frangois Tremblay, "Roche may Grant Tamiflu Licenses: Cipla Intends Mass Production of Antiviral to Supply India and Other Countries", *Chemical & Engineering News*, Vol. 83(2005).

108) *Ibid.*

109) Aditi Diya Nag, "The Bird Flu and the Invoking of TRIPS Article 31 "National Emergency" Exception", *Syracuse Journal of International Law and Commerce*, Vol. 34(2007), p. 703.

는 목적에까지 강제실시권이 적용될 가능성이 있다는 우려를 표명하고 있다.[110]

Ⅲ. 무역에 관한 기술장벽과 의료서비스

전염병의 통제와 관련된 또 다른 국제경제법의 영역으로 「무역에 대한 기술장벽에 관한 협정」(Agreement on Technical Barriers to Trade : TBT 협정)과 「서비스 교역에 관한 일반협정」(General Agreement on Trade in Services : GATS협정)이 있다.

TBT협정은 WHO와 WTO가 공동으로 진행한 연구에서 전염병 통제와 밀접하게 관련되는 WTO법 중 하나로 꼽힌 바 있다.[111] 동 협정은 "공산품 및 농산품을 포함한 모든 상품에 적용되며 포장, 표시 및 라벨링 부착요건을 포함한 기술규정과 표준 그리고 기술규정 및 표준에의 적합 여부를 판정하는 절차" 등의 기술규제조치(또는 'TBT조치')를 통해 인간, 동물 또는 식물의 생명 또는 건강을 보호하는 회원국의 권리를 인정하고 있다.[112]

TBT협정은 모든 기술규정을 다루고 있으나 이 중 동·식물 및 인간의 건강을 보호하기 위한 조치는 오로지 SPS협정만이 적용되므로 TBT

---

110) Dawn Dziuba, "TRIPS Article 31Bis and H1N1 Swine Flu: Any Emergency or Urgency Exception to Patent Protection?", *Indiana International and Comparative Law Review*, Vol. 20 (2010), p.205.

111) WTO Agreements & Public health: A joint study by the WHO and the WTO Secretariat(WTO Secretariat, 2002), p.58, Box 5(Specific health issues and most relevant WTO agreements). TBT협정 이외에도 관련 WTO법으로 GATT협정과 SPS 협정을 들고 있다.

112) TBT협정 제2.2조.

협정은 이를 제외한 모든 자발적 기준과 절차에 적용된다.[113] 따라서 동 · 식물로부터 전이되는 질병이 아닌 한 대부분의 인간질병 규제에 관한 조치들은 TBT협정에서 다루어진다.[114] 예를 들어, 전자제품의 방사선 조사 기술의 도입이나 화장품에 첨가된 피부질환을 일으킬 수 있는 화학물질 규제 등의 조치는 TBT협정이 적용된다. 반면, 생물 또는 가공식품에 대한 방사선 조사 기술은 식품의 안전성과 직접적인 관련성을 가지므로 SPS협정이 규율한다.

SPS협정과 마찬가지로 TBT협정 또한 다자간 무역자유화를 목적으로 하는 것으로 공중보건에 TBT조치로 인하여 어떤 회원국의 영토로부터 수입되는 상품이 자기나라 원산의 동종 상품보다 불리한 취급을 받지 않도록 보장함(내국민대우의 원칙)과 동시에 그 밖의 국가를 원산지로 하는 동종 상품보다 불리한 취급을 받지 아니하도록 보장(최혜국대우의 원칙)해야 한다.[115] 또한 TBT조치는 불필요한 무역장벽으로 작용하지 않아야 하는 등 TBT협정의 규정에서 요구하는 여러 조건에 일치하여야 한다.[116]

IHR 2005가 명시적으로 규정하진 않았지만 화학물질과 핵물질로 인한 질병의 위협 또한 IHR 2005의 적용범위에 포함되므로 IHR 2005에 근거한 보건조치가 TBT협정과 충돌될 가능성이 존재하는 것이다. 다

---

113) TBT협정이 1979년 GATT의 제7차 다자라운드인 도쿄라운드에서 채택된 이후 동 · 식물 및 인간의 건강을 보호하기 위한 조치만을 다룰 별개의 협정을 만들어 낼 필요성이 대두되었고, 1986년 우루과이라운드의 시작과 함께 이 문제가 지속적으로 논의된 결과 1993년 12월 우루과이라운드 타결시 SPS협정이 채택되었다.

114) TBT협정 제1.5조: "이 협정의 규정은 위생 및 식물위생조치의 적용에 관한 협정의 부속서 1에 정의되어 있는 위생 및 식물위생조치에는 적용되지 아니한다."

115) TBT협정 제2.1조.

116) TBT협정 제2.2조 제1문.

만, IHR 2005의 주요 관심사 및 이에 근거하여 WHO 회원국이 취하는 조치는 여전히 인간에게 전염되는 질병이고, TBT협정상 기술규제 조치는 SPS협정처럼 조치의 요건으로서 과학적 근거를 요구하지 않을뿐더러, '정당한 목적수행'이라는 일반적이고 포괄적인 조건을 두고 있다는 점에서 IHR 2005에 근거한 보건조치가 TBT협정과 충돌할 가능성은 낮을 것으로 판단된다.

한편, 최근에는 보건의료서비스의 개방이 활발히 논의되면서 GATS협정 또한 보건정책의 중요 이슈가 되고 있다. GATS협정이 전염병에 관한 규정을 직접적으로 두고 있는 것은 아니지만, 보건서비스 업종을 전염병 통제를 위한 보건 인프라와 관련된다는 점에서 GATS협정이 전염병 통제에 어떠한 영향을 주게 될지는 주목해 보아야 한다. 보건의료서비스의 개방을 통해 선진화된 의료기법 및 전문치료를 제공받을 수 있다는 장점도 있지만, 반대로 보건의료서비스가 시장경쟁에 맡겨져 서비스 비용 문제 등으로 접근성이나 질이 오히려 떨어질 수 있다는 문제점이 제기되기도 한다. 중요한 점은 보건의료서비스의 개방이 전염병의 통제에 미치는 역효과를 최소화하면서 그 긍정적인 효과를 최대화할 수 있도록 GATS협정이 활용되어야 한다는 점이다.

제 2 절 국제인권법 분야

인권의 측면에서 보건의 문제를 바라보는 초점을 크게 두 가지로 나누어 볼 수 있다. 하나는 개인의 권리보호이고 다른 하나는 공중보건의 보호이다. 전자는 의약품에 대한 권리를 포함하여 건강권, 생명권 등의 개인의 권리 및 이에 상응하는 당사국의 권리보호 의무에 초점을 두었다면, 후자는 공중보건의 보호를 위한 개인의 권리 제한에 초점을 두고 있다.[117]

국제인권기구와 인권 연구자들은 전염병의 통제를 위한 목적으로 개인의 권리와 자유를 제한하는 것에 대해 연구해 왔다.[118] 그러나 국내적 · 국제적 전염병 방지와 건강권(또는 보건권, 'right to health')을 포함한 국제인권법의 보호와 제한의 관계에 대한 연구는 상대적으로 부족한 편이다.

이 절에서는 한편으로 전염병 통제를 통해 보호되는 국제인권법상의 권리내용을 살펴보고, 다른 한편으로 전염병 통제에 의해 제한되는 권리의 문제를 살펴 보고자 한다.

---

117) Jonathan M. Mann *et al.*, "Health and human rights", *Health and Human Rights*, Vol. 1 (1994), pp.6-23.

118) 예를 들어 WHO, "건강과 인권에 관한 25가지 질문과 답변"(25 Questions and Answers on Health and Human Rights(WHO, 2002); Lawrence O. Gostin, "When Terrorism Threatens Health: How Far Are Limitations on Human Rights Justified", *Journal of Law, Medicine and Ethics*, Vol. 31(2003), pp.521-528.

Ⅰ. 전염병과 인권의 관계

전염병을 통제하기 위한 공중보건정책은 한 개인의 '안녕'(well-being)보다는 질병에 초점이 맞춰져 있는 것이 사실이다.[119] 생물의학의 입장에서 전염병의 통제는 최첨단 과학에 근거하여 '합리적'으로 접근해야 할 대상이다. 전염병 통제정책의 관심은 궁극적으로 개인이 아닌 대중의 안녕에 있기 때문에 개인에 관심을 두고 있는 인권은 언뜻 보기에도 전염병 통제정책과 조화를 이루기 쉽지 않아 보인다.

그럼에도 불구하고, 전염병 통제에 있어 인권적 접근을 시도하는 것은 효율적인 전염병 통제를 위해서도 여러 면에서 가치가 있다. 먼저 전염병 통제의 목적으로 인권보호를 인식함으로써 전염병 통제정책의 기획과 실행 및 평가에 있어 인권의 보호를 필수적인 고려대상으로 삼는 것이다. 이로써 전염병 통제정책은 당사국과 국제사회에 전염병 통제의 법적 의무를 부여하고 기준을 설정함으로써 전염병 통제를 강화시키고 그 성과를 향상시키는 수단이 될 수 있다.[120] 또한 전염병 통제와 인권을 접목시킴으로써 인권의 국제적 보호를 위한 여러 기구와 기관의 프로그램을 활용할 수 있다는 것도 큰 장점이 될 수 있다.[121]

전염병과 인권의 구조적 관계를 이해하기 위한 매개체로 HIV/AIDS 대유행만큼 좋은 소재는 없을 것이다. 인권이 공중보건 전략에서 명시

---

119) Anna-Karin Hurtig *et al.*, "Tuberculosis Control and Directly Observed Therapy from the Public Health/Human Rights Perspective", in Sofia Gruskin *et al.*, *Perspectives on Health and Human Rights*(Routledge, 2005), p.417.

120) UNESCO, The Human Rights Based Approach and the United Nations System(United Nations Educational, Scientific and Cultural Organization, 2006).

121) 보건정책에 있어 인권적 접근법이 갖는 장점에 대해서는 WHO, *supra* note 118, pp.16-18 참조.

적으로 언급되기 시작한 때가 겨우 1980년대 후반이었다. 그 이전에는 인권과 보건의 문제는 별개의 주제로 발전해 왔다.[122] 이것을 변화시킨 것이 HIV/AIDS였다. 이 당시 HIV/AIDS 환자에 대한 인권 및 연대의 요청이 WHO의 HIV/AIDS 국제적 대응 안에 포함되었다. 초기에는 인권의 틀에 공중보건 전략을 세우는 것이 전염병에 의해 침해받기 쉬운 다양하고 폭넓은 인권의 범주가 아니라 HIV/AIDS 환자의 생명권에 집중되었지만, 결과적으로는 국제인권법의 맥락 속에 보건의 문제를 안착시키는 역할을 하였다.[123]

Ⅱ. 권리에 근거한 전염병 통제의 보완과 강화

세계인권선언과 그 후속조약들은 다양한 인권의 목록을 갖고 있지만,[124] 오늘날까지 인권조약과 국제문서에는 '전염병으로부터 자유로울 권리'라는 인권목록이 없다. 그러나 전염병은 인간의 생명과 건강, 자유 등 수많은 권리의 침해를 야기하며, 이는 기존의 국제인권 문서들이 명시한 다양한 목록의 인권침해에 해당한다. 그 중 도달 가능한 최고 수준의 건강을 향유할 권리는 전염병으로부터 보호되어야 할 가장 중요한 권리라고 할 수 있다. 이 외에도 식량권, 주거권, 근로권, 교육권, 인간존엄성, 생명권, 비차별권, 평등권, 고문금지, 사생활의 자유, 정보에

122) Daniel Tarantola, "Global Justice and Human Rights: Health and Human Rights in Practice", *Global Justice: Theory Practice Rhetoric*, Vol. 1(2007), p.14.

123) Sofia Gruskin and Daniel Tarantola, "Health and Human Rights", in Sofia Gruskin et al., *Perspectives on Health and Human Rights*(Routledge, 2005), p.3.

124) 인권목록에 대한 문제제기는 James W. Nickell[*Making Sense of Human Rights*, 2nd ed.(Blackwell Publishing, 2007)], 조국 옮김, 『인권의 좌표』(명인문화사, 2010), 123-142쪽 참고.

대한 접근권, 결사·집회 및 이동의 자유 등 거의 대부분의 권리들이 전염병과 관련되어 있지만, 특히 비차별권, 건강권 및 의약품 접근에 관한 권리 등이 밀접하게 관련된다. 그러나 목록화된 인권은 상호의존적이고 불가분의 관계에 있기 때문에 이 세 가지 인권에 대한 논의 안에 다른 인권에 대한 검토도 함께 이뤄져야 한다.

1. 건강권

일반적으로 인권에 근거한 전염병 통제의 논의는 일명 건강권(right to health, 또는 보건권)에 집중되어 있다. 건강권은 국제인권법에서 비교적 최근에 발전한 권리로서 건강권의 개념을 확인하는 것은 보건정책의 기준을 명확하게 한다는 점에서 매우 중요하다.

1) 핵심 개념

일반적으로 건강권을 치료를 받을 권리나 국가의 보건의료 시설을 마련할 의무 등으로 한정해서 이해하기 쉽다. 그러나 국제인권법이 보호하고 있는 건강권은 단순히 건강할 권리가 아니라 이것을 포함하는 더 넓은 개념이다.[125] 먼저, 건강권은 건강한 삶을 향유하는데 필요한 모든 요소들을 포함하는 포괄적인 개념이다. 즉, 건강하기 위해서는 적절한 영양과 주거환경이 있어야 하고, 안전한 먹거리와 식수가 보장되어야 하며 건강한 노동환경에서 일해야 하고, 보건교육을 받아야 하며, 의료시설에 접근할 수 있어야 한다. 또한 이 모든 것을 향유하는데 있어 차별이 없어야 한다. 이러한 권리들은 여러 인권조약과 국제문서에서 식량권, 주거권, 근로권, 교육권, 인간존엄성, 생명권, 비차별권, 평등권,

125) OHCHR and WHO, The Right to Health, Fact Sheet No. 31, 2008, p.5; Alicia Ely Yamin, "The Right to Health Under International Law and Its Relevance to the United States", *American Journal of Public Health*, Vol. 95(2005), p.1156

고문금지, 사생활의 자유, 정보에 대한 접근권, 결사 · 집회 및 이동의 자유 등의 독립된 인권목록으로 자리잡고 있다.[126] 다르게 말하면, 건강권의 실현은 앞에 나열한 여러 권리들의 보호를 통해 실현될 수 있다. 두 번째, 건강권은 또한 성(性)적 자유 및 생식적 자유 등 자신의 건강 및 신체를 통제할 권리와 고문, 합의하지 않은 치료 및 실험으로부터 자유로울 권리 등 간섭으로부터 자유로울 권리를 포함하고 있다.[127] 세 번째, 건강권은 권리의 보호를 주장할 수 있는 권한을 포함하고 있다. 이 권한에는 모든 사람은 도달 가능한 최고 수준의 건강을 향유할 기회를 평등하게 제공하는 건강보호제도에 관한 권리와 질병의 예방, 치료 및 통제에 대한 권리 및 필수의약품에 접근할 권리가 포함된다.[128]

인권은 반드시 사회 내부에서 현실적으로 구현되어야 하는 것이기 때문에 건강과 건강하지 못한 것은 순수하게 생물학적이고 자연적인 것으로 결정할 것이 아니라, 인간의 존엄과 자유 · 평등의 실현 등 사회적

---

126) CESCR 일반논평 14, para. 3(한국어판: 경제적 · 사회적 및 문화적 권리위원회, 일반논평 14,「UN 인권조약 감시기구의 일반논평 및 일반권고」제1권(국가인권위원회, 2006), 116-117쪽), 이러한 인권규범의 특성을 인권의 불가분성(indivisibility), 상호의존성(interdependence) 및 상호연관성(interrelatedness)이라 한다. 이것은 모든 권리가 '권리'로서 평등한 지위를 갖는다는 것을 의미하며, 개개 인권의 향유는 다른 인권의 충족과 동시에 이루어져야 한다는 견지에서 인권문제를 바라봐야 할 필요성을 강조한 것이다. 이 원칙들은 국제인권조약과 국제문서에서 암시적 또는 명시적으로 확인되고 있다. 그러나 다른 한편으로 다른 권리의 침해 없이 하나의 권리만을 침해하는 것이 현실적으로 가능하다는 점에서—예를 들어, 주거권에 대한 침해 없이 표현의 자유를 제한하는 것—인권은 가분적이라고도 말할 수 있기 때문에 이 개념은 신중하게 접근해야 한다. Michael Freeman[*Human Rights: An Interdisciplinary Approach*(Polity Press, 2002)], 김철효 옮김,『인권: 이론과 실천』(아르케, 2005), 63-63쪽).

127) OHCHR and WHO, *supra* note 125, p.3.

128) *Ibid.*, p.3; CESCR 일반논평 14, para. 8.

요소를 반드시 고려해야 한다.[129)]

2) 국제인권법상의 근거

건강권을 최초로 규정한 것은 1946년 WHO헌장이다. WHO 회원국들은 헌장의 전문에서 모든 사람이 갖는 기본적 권리의 하나로 '도달 가능한 최고 수준의 건강'을 선언하였다. 이 후 이 개념은 대부분의 인권조약에서 건강권 개념을 정의하는 데 인용되고 있다. 이 개념은 개인의 생물학적 조건을 포함하여 사회 · 경제적 조건과 국가의 가용자원을 모두 고려한 것이다.[130)]

조약은 아니지만 대다수 조항이 국제관습법이 된 1948년「세계인권선언」[131)]은 제25조에서 모든 사람의 건강과 안녕에 관한 권리를 선언하고 있다.[132)] 1948년 세계인권선언을 성문화한 1966년「시민적 · 정치적 권리에 관한 국제규약」(ICCPR) 및 1966년「경제적 · 사회적 및 문화적 권리에 관한 국제규약」(ICESCR)은 다양한 인권목록을 갖고 있는데, 특히 ICESCR 제12조는 세계인권선언의 건강권을 구체화하였다. 이 규정에 따르면 국가는 전염병과 풍토병 및 기타 질병을 예방, 치료 및 통제

129) Alicia Ely Yamin, "Transformative Combinations: Women's Health and Human Rights", *Journal of the American Medical Women's Association*, Vol. 52(1997), pp.169-173.

130) CESCR 일반논평 14, para. 9.

131) 세계인권선언 전체가 국가관습법화되었다는 주장이 종종 있지만, 세계인권선언의 일부 조항의 경우(예를 들어, 제24조의 정기적인 유급휴가의 권리 등)는 인권으로의 확립 여부가 불분명하다. 그러나 세계인권선언이 담고 있는 인권의 목록은 다수가 오늘날 국제관습법으로 확립된 것은 분명하다. Thomas Buergenthal *et al.*, *International Human Rights in a Nut Shell*, 4th ed.(West, 2009), p.44; Theodor Meron, *Human Rights and Humanitarian Norms as Customary International Law*(Oxford University Press, 1989), pp.92-95.

132) 세계인권선언 제25조.

해야 할 의무가 있다.[133] 이 외에도 ICESCR 제7조 (b)(안전하고 건강한 근로조건을 향유할 권리), 제9조(사회보험을 포함한 사회보장 권리), 제10조 제2항(임산부의 사회보장), 제3항(어린이와 연소자의 보호)에서 건강할 권리를 구체화하고 있다.

인권으로서 건강권은 다른 조약과 국제문서에서도 확인할 수 있다. 1966년「모든 형태의 인종차별에 관한 국제협약」제5조 (e) (iv), 1979년「여성에 대한 모든 형태의 차별철폐에 관한 협약」제11조 제1항 (f) 및 제12조(보건분야에서의 여성에 대한 차별 철폐), 1989년「아동의 권리에 관한 협약」제24조(도달 가능한 최상의 건강수준을 향유할 아동의 권리보호), 2006년「장애인의 권리협약에 관한 협약」제25조(장애를 이유로 한 차별 없이 달성할 수 있는 최고수준의 건강을 향유할 권리) 등과 지역인권협약으로 1961년「유럽사회헌장」제11조, 1981년「인간과 인민의 권리에 관한 아프리카헌장」제16조, 1988년「경제적 · 사회적 및 문화적 권리에 관한 미주인권협약 추가의정서」제10조(건강에 대한 권리), 1993년「비엔나선언 및 행동계획 및 기타 국제문서」등이 있다. 이렇듯 건강권은 국제인권법의 발전 초기부터 오늘날까지 다양한 조약과 국제문서를 통해 확인되고 있다.

---

133) ICESCR 제12조

1. 이 규약의 당사국은 모든 사람이 도달 가능한 최고 수준의 신체적 · 정신적 건강을 향유할 권리를 가지는 것을 인정한다.
2. 이 규약당사국이 동 권리의 완전한 실현을 달성하기 위하여 취할 조치에는 다음 사항을 위하여 필요한 조치가 포함된다.
   (a) 사산율과 유아사망률의 감소 및 어린이의 건강한 발육
   (b) 환경 및 산업위생의 모든 부문의 개선
   (c) 전염병, 풍토병, 직업병 및 기타 질병의 예방, 치료 및 통제
   (d) 질병 발생시 모든 사람에게 의료와 간호를 확보할 여건의 조성

3) 건강권 실현을 위한 필수 요소

「경제적 · 사회적 및 문화적 권리에 관한 국제규약」의 이행감시와 유권해석의 권한이 있는 사회권위원회는 일반논평을 통해 다음 4가지를 필수조건으로 꼽고 있다.[134] 첫 번째는 공중보건 및 보건의료시설, 상품과 서비스 및 프로그램이 '이용 가능'할 만큼 충분해야 한다. 분명 보건시설, 상품 및 서비스의 구체적인 내용은 당사국의 발전수준 등 다양한 요인에 따라 각기 다르게 실현될 것이다. 그러나 안전하게 마실 수 있는 식수 및 적절한 위생시설과 병원, 진료소 및 기타 건강 관련 시설의 마련, 그리고 훈련된 의료 및 보건전문가와 필수의약품[135] 등 건강의 기초를 이루는 결정요인이 반드시 포함되어야 한다.[136]

두 번째는 보건시설, 물품 및 서비스의 접근이 가능해야 한다. 접근성은 네 가지의 측면을 갖는데 ① 차별 없이 모든 이에게 접근 가능해야 하고, ② 소수민족과 토착민, 여성, 아동, 청소년, 노인, 장애인 및 HIV/AIDS 감염자와 같이 취약하거나 소외된 집단을 포함하는 모든 인구집단이 '물리적'으로 안전하게 도달할 수 있는 범위 내에 있어야 하며, ③ 보건시설, 물품 및 서비스의 이용에 드는 비용이 누구나 부담할 수 있는

---

134) CESCR 일반논평 14, para. 12. 일반논평(General Comment) 또는 일반권고(General Recommendation)는 UN인권조약의 조약위원회가 조약의 조문을 유권해석한 것이라고 할 수 있다. 일반논평은 추상적인 조약의 내용을 상세하게 해석함으로써 개인의 권리와 국가의 의무를 구체화하여 국제인권규범 이행을 담보하는 역할을 하며, 구속력 있는 국제인권법은 아니지만 소위 연성법으로서 효력을 갖는다.

135) WHO는 인간의 우선적 건강보호를 위한 필요를 충족시키는 필수의약품을 유효성, 안정성, 가격대비 효율성에 기초하여 선정한 목록을 작성하고 있다. 이 목록은 1997년 처음 작성하기 시작해서 2년마다 그 목록을 갱신하고 있다. 2007년부터는 어린이용 목록이 별도로 나오고 있다. "WHO Model Lists of Essential Medicines", available at: http://www.who.int/medicines/publications/essentialmedicines/en/〈2012-03-31〉.

136) CESCR 일반논평 14, para. 12.

정도여야 하며, ④ 건강 문제에 관한 정보와 지식을 구하고 전달할 수 있어야 한다.

세 번째는 모든 보건시설, 물품 및 서비스는 사회적 · 문화적으로 수용 가능해야 한다. 따라서 모든 보건시설, 물품 및 서비스는 의료윤리를 존중하여야 하며 개인, 소수자, 민족 및 공동체의 문화를 존중하는 등 문화적으로 적절하여야 한다. 또한 성별과 생명주기에 따른 필요에 부응해야 하며 비밀유지 존중 및 관련인의 건강상태 개선을 위해 계획되어야 한다.

네 번째는, 보건시설, 물품 및 서비스는 과학적 및 의학적으로 적절하여야 하며 양질이어야 한다. 이를 위해서는 특히 숙련된 의료관계자, 과학적으로 검증되었으며 기한이 지나지 않은 약품 및 병원장비, 안전하고 마실 수 있는 물, 그리고 적절한 위생이 필요하다.

전염병 통제가 보건정책 전반에 걸친 역량을 요구한다는 점에서 이러한 기준은 전염병 통제정책의 수립과 실행의 기준으로 작동할 수 있다.

2. 차별금지

전염병의 인권적 접근에 있어 반드시 주목해야 하는 것은 차별금지의 원칙이다. IHR 2005 역시 개정을 통해 기존에 없던 보건조치의 차별금지를 규정할 만큼 전염병의 통제에 있어 차별금지는 반드시 지켜져야 할 중요한 권리이다.[137]

사회권위원회는 ICESCR 제12조 건강권에 관한 일반논평을 통해 “보건의료, 건강 결정요소 및 이를 획득하기 위한 수단과 자격에 있어서 보건권의 평등한 향유 또는 행사를 막거나 훼손할 목적으로 또는 그러한 효력의 인종, 피부색, 성, 언어, 종교, 정치적 또는 기타의 의견, 민족적

137) IHR 2005 제42조.

또는 사회적 출신, 재산, 출생, 신체적 또는 정신적 장애, 건강상태(HIV/AIDS 포함), 성적 취향 그리고 시민적 · 정치적 · 사회적 또는 기타 지위를 이유로 한 차별을 금지한다"는 점을 명확히 하였다. 본 위원회는 또한 건강관련 차별을 근절하기 위해 고안된 대부분의 전략 및 프로그램 등 다수의 조치가 법률의 채택 · 개정이나 폐기 또는 정보의 보급을 통하여 최소한의 자원으로 추진될 수 있음을 강조하였다.[138)]

특히 보건의료 및 보건서비스에 대한 평등한 접근성이 보장되어야 하며, 보건의료 및 보건서비스가 국가의 가용자원 부족으로 인해 심각하게 제약되는 경우에는 비용이 적게 드는 특정 프로그램을 채택해서라도 사회의 취약계층을 보호해야 한다.[139)]

국가는 건강권의 핵심적인 의무와 관련하여 국제적으로 금지된 사유에 근거한 차별을 금지할 특별한 의무가 있다. 건강자원의 부적절한 배분은 표면으로 드러나지 않는 차별을 야기할 수 있다. 예를 들면, 다수의 시민이 혜택을 누릴 수 있는 기초적이고 예방적인 보건의료보다 소수의 특권층에게만 접근 가능한 고가의 치료적인 보건서비스에 투자가 불균형적으로 집중되어서는 안된다.[140)]

3. 의약품 접근에 관한 권리

전염병의 통제와 관련된 중요한 인권 중에 하나가 의약품 접근에 관한 권리이다. 인권조약에서 '의약품 접근권'이라는 명시적 항목은 없으나 앞서 살펴본 건강권 및 생명권이 이 권리를 모두 포함하고 있다.[141)]

---

138) CESCR 일반논평 14, para. 18.
139) CESCR 일반논평 3, para. 11.
140) CESCR 일반논평 14, para. 19.
141) CESCR 일반논평 14, para. 12.

또한 그 근거가 되는 권리로서 ICESCR 제15조 제1항 (b)의 "과학적 진보 및 응용으로부터 이익을 향유할 권리"를 들 수 있다.[142)]

의약품의 접근을 어렵게 하는 원인으로는 첫째, 특정 질병에 대한 치료제가 존재하지 않는 경우인데, 일반적으로 기업의 투자수익을 기대할 수 없는 '소외된 질병'(neglected disease)에서 흔히 문제가 된다.[143)] 이 경우에는 국가가 직접 나서서 치료제를 개발할 필요가 있다. 의약품의 접근을 어렵게 하는 또 다른 원인은 특정 질병에 대한 치료제가 존재하나 그 가격이 고가인 경우이다. 일반적으로 고가의 의약품은 특허권과 관련이 있다. TRIPS협정 발효 이후 특허권이 강하게 보호되면서 이후 공중보건의 위기상황에 이르는 전염병이 발생할 때마다 고가의 특허 의약품은 논란이 되었다. 항상 그 논란의 중심에 섰던 HIV/AIDS 치료제와 최근에 발생한 조류인플루엔자A(H5N1)와 신종 인플루엔자 A(H1N1)의 치료제인 타미플루가 그 대표적인 예이다.

『TRIPS협정이 인권에 미치는 영향에 대한 UN인권최고대표의 보고서』는 지적재산권 보호로 인한 높은 의약품 가격이 환자들의 의약품 접근을 제한하는 주요한 원인임을 지적하고, 개별 국가의 소비자들, 특히 개발도상국 소비자들의 구매력에 근거하여 차별가격제도, 병행수입제도 및 제네릭의약품의 제조를 통해 저렴한 의약품 공급을 촉진할 것을 권고한 바 있다.[144)] 이 보고서는 또한 필수의약품의 취득을 위한 강제실

142) 이 조항에 대해서는 아직까지 사회권위원회의 일반논평이 나오지 않았다.

143) 소외된 질병의 예로는 말라리아, 폐결핵 등이 있으며, 특히 가장 소외된 질병(most-neglected diseases)으로는 최빈개도국 주민들이 많이 걸리는 질병으로 수면병, 샤가스병, 뎅기열 등이 있다. 반면 세계적인 질병은 거주하는 국가와 관계 없이 세계적으로 나타나는 질병으로 암, 심장혈관, 신진대사, 뼈와 골절 등과 관련된 질병 등이다(이윤주, 앞의 주 101), 3쪽).

144) UNCHR, The Impact of the Agreement on Trade-Related Aspects of Intellectual

시는 생명권 또는 건강권과 특허권이 충돌할 때 생명권의 실현을 촉진하는 수단으로서 효과적인 조치 중 하나임을 확인하고 있다.[145)]

그러나 특허권을 포함한 지적재산권은 ICESCR에도 명시하고 있는 인권으로서 제15조 제1항 (c)는 "자기가 저작한 모든 과학적, 문학적 또는 예술적 창작품으로부터 생기는 정신적 · 물질적 이익의 보호로부터 이익을 받을 권리"를 인정하고 있다. 따라서 의약품의 특허권도 다른 권리처럼 보호되어야 한다. 따라서 규약의 다른 규정하의 의무 사이에 적절한 균형을 맞춰야 한다. 궁극적으로 지적재산은 사회적 산물이고 사회적 기능이 있다. 따라서 당사국은 필수의약품에 대한 터무니없을 정도로 높은 접근비용이 국민의 건강권을 침해하지 않도록 방지할 의무가 있다.[146)] 또한 당사국들은 어떠한 발명의 상업화가 생명권, 건강권 등 인권의 권리와 존엄성의 완전한 실현을 위태롭게 할 경우 이러한 발명을 특허대상에서 제외시키는 등의 방법으로 인간의 권리와 존엄성에 반하는 과학적 및 기술적 진보의 이용을 방지하여야 한다.[147)]

2001년 12월 사회권위원회는 '지적재산권과 인권' 성명서를 채택하였다.[148)] 이 성명서를 통해 사회권위원회는 "지적재산권법의 시행과 해석에 국제인권규범이 조화되도록 하는 것이 가장 중요하다"고 결론을 내리고,[149)] 지식에 대한 사적 이익과 공공이익의 보호 사이의 균형을 강조

Property Rights on Human Rights, Report of the High Commissioner, 27 June 2001, E/CN.4/Sub.2/2001/13, para. 46.

145) *Ibid.*, para. 49.

146) CESCR 일반논평 17, para. 35.

147) *Ibid.*

148) CESCR, Human Rights and Intellectual Property: Statement by the Committee on Economic, Social and Cultural Rights, 14 December 2001, E/C.12/2001/15.

149) *Ibid.*, para. 18.

하면서 "창작과 혁신을 위한 인센티브를 제공하려는 노력에 사적 이익이 과도하게 충족되도록 해서는 안되며, 새로운 지식에 대한 광범위한 접근을 향유할 공중의 이익에 대해 충분한 고려를 하여야 한다"고 보았다.[150] 특히 이 성명서는 "건강과 식량, 교육과 관련된 의무를 이행하는 것을 더 어렵게 하는 어떠한 지적재산권 제도도 법적으로 구속되는 체약국의 이행의무에 위반된다는 점을 강조하였다.[151]

Ⅲ. 국가의 전염병 통제 의무

국가는 개인의 권리를 직접적으로 침해하지 않을 의무뿐만 아니라 개인이 자신의 권리를 가능한 한 완전히 실현할 수 있도록 보장해 주어야 한다. 이러한 국가의 의무는 권리를 존중하고 보호하고 실현시킬 의무로 이해되며, 국가는 자국이 비준한 모든 인권문서의 모든 권리에 대해 이러한 의무를 준수할 법적 책임을 갖는다.

1. 권리의 존중 · 보호 · 실현의 의무

1) 일반적 의무

전염병에 의해 침해받는 권리는 건강권을 중심으로 하여 식량권, 주거권, 근로권, 교육권, 인간존엄성, 생명권, 비차별권, 평등권, 고문금지, 사생활의 자유, 정보에 대한 접근권, 결사 · 집회 및 이동의 자유 등 다양하다. 이 권리들 중 건강권, 식량권, 주거권, 교육권 등은 ICESCR에서, 그리고 생명권, 고문금지, 사생활의 자유, 정보에 대한 접근권, 결

150) *Ibid.*, para. 17.
151) *Ibid.*, para. 12.

사 · 집회 및 이동의 자유 등은 ICCPR이 규정하고 있다.[152] 인권은 여러 가지의 범주로 명확히 나누어질 수 없고 모든 권리는 동시에 촉진되고 보호되어야 하지만,[153] 몇 가지의 현실적인 문제로 자유권적 권리와 사회권적 권리로 분류하여 두 개의 별도 조약으로 채택이 되었다. 그 중 가장 핵심적 이유가 바로 당사국의 의무에 있었다.

ICESCR은 모든 권리의 보장과 존중이 즉시 이행되어야 하는 ICCPR과 달리 점진적인 실현을 규정하고 있으며 이용 가능한 자원의 한계에 따른 제약을 인정하고 있다.[154] 그러나 점진적 실현이 국가를 의무로부터 면제시키는 것으로 잘못 이해되어서는 안된다. 또한 ICESCR이 점진적인 실현을 규정하고 있으나 차별금지의 원칙과 같이 즉각적인 이행을 요구하는 의무도 있다는 점도 간과해서는 안된다.

권리의 점진적 실현은 경제적 · 사회적 및 문화적 권리의 완전한 실현을 보장하는 것이 어느 국가에게나 어려운 일이라는 점과 실제 현실을 반영하는 일종의 필수적인 유연성의 기제라 볼 수 있다.[155] 특히, 가용자원이 부족한 개발도상국이나 최빈개도국의 경우 권리의 점진적 실현은 더욱 중요한 의미를 갖는다. 이들 국가의 경우 권리의 실현이 현실적으로 불가능한 경우가 발생할 수 있으나, 그럼에도 당사국은 가용자원이 명백히 부족한 상황에서도 직면하고 있는 상황에 맞추어 가능한

152) ICCPR과 ICESCR을 별도의 문서로 작성하게 된 것에 관한 논의는 Karel Vasak and Philip Alston(eds.)[*The International Dimensions of Human Rights*(Greenwood Press, 1982)], 박홍규 옮김, 『인권론』(실천문학사, 1986) 참조.

153) 이와 같은 인권규범의 특성을 인권의 불가분성(indivisibility), 상호의존성(interdependence) 및 상호연관성(interrelatedness)이라 한다.

154) Philip Alston and Gerad Quinn, "The nature and scope of state parties' obligations under the international covenant and economic, social and cultural rights", *Human Rights Quarterly*, Vol. 9(1987), pp.165-66.

155) CESCR 일반논평 3, para. 9.

한 권리의 최대한의 향유를 보장하기 위해 노력할 의무가 있다.[156)] 여기서의 활용 가능한 자원은 ICESCR 제2조 제1항에서 보듯 당사국 내의 자원뿐 아니라 국제적 협력과 지원에 의한 국제공동체의 가용자원을 모두 포함한 것이다.[157)] 상대적으로 부유한 국가들이 국제적 지원과 협력을 통해 자국의 관할영역뿐만 아니라 그 이외 지역의 인권에 대해서도 권리를 존중 · 보호 · 실현하도록 도와야 한다.

2) 구체적인 의무: 건강권의 경우

사회권위원회는 일반논평 14에서 건강권을 보장하기 위한 국가의 6가지의 핵심의무를 다음과 같이 적시하고 있다.

(a) 보건시설, 물품 및 서비스에 대한 비차별적인 접근, 특히 취약집단이나 주변화된 집단을 위해 비차별적인 접근을 보장할 의무
(b) 모든 사람이 기아로부터 해방될 수 있도록 보장하기 위하여 영양적으로 적절하고 안전한 최소한의 필수적 식량에 대한 접근을 보장할 의무
(c) 기본적인 안식처, 주거 및 위생시설에 대한 접근 및 안전하고 마실 수 있는 물의 적절한 공급을 보장할 의무
(d) '필수의약품에 관한 세계보건기구(WHO) 행동계획'에 정의된 것을 포함한 필수의약품을 제공할 의무
(e) 모든 보건 시설, 물품 및 서비스의 공평한 분배를 보장할 의무
(f) 역학적 증거를 기초로, 인구 전체의 보건 문제를 다루는 국가공중보건 전략 및 행동계획을 채택하고 실행할 의무. 이러한 전략 및 행동계획은 참여적이고 투명한 과정을 바탕으로 고안하고 정기적으로 검토하여야 한다. 여기에는 진전사항을 면밀히 감시할 수 있는 보건권 지

156) *Ibid.*, para. 11.
157) *Ibid.*, para. 13.

표 및 기준과 같은 방법이 포함된다. 전략 및 행동계획의 내용 및 고안과정은 모든 취약집단 및 주변화된 집단에 특별한 주의를 기울이는 것이어야 한다.

국가는 건강권에 관한 이러한 의무를 기본으로 하여 전염병과 관련하여 특별한 의무를 갖는다. 모든 인권은 당사국에 세 가지 유형 또는 단계의 의무, 즉 존중할 의무, 보호할 의무 및 실현할 의무를 부과하는데,[158] 먼저 존중할 의무에 있어 당사국은 전염병의 예방 및 억제를 위한 예외적인 사유가 없다면 치료를 강제하지 않을 의무가 있으며,[159] 또한 국유시설로부터 나온 산업폐기물 등 불법적으로 공기, 물 및 토양을 오염시키지 않아야 하며 '핵무기, 생물무기, 화학무기'의 실험으로 인해 인간의 건강에 해로운 물질이 방출되는 경우 이러한 무기를 사용하거나 실험하지 않을 의무가 있다.[160]

다음으로 권리보호 의무에 있어 제3자가 제공하는 보건의료 및 건강관련 서비스에 대한 평등한 접근을 보장하는 법률을 채택하는 것 또는 건강부문의 민영화가 보건시설, 물품 및 서비스의 가용성 · 접근성 · 수용성 및 질에 위협이 되지 않도록 보장할 의무가 포함된다.[161]

마지막으로 권리의 실현에 있어 전염병 발생시의 긴급의료 시스템

158) CESCR 일반논평 12: 적절한 식량에 대한 권리, para. 15; 일반논평 13: 교육에 대한 권리, para. 46; 일반논평 14, para. 33; 일반논평 15: 물에 대한 권리, para. 20; 일반논평 17: 자신이 저자인 모든 과학적 · 문화적 또는 예술적 창작품으로부터 생기는 정신적 · 물질적 이익의 보호로부터 혜택을 받을 모든 이의 권리; 일반논평 18: 근로의 권리, para. 28. para. 22.

159) CESCR 일반논평 14, para. 34.

160) *Ibid.*, para. 34.

161) *Ibid.*, para. 35.

의 구축 및 긴급상황시의 재난구호 및 인도주의적 지원의 제공도 국가의 의무에 포함된다.[162] 특히 전염병에 있어 가급적이면 국내입법을 통해 건강권과 같은 전염병 통제의 인권적 측면을 국가의 정치 및 법 제도내에 포함시키고, 건강권 실현을 위한 세부적 계획을 담고 있는 국가보건정책을 채택할 것이 포함된다.[163] 당사국은 또한 주요 전염병에 대한 면역 프로그램을 포함하는 보건의료의 제공을 보장하여야 하며 영양면에서 안전한 음식과 마실 수 있는 식수, 기본적인 위생 및 적절한 주택과 주거환경 등 건강결정 요소에 대한 접근이 모든 이에게 평등하도록 보장해야 한다.[164] 여기에 추가적인 의무로 HIV/AIDS에 관한 캠페인이 포함된다.

또한 당사국은 환경적 및 직업적 건강 위험요인, 그리고 역학(疫學) 자료에 나타난 모든 위협에 대해 조치를 채택할 의무가 있다. 이를 위하여, 당사국은 휘발유에서 유출되는 납 같은 중금속에 의한 오염을 포함하여 공기, 물 및 토양의 오염을 감소시키고 제거하기 위한 국가정책을 수립하고 시행하여야 한다.[165] 만약, 당사국이 전염병의 통제를 위한 공중보건비용을 가용자원이 허용하는 범위 내에서 충분히 배정하지 않는다면 이는 당사국 의무 위반에 해당할 수 있다. 당사국은 보건권에 관한 국가전략을 수립하고 실행함에 있어 WHO의 기술적 지원 및 협력을 이용하여야 한다.[166]

162) *Ibid.*, para. 16.
163) *Ibid.*, para. 36.
164) *Ibid.*, para. 36.
165) *Ibid.*, para. 36.
166) *Ibid.*, para. 63.

2. 전염병 통제를 위한 인권 제한 및 침해의 문제

전염병의 발생을 비롯하여 국가의 비상사태가 발생할 때마다 인권은 위협을 받는다.[167] 전염병의 발생은 종종 인권을 임시적으로 제한해야 하는 비상사태를 야기한다. 에볼라출혈열이나 활동성 결핵, 그리고 최근의 사스나 대유행 인플루엔자와 같이 확산이 빠르고 질병의 피해가 큰 전염병의 경우, 그 확산을 통제하기 위해 개인의 이동의 자유를 제한하는 격리 또는 고립조치를 취하는 것이 공공의 이익을 위해 요구되기도 한다. 개개인의 인권보호도 중요하지만, 전염병의 발생에 의해 위협받는 공중보건 역시 국가가 보호해야 할 중요한 공공의 이익 중 하나다. 이러한 경우는 국제인권법에 의해 정당성이 확보될 수 있다.

이와는 대조적으로 국가안보나 사회질서 유지를 이유로 HIV/ADIS 환자의 이동을 제한하거나 감금하거나, 정부 반대 인사들에 대한 의사의 치료를 허용하지 않거나, 지역사회의 주요 전염병에 대한 예방접종을 실시하지 않는 국가는 그러한 중대한 조치들에 대해 정당한 근거를 제시하여야 할 부담이 있다.[168]

전통적으로 전염병이 발생했을 경우 국가들이 취하는 보건조치는 전염병에 감염되었거나 감염되기 쉬운 사람을 분리, 격리 또는 추방하는 등 자유를 제한하는 조치가 일반적이었다.[169] 비록 공중보건의 입장에서 취해지는 권리의 제한이 일반적으로 공중보건의 보호를 달성하기 위해 취해지는 것이지만 문제는 종종 과도하게 이뤄진다는 점이다.

---

167) Ni Aolain, "Emergency of Diversity: Differences in Human Rights Jurisprudence", *Fordham International Law Journal*, Vol. 19(1995), p.103.

168) CESCR 일반논평 14, paras. 28-29.

169) Richard B. Bilder, "Human Rights in Crisis: The International System for Protecting Human Rights During States of Emergency", *American Journal of International Law*, Vol. 90 (1996) (book reviews and notes), p.171.

IHR 2005와 같이 공중보건에 초점을 두고 있는 법은 질병의 국제적 확산을 예방 및 대응하는 것을 목적으로 하기 때문에 인권을 제한하는 기준이 아직까지는 부족하며, 인권적 고려가 취약하다. 국제인권법은 이 부분에 대한 다음과 같은 기준을 제시하고 있으며 이는 전염병 통제를 위해 취해지는 모든 보건조치에 있어서 고려되어야 한다.

1) 자유권을 제한하는 경우

(1) 권리의 행사에서 통상적으로 가능한 제한

표현의 자유, 집회 및 결사의 자유, 이동의 자유와 같은 특정 권리의 행사는 일반적으로 타인의 권리와 자유, 국가안보, 공중보건 또는 도덕 등을 보호하기 위하여 부과되는 일정한 제한을 수반한다.[170] 이러한 제한은 정상적인 상황에서도 가능하기 때문에 흔히 '일반적 제한'이라 불린다. 그러나 공공의 이익이 명백하게 중요한 경우라고 할지라도 국제인권법상 권리의 제한은 매우 신중하게 다루어진다. 만약 국가가 권리의 행사 또는 향유를 제한한다면, 그러한 조치는 최후의 수단이어야 하며, 아래의 시라쿠사(Siracusa) 원칙[171]을 만족시킬 때에만 합법적인 것

170) 예를 들어 ICCPR 제12조 제3항, 제13조, 제18조 제3항, 제19조 제3항, 제21조, 제22조 제2항; 인간과 인민의 권리에 관한 아프리카헌장 제11조, 제12조 제2항; 미주인권협약 제11조 제2항, 제12조 제3항, 제13조 제2항, 제15조, 제16조 제2항; 유럽인권협약 제8조 제2항~제11조 제2항 참조; Office of the High Commissioner for Human Rights in Cooperation with the International Bar Association, *Human Rights in the Administration of Justice: A Manual on Human Rights for Judges, Prosecutors and Lawyers*(Professional Training Series No. 9) (United Nations, 2003), Ch. 12.

171) 정식명칭은 「시민적 · 정치적 권리에 관한 국제규약 조항의 제한 및 침해에 대한 시라쿠사 원칙」(The Siracusa Principles on the Limitation and Derogation Provisions in the International Covenant on Civil and Political Rights)이다. UN Commission on Human Rights, 28 September 1984, E/CN.4/1985/4, available at: http://www.unhcr.org/refworld/docid/4672bc122.html〈2012-03-31〉.

으로 간주된다.

1. 권리의 제한은 법률에 규정되고 법에 따라 실행되어야 한다.
2. 권리의 제한은 공공의 합법적인 목적을 위한 것이어야 한다.[172)]
3. 권리의 제한은 목적을 달성하기 위해 민주사회에서 엄격히 필요한 경우에만 부과될 수 있다.[173)]
4. 목적을 달성하기 위한 수단은 침해와 제한이 가장 적은 것이어야 한다.
5. 권리의 제한은 예를 들어 비합리적 또는 차별적인 방법을 포함하여 자의적으로 부과되어서는 안된다.

이러한 기준은 당사국의 의무 준수와 이행을 감시하는데 사용되는 것이지만, 비교적 최근부터 정부의 보건관련 정책 및 프로그램을 검토하기 위한 유용한 도구로 사용되기 시작했다.[174)] 특히 이러한 제한은 '필요한 경우'에만 부과될 수 있기 때문에, 예를 들어 국가가 전염병 통제를 위한 보건조치를 취함에 있어 보건조치를 통해 전염병의 예방 또는 확산을 방지하려는 목적과 이로 인해 제한되는 개인적 이익 사이의 비

172) ICCPR은 '공공의 합법적인 목적'으로서 공공의 안전, 질서, 공중보건, 도덕 또는 타인의 기본적 권리 및 자유의 보호를 언급하고 있다. ICCPR 제12조 제3항, 제18조 제3항, 제19조 제3항, 제21조, 제22조 제2항.

173) ICCPR에서 '민주사회'에 대한 언급은 평화적인 집회의 자유(ICCPR 제21조)와 결사의 자유(제22조 제2항)에서 찾아볼 수 있으나, 이동의 자유에 대한 권리(제12조 제3항), 자신의 종교나 신념을 표명할 자유(제18조 제3항), 표현의 자유(제19조 제3항)의 제한규정에는 존재하지 않는다.

174) World Health Organization and the Joint United Nations Programme on AIDS (UNAIDS) (1999). Consultation on HIV/AIDS reporting and disclosure, Geneva, 20-22 October 1999.

례성을 신중히 심사하는 것이 필요하다.

(2) 특별한 상황에서만 허용되는 의무로부터의 일탈

개별 권리에서 규정하는 허용 가능한 제한 이외에도 특별한 상황에서만 국가가 자신의 의무로부터 일탈(derogation)하는 합법적 제한이 있다.[175] 이 제한은 예외적인 수단의 도입이 필요한 중대한 위기상황에 대처하기 위해 고안된 것으로 '특별한 제한'으로 부르기도 한다.[176]

ICCPR 제4조에 따르면 당사국은 다음과 같은 엄격한 조건을 만족시키는 경우에만 이 규약상의 의무로부터 일탈하는 조치를 취할 수 있다. 첫째, '국가의 존립[177]을 위협하는 공공의 비상사태'가 발생해야 한다. 전염병의 발생이 이러한 경우에 해당한다면 국가는 의무 일탈 조치를 취할 수 있다.

둘째, 그러한 비상사태를 '공식적으로 선포'해야 한다. 이것의 목적은 당사국이 규약상의 의무를 자의적으로 일탈하려는 것을 방지하기 위함이다.[178] 특히 전염병의 경우 당사국들이 국제무역이나 국제이동에 미치는 악영향 때문에 전염병 발생의 선포를 꺼려하는 경우가 많다. 그러나 공공의 비상사태에 해당하는 전염병의 발생에 대한 공식적인 선포 없이 인권을 제한하는 조치를 취하는 것은 당사국의 의무 위반으로 이어질 수 있다.

---

175) 예를 들어, ICCPR 제4조; 미주인권협약 제27조; 유럽인권협약 제15조 참고. 인간과 인민의 권리에 관한 아프리카헌장의 경우 의무 일탈에 관한 규정이 없다.

176) Office of the High Commissioner for Human Rights in Cooperation with the International Bar Association, *supra* note 172, Ch. 16.

177) ICCPR 제4조의 'the life of the nation'에 대한 우리나라 외교통상부의 공식 번역은 '국민의 생존'이지만, 제4조의 문맥을 고려할 때 여기서는 '국가의 존립'이라고 하는 것이 더 적절하다고 생각한다.

178) UN Doc. E/CN.4/SR.195, p.16, para. 82.

셋째, 국가의 존립을 위협하는 공공의 비상사태시에도 의무의 일탈이 금지되는 권리가 있다. 심각한 국가 비상사태는 엄청난 인권침해를 정당화할 많은 기회를 제공하기 때문에 인권에 위협적이다.[179] 이 때문에 국가 비상사태시에도 일탈할 수 없는 권리의 목록을 만드는 것은 매우 중요하다. ICCPR에서 이러한 권리는 생명권(제6조), 고문 및 그 밖의 잔혹한 · 비인도적인 또는 굴욕적인 대우나 처벌로부터 자유로울 권리(제7조), 노예제도 · 노예매매 및 예속상태로부터 자유로울 권리(제8조 제1항 및 제2항), 계약상 의무의 이행불능만을 이유로 한 구금을 당하지 않을 권리(제11조), 소급입법의 금지(제15조), 법 앞에 인간으로서 인정받을 권리(제16조), 그리고 사상 · 양심 및 종교의 자유에 대한 권리(제18조)이다.[180] 전염병으로 인한 국가 비상사태의 선포시에도 이러한 권리에 대한 의무의 일탈은 국제법 위반에 해당한다.

넷째, 당사국은 당해 사태의 긴급성에 의하여 '엄격히 요구되는 한도 내에서' 의무로부터 일탈할 수 있다. 이와 관련하여 자유권위원회는 일반논평 5에서 "제4조에 근거하여 취한 조치가 예외적이고 한시적인 성격을 가지며 해당 국가의 존립이 위협받는 동안에만 지속될 수 있다"는 점을 강조하였다.[181]

다섯째, ICCPR 제4조에 근거하여 취한 조치가 국제법상의 여타 의무에 저촉되어서는 안된다.

여섯째, 의무로부터 일탈하는 조치는 인종, 피부색, 성, 언어, 종교 또는 사회적 출신만을 이유로 하는 차별을 포함하여서는 안된다.

179) James W. Nickel(조국 옮김), 앞의 주 124), 153쪽.

180) 의무로부터 일탈될 수 없는 권리의 목록은 인권협약마다 조금씩 다르다. 박진아, "국제인권규범의 서열에 관한 연구", 고려대학교 석사학위논문(2006), 77쪽 〈표〉 참고.

181) CCPR 일반논평 5, para. 3.

일반적인 제한과 특별한 제한은 동떨어진 별개의 개념이 아니고 서로 밀접하게 관련되어 있으며, 하나의 법률적 연속선상에 존재한다.[182] 즉, 권리에 따라 제한의 상황과 정도가 조금씩은 달라지겠지만 본질적으로 이런 제한은 인권존중이라는 본질을 훼손해서는 안된다.

2) 사회권을 제한하는 경우

ICESCR은 ICCPR처럼 공공의 비상사태와 같이 특별한 상황에서 주어지는 의무 일탈 규정이 없다. 따라서 이 규약에는 의무의 일탈이 금지되는 권리가 없다. ICESCR은 제4조에서 권리의 행사에서 통상적으로 허용 가능한 일반적 제한을 규정하고 있다. 이 조항에 따르면 당사국은 "국가가 이 규약에 따라 부여하는 권리를 향유함에 있어서, 그러한 권리의 본질과 양립할 수 있는 한도 내에서, 또한 오직 민주사회에서의 공공복리 증진의 목적으로 반드시 법률에 의하여 정하여지는 제한에 의해서만, 그러한 권리를 제한할 수 있음을 인정한다." ICESCR에도 특정 조항의 일반적 제한규정을 찾아볼 수 있는데, 노동조합을 결성하고 가입하는 권리와 노동조합이 자유로이 활동할 권리를 규정한 제8조가 유일하다.

당사국은 ICESCR 제12조 제2항에 따라 전염병, 풍토병 및 기타 질병의 예방, 치료 및 통제를 위해 필요한 조치를 취할 의무가 있다. 따라서 공중보건의 문제는 당사국이 다른 기본적인 권리의 행사를 제한하는 근거로 이용되기도 한다.[183] 사회권위원회는 ICESCR의 제한조항, 즉 제

---

182) Anna-Lena Svensson-McCarthy, *International Law of Human Rights and States of Exception – With Special Reference to the Travaux Préparatoires and Case-Law of the International Monitoring Organs*(The Hague/Boston/London, Martinus Nijhoff Publishers, 1998) (*International Studies in Human Rights*, Vol. 54), pp.49, 721.

183) CCPR 일반논평 14, para. 28.

4조가 당사국에 의한 제한을 인정하기보다는 '개인의 권리를 보호하는 데에 의도가 있음'을 강조하였다. 따라서 당사국이 국가안보 또는 공공질서의 보존을 이유로 HIV/AIDS 같이 전염성 질병을 가진 사람의 이동을 제한하거나 감금하는 경우, 정부에 반대하는 사람을 의사가 치료하지 못하게 하는 경우, 공동체의 주요 전염병에 대한 면역조치를 제공하지 않는 경우, 당사국은 이와 같은 중대한 조치를 제4조에 확인된 각 요소에 관하여 정당화할 책임을 진다.

그러나 ICESCR 제12조 제2항이나 제4조의 권리제한 조치는 제5조 제1항에 따라 그 제한이 이 규약에서 인정되는 권리 및 자유를 파괴하거나 또는 이 규약에서 규정된 제한의 범위를 넘어 제한하는 것을 목적으로 하는 행위를 할 권리로 해석되어서는 안된다. 즉, 전염병 통제를 위한 보건조치의 목적과 개인의 사회권 제한간의 관계가 비례적이어야 한다. 따라서 몇 가지 종류의 제한이 이용 가능한 경우, 최소한으로 제한적인 대안이 채택되어야 한다. 공중보건의 보호를 근거로 한 제한이 기본적으로 허용되는 경우에도 국가는 그 기간을 제한하여야 하며, 이미 취해진 조치에 대해서도 재검토할 필요가 있다.[184)]

3) IHR 2005와 국제인권법상의 권리제한의 문제

IHR 2005는 중요 조항에 인권보호 내용을 삽입함으로써 국제적 및 국내적 차원에서, 한편으로는 보건비상사태를 예방하고 대응하는 것과 다른 한편으로는 기본적인 인권을 보호하는 것 사이의 시너지 효과를 강조하고 있다.[185)]

---

184) *Ibid.*, para. 29; ICESCR 제5조 제1항.

185) Gian Luca Burci and Riikka Koskenmäki, "Human Rights Implications of Governance Responses to Public Health Emergencies: The Case of Major Infectious Disease Outbreaks", in Andrew Clapham(eds.), *Realizing the Right to Health, Swiss*

공중보건의 입장에서 봤을 때 보건과 인권 의제는 공중보건이 위기에 처했을 때 국가가 질병의 통제를 위해 개인을 분리 · 격리 또는 여행제한 등의 조치를 취하지 못하도록 한다는 점에서 전염병 통제에 있어 인권적 접근이 오히려 방해가 된다는 의구심이 있다. 국가의 입장에서 일하는 공중보건과 보건의료의 실무가들은 국민 전체에 개인의 자유를 제한하는 방식의 사용을 선호하는 편이다.[186] 사스나 조류인플루엔자 A(H5N1) 때에도 이러한 조치가 전 세계적으로 사용되었으며, IHR 2005 또한 이 방식을 허용하고 있다.

국가는 국가의 비상사태나 공중보건 위기상황에서 합법적인 권리제한을 할 수 있다. 공중보건은 따라서 특별한 상황에서 특정 권리의 제한을 정당화시킬 수 있다. 심각한 전염병—예를 들어 에볼라출혈열, 매독, 결핵 및 사스나 신종 인플루엔자A(H1N1) 등—의 경우 차단 또는 격리를 통한 이동의 자유에 대한 제한이 좋은 예이다. 이러한 조치가 공중보건 당국에 의해 자의적으로 취해진다면 이것은 인권원칙을 위배하는 것일 뿐만 아니라 공중보건의 목적에도 위배될 것이다. 그러나 IHR 2005에서의 인권보호 규정은 개인의 인권을 국가의 간섭으로부터 충분히 보호하기에는 규정이 너무 일반적이고 추상적이다.[187]

만약 공중보건의 입장에서 어떤 권리를 제한하는 것이 국제인권법과 공중보건법 모두에서 선택사항이라면, 제한을 부과하는 것은 반드시 구조화된 과정을 거쳐 결정되어야 한다. 인권을 제한하는 조치를 고려할 때에도 합법적인 일반이익의 목적을 위해 이루어져야 한다. 그러

Human Rights Book, Vol. 3(2009), p.354.

186) Daniel Tarantola, *supra* note 122, p.21.

187) Lawrence O. Gostin, “International Infectious Disease Law: Revision of the World Health Organization's International Health Regulations”, *Journal of the American Medical Association*, Vol. 291(2004), p.2626.

한 목적을 달성하기 위해서는 그 조치가 반드시 법과 일치해야 하고 민주사회에서 엄격하게 필요로 하는 것이어야 한다. 그 조치는 동일 목적을 달성하기 위해 가능한 여러 조치 중에서 가장 덜 제한적이고 피해가 적은 방법이어야 하고 자의적으로 부과되어서도 안되며, 불합리하거나 차별적인 방식으로 이루어져서도 안된다.

제 3 절 국제환경법 분야

전염병 확산의 원인이 되는 환경의 변화는 생활용수의 오염과 같은 지역적인 변화에서부터 지구 대기의 오염과 같은 전 지구적 변화까지 다양하게 걸쳐 나타난다. 환경의 변화는 특히 신종 전염병 및 재등장 전염병이 발생하는 핵심원인 중 하나이다. 콜레라나 폐렴과 같이 환경오염으로 인한 전염병의 발생과 확산은 점차 증가하는 추세이고, 특히 이로 인한 피해는 개발도상국과 최빈개도국에 더 큰 질병부담을 주고 있다.[188)]

이하에서는 전염병의 발생 및 원인이 되는 환경의 오염 및 악화를 예방 및 규제하는 국제환경규범을 살펴보고, 규범적 특징과 전염병 통제에서의 법적 가치를 검토한다.

I. 국제회의 및 선언에서의 환경과 건강

1960~70년대 현대적 의미의 국제환경법의 등장은 인간건강의 보호에 관한 새로운 국제법 영역의 탄생을 의미했으며, 오늘날까지 국제공중보건 보호의 중요 수단으로 발전해 가고 있다. 1972년 「UN인간환경회의선언」(Declaration of the United Nations Conference on the Human Environment, 이하 「스톡홀름선언」이라 함)[189)]부터 2002년 「지속가능한 발

188) World Resources Institute *et al.*, *World Resources 1998-99*, p.1.

189) Declaration of the UN Conference on the Human Environment, 16 June 1972, UN Doc. A/Conf.48/14/Rev. 1(1973).

전에 관한 세계정상회의」(World Summit on Sustainable Development: WSSD)까지 국제사회가 국제환경규범을 통한 공중보건 목표의 달성을 고민하는 동안 건강과 환경 분야의 협력은 점차 강화되었다.[190]

국제환경법의 발전 및 건강과의 연계에서 UN 주도의 국제환경회의와 선언은 중심적 역할을 하였다. 그 시작인 1972년 「스톡홀름선언」은 "인간의 건강에 유해한 물질에 의한 바다 오염을 막기 위한 모든 가능한 방법"을 취할 것을 선언하는 등[191] 비록 구체적인 건강 의제를 마련하지 못했지만, 환경과 건강을 연계하는 초석을 마련하였다.[192] 1981년 설립된 「UN환경계획」(United Nations Environment Program: UNEP) 주도하에 작성된 1982년 「몬테비데오 프로그램」(Montevideo Programme: Programme for the Development and Periodic Review of Environmental Law),[193] 1987년 세계환경개발위원회(WCED)가 작성하고 UN 총회 결의로 채택된 '우리의 공통된 미래'(Our Common Future)[194] 등 이 시기의 환경보호 의제는 건강문제를 내포한 환경조약의 원동력이 되었으나, 환경 의제 자체에서는 건강문제가 표면적인 두각을 나타내지 못했다.

1992년 UN 환경개발회의(UN Conference on Environment and

190) Yasmin von Schirnding *et al.*, "International Environmental Law and Global Public Health", *Bulletin of the World Health Organization*, Vol. 80(2002), pp.972-973.

191) 「스톡홀름선언」 원칙 2.

192) Willian Onzivu, "International Environmental Law, the Public's Health, and Domestic Environmental Governance in Developing Countries", *American University International law Review*, Vol. 21(2006), p.613.

193) 1982년 UNEP에 의해 정식으로 채택되었고 이후 1982년과 1992년 사이에 UNEP가 주도한 국제환경법 분야의 입법 활동에 많은 영향을 주었다. Decision 10/21 of the Governing Council of UNEP(31 May 1982); Patricia W. Birnie, Alan E. Boyle and Catherine Redgwell, *International Law and the Environment*, 3rd. ed.(Oxford University Press, 2009), pp.65-69.

194) UN General Assembly Resolution Document A/42/427 Annex, 4 August 1987.

Development: UNCED)[195]에서는 「환경과 개발에 관한 리우선언」(Rio Declaration on Environment and Development, 이하 「리우선언」이라 함)[196]과 「의제 21」(Agenda 21)[197]이 채택되었다. 「리우선언」의 경우 지속가능한 개발의 원칙,[198] 세대간 형평의 원칙,[199] 세대내 형평의 원칙,[200] 환경권 보장의 원칙,[201] 오염자부담의 원칙,[202] 사전주의 원칙,[203] 환경영향평가제도[204] 등 국제환경법을 구성하는 핵심원칙들을 담아내며, 환경의제 속에 공중보건의 토대를 마련하였다는 평가를 받았다.[205] 한편, 지속가능한 개발을 실현하기 위한 행동지침인 「의제 21」은 보건과 개발간의 긴밀한 연관성을 강조하고 정책방향을 전 세계인의 일차적인 보건의료 요구에 역점을 두어야 함을 피력하였다.[206] 이 계획에는 ① 일차

195) UN환경개발회의는 UN 주도로 1992년 6월 브라질의 리우데자네이루에서 176개국, 50여 개가 넘는 정부간 국제기구 및 수천여 개의 기업과 비정부간 국제기구가 참석한 국제환경회의이다.

196) Rio Declaration on Environment and Development, UN Doc. A/CONF.151/26(Vol. I) (1992).

197) 전문(Preamble: Chapter 1)과 4개의 부(Sections: Chapter 2부터 40까지)로 구성된 총 40개의 장(Chapters)으로 이루어져 있다. United Nations Conference on Environment and Development, June 3-14, 1992, Agenda 21 Programme of Action for Sustainable Development, UN Doc. A/CONF.151/26(1992).

198) Report of the United Nations Conference on Environment and Development, June 3-14, 1992, Rio Declaration on Environment and Development, Annex I princ. 4, UN Doc. A/CONF.151/26(Vol. I) (1992)「리우선언」 제4원칙.

199) 「리우선언」 제3원칙.

200) 「리우선언」 제21원칙.

201) 「리우선언」 제1원칙 및 제10원칙.

202) 「리우선언」 제16원칙.

203) 「리우선언」 제15원칙.

204) 「리우선언」 제17원칙.

205) Willian Onzivu, *supra* note 192, p.614.

206) Agenda 21, Chapter 6, Preamble, para. 6.1.

보건의료의 요구 충족, ② 전염병 관리, ③ 취약계층의 보호, ④ 도시 보건 목표 충족, ⑤ 환경오염과 위험으로부터 건강위험 감소가 포함되었다.[207] 특히 전염병 관리전략에 있어 "환경관리는 보건 또는 위생교육과 함께 일차의료나 다른 보건 이외의 분야에 있어서도 필수적인 위치를 차지하거나 유일한 관리방법"임을 정책방향으로 정하고,[208] HIV/AIDS 대유행이 가져올 보건 및 경제적 피해를 직시하였다.[209] 전염병 관리정책의 목표는 모든 정부 대표와 WHO를 포함한 국제기구[210]와 많은 민간단체의 전문적인 자문을 통하여 정하였다. 목표를 달성하기 위한 정책수단으로는 ① 국가공중보건체계,[211] ② 보건교육 및 정보,[212] ③ 부문간 협력 및 조정,[213] ④ 전염병 전파에 영향을 미치는 환경요소의 관

---

207) *Ibid.*, para. 6.2.

208) *Ibid.*, para. 6.10.

209) *Ibid.*, para. 6.11.

210) 목표설정의 자문에 참여한 국제기구는 다음과 같다: WHO, UN아동기금, 국제가족계획협회, 국제연합 교육-과학-문화기구, UN개발기구, 세계은행, Agenda 21, Chapter 6, Preamble, para. 6.12.

211) Agenda 21, Chapter 6, Preamble, para. 6.13. 국가 공중보건체계의 계획 수립은 다음의 사항을 포함한다.
   i) 전염병 원인에 있어서 환경위해요소 파악을 위한 계획
   ii) 전염병 유입 · 전파 · 확산을 조기에 파악하는 역학자료 수집을 위한 감시체계
   iii) 범세계적 에이즈 관리전략의 수행에 합당한 방법을 포함한 수행 프로그램
   iv) 전염병 예방을 위한 예방 백신

212) *Ibid.* 보건교육 및 정보의 계획 수립은 다음의 사항을 포함한다: 전염병 관리에 있어 지역사회가 역할을 담당하도록 하며 환경 관리의 중요성을 인지하도록 토착성 전염병 발생 위험에 대한 교육의 제공 및 정보를 전달해 준다.

213) *Ibid.* 부문간 협력 및 조정의 계획 수립은 다음의 사항을 포함한다.
   i) 주요 분야, 즉 기획, 주택 및 농업 분야에 있어서 이차 경험을 가진 보건전문가
   ii) 전문훈련, 위험의 평가와 관리기술의 개발 분야에 있어서 효과적인 조정에 관한 안내

리,[214] ⑤ 일차보건의료,[215] ⑥ 연구와 방법론 개발지원,[216] ⑦ 기술개발 및 전파[217] 등이 포함되어 있다. 「의제 21」은 보건과 환경의 밀접한 연관성에 대한 관심의 폭을 넓히고 국제환경법의 적용을 통해서 환경보건의 증진을 위한 청사진과 구체적인 행동계획을 제시했다는 점에서 의의가 있다.[218]

1992년 UNCED 개최 10년을 기념하여 2002년에 열린 WSSD에서는 환경협약이나 구체적인 원칙 선언 등이 채택되지 않았지만 정치적 성격의 「지속가능한 발전에 관한 요하네스버그 선언」(Johannesburg declaration on Sustainable Development)과 「WSSD Plan of Implementation」이 채택되어 환경과 건강 및 지속가능한 발전의 연계와 강화를 재차 강조하였

---

214) *Ibid.* 전염병 전파에 영향을 미치는 환경요소의 관리의 계획 수립은 다음의 사항을 포함한다: 전염병 예방 및 관리에 있어서 안전한 상수 공급 및 위생, 수질오염 관리, 식품안전 관리, 전염병 매개물 관리, 쓰레기의 수집 · 폐기 그리고 위생적인 관계 등을 포함한 방법들을 적용한다.

215) *Ibid.* 일차보건의료의 계획 수립은 다음의 사항을 포함한다.
i) 특히 적당하고 균형잡힌 영양을 강조하는 예방 프로그램
ii) 조기진단 프로그램 강화와 조기 예방 치료활동을 위한 시설 개선
iii) 여성과 자녀들에 대한 에이즈 감염 감수성 감소

216) *Ibid.* 연구와 방법론 개발지원의 계획 수립은 다음의 사항을 포함한다.
i) 열대병 발생의 감소와 환경 관리를 위한 합동연구의 확대 및 강화
ii) 다른 접근방법의 효율을 평가하고 관리정책 수립에 역학적 자료를 제공하기 위한 조정 연구 수행
iii) 인구집단 및 보건의료요원들을 대상으로 관리정책에 영향을 끼치는 문화, 행동학적 · 사회적 요소를 결정한다.

217) *Ibid.* 기술개발 및 전파의 계획 수립은 다음의 사항을 포함한다.
i) 전염병의 효과적 관리를 위한 신기술 개발
ii) 연구결과를 알맞게 전파하는 방법 선정을 위한 연구 장려
iii) 지식과 기술정보 공유를 포함한 기술지원

218) Yasmin von Schirnding, "The World Summit on Sustainable Development: reaffirming the centrality of health", *Globalization and Health*, Vol. 1(2005).

다.[219]

수차례 국제환경회의를 통해 나온 선언, 의제, 지침 등은 형식상 법적 구속력이 없는 문서이지만, 이후 수많은 환경조약 성립의 도화선이 되었으며, 개별 원칙과 내용들은 환경조약의 조항을 통해 구체화되었다. 또한 환경선언 및 의제 등은 그 자체가 연성법으로서 중요한 법적 가치를 가지는 것으로, 이들 속에 내포된 환경과 건강의 연계는 전염병 통제를 위한 환경오염 규제 규범의 발전에 중요한 역할을 하고 있다.

Ⅱ. 환경오염 규제 조약과 전염병 통제

1960-70년대 국가들은 사람의 건강과 환경에 위협이 되는 오염을 줄이기 위한 시도로 해양오염에 관한 조약[220]과 대기오염물질의 장거리 이동에 관한 조약[221]을 교섭하였다. 초기 환경조약들은 전염병의 발생과 확산에 대응하기 위한 목적으로 고안된 것이 아니었다. 이 시기는 오로지 국제보건체제만이 공중보건 문제를 다룬다는 고전적 체제의 인식이 남아 있었기 때문이다.[222] 1980~90년대에는 기존의 고전적 체제

219) Ved P. Nanda and George W. Pring, *International environmental law for the 21st century* (Transnational Publishers, 2003), p.116.

220) 예를 들어, 「유류오염사고에 대한 공해상의 조치에 관한 국제협약」(Convention Relating to Intervention on the High Seas in Cases of Oil Pollution Casualties): 1972년 「폐기물 및 기타 물질의 투기에 의한 해양오염 방지에 관한 협약」(일명 '런던덤핑협약', Convention on the Prevention of Marine Pollution by Dumping of Wastes and Other Matter).

221) 예를 들어, 1979년 「국경을 넘는 장거리 대기오염에 관한 협약」(Convention on Long-Range Transboundary Air Pollution).

222) David P. Fidler, "From International Sanitary Conventions to Global Health Security: The New International Health Regulations", *Chinese Journal of International Law*,

가 규율하지 못했던, 공중보건에 직접적인 악영향을 주는 환경문제를 다루는 조약이 여럿 채택되었다. 이러한 조약에는 국경을 넘는 환경오염으로 인한 전염성 질병의 위협 이외에도 폐기물, 공해, 핵물질 등으로 인한 환경오염과 그 독소에 의한 비전염성 질병도 규제함으로써 오로지 3개의 특정 전염병에 대해서만 규율한 IHR 1969의 한계를 확인시키고 그 붕괴를 가속화시키는 역할을 했다.[223)]

그러나 IHR 2005는 규율대상 질병을 특정하지 않고 공중보건 위협 또는 국제적 관심의 공중보건 비상사태 등을 구성하는 질병을 규제함으로써 전염성 질병과 비전염성 감염질병뿐만 아니라 화학물질과 방사능물질 등 독소로 인한 질병의 발생까지 규율함으로써 환경오염을 규제하는 조약과 IHR 2005의 관련성은 높아졌다.

환경과 관련된 국제협약은 20세기 중반을 넘어 폭발적으로 증가하여 현재 법적으로 구속력 있는 다자간 환경협약이 200개가 넘는 것으로 추정되고 있다.[224)] 그 중 전염병과 상대적으로 밀접한 관련이 있는 주요 환경조약을 그 보호대상별로 나누어 보면 다음 표와 같다.

Vol. 4(2005), p.337.

223) *Ibid.*, p.341.

224) 한국환경정책평가연구원 · 심영규, 『2004 국제환경협약 편람』(한국환경정책평가연구원, 2004), 31쪽.

보호대상	내용	대표적인 다자간협약
담수	담수 보호	1997년「국제수로의 비항행적 이용의 법에 관한 협약」
대기	국경간 대기오염	1979년「국경을 넘는 장거리 대기오염에 관한 협약」
오존층 · 기후	온실가스, 오존층파괴물질의 배출 규제, 대기환경 · 오존층 보호	1985년「오존층 보호를 위한 비엔나협약」 1992년「기후변화에 관한 UN 기본협약」
해양	해양오염의 방지, 해양생태계 보존	1985년「선박과 항공기로부터의 투기에 의한 해양오염의 방지를 위한 협약」 1972년「폐기물 및 기타 물질의 투기에 의한 해양오염 방지에 관한 협약」 1982년「해양법에 관한 UN협약」
생태계	생물다양성의 보존, 동물 · 식물 유전자원의 보존과 지속가능한 이용, 유전자변형 생물체의 안전성, 산림보호, 사막화 방지 등	1973년「멸종위기에 처한 야생 동 · 식물의 국제 거래에 관한 협약」 1992년「생물다양성에 관한 협약」 1994년「UN 사막화 방지 협약」 2000년「바이오안전성에 관한 생물다양성협약 카르타헤나 의정서」
유해물질	유해화학물질의 배출저감 및 국가간 이동규제, 유해물질 · 폐기물의 안전한 취급 · 처리	1989년「유해폐기물의 국가간 이동 및 그 처리의 통제에 관한 바젤협약」 2001년「잔류성 유기오염물질에 관한 스톡홀름협약」
핵안전	핵물질의 안전한 관리, 핵사고의 예방과 협력, 핵사고 등 긴급사태시 대응 등	1986년「핵사고의 조기통보에 관한 협약」 1986년「핵사고 또는 방사능 긴급사태시 지원에 관한 협약」 1994년「핵안전에 관한 협약」

1. 물 오염으로 인한 전염병 위협: 담수와 해양환경에 관한 협약

오염된 식수로 인하여 전염되는 감염성 설사병과 같은 수인성 전염병은 전 세계 인구의 주요 사망원인이며,[225] 특히 담수오염으로 인한 5세 이하 어린이의 사망자 수는 한 해에만 150만명에 이른다.[226] 해마다 수십억 건의 사례가 발생하는 감염성 설사병은 안전한 음용수, 주변 위생 및 식품위생을 통해 예방 가능하다.[227] 그러나 담수 보호에 관한 다자간 환경협약은 1997년「국제수로의 비항행적 이용의 법에 관한 협약」(Convention on the Law of the Non-navigational Uses of Watercourses)이 유일하다.[228] 동 협약은 국제수로의 오염을 예방 · 경감 및 통제할 의무를 부여하고 있으며,[229] 이러한 의무의 이행은 국가 또는 특정 지역 내의 수질 향상에 기여할 것이다. 그러나 동 조약은 상대국에 '중대한 손해를 야기하는 국제수로의 오염'에 초점이 맞춰진 것으로 담수로 인한 전염병 위협을 규제하는 데에는 한계가 있다. 그나마 이 조약도 발효에 필요한 비준 또는 가입을 확보하지 못해 미발효인 상태이다.[230] 국제환경

225) WHO, WHO Global Burden of Disease: 2004 Update(2008), p.54, available at: http://www.who.int/healthinfo/global_burden_disease/2004_report_update/en/index.html〈2012-03-31〉.

226) WHO Media Centere, Diarrhoeal Disease, Fact Sheet No. 330, Aug. 2009, available at: http://www.who.int/mediacentre/factsheets/fs330/en/index.html〈2012-03-31〉.

227) WHO, Health in the Context of Sustainable Development(2002), p.16, WHO/HDE/HID/02.6.

228) Adopted by the General Assembly of the United Nations on 21 May 1997, UN Doc. A/51/869.

229) 1997년「국제수로의 비항행적 이용의 법에 관한 협약」제21조 제2항.

230) 조약의 발효를 위해서는 35개국의 비준 또는 가입이 요구되는데 2011년 11월 현재 24개국만이 가입한 상태이다. UN Treaty Collection, available at: http://treaties.un.org/pages/ViewDetails.aspx?src=UNTSONLINE&tabid=2&mtdsg_no=XXVII-12&chapter=27&lang=en#Participants〈2012-03-31〉.

에 대한 관심이 아무래도 국경을 넘는 오염에 더 많은 관심이 있어 상대적으로 국내 사안에 해당하는 담수의 문제가 다루어지지 않은 것은 사실이다. 오히려 안전한 식수공급 등 담수의 보호와 위생 등에 관한 문제는 국제인권법상의 '환경에 대한 권리'의 일부로 더 활발하게 다루어졌다.[231)]

담수오염과는 달리 해양오염을 규제하는 조약은 다수가 채택되어 발효된 상태이다. 해양오염은 한 지역에서 발생한 오염이 어떻게 전 세계적인 전염병 확산에 기여하는지를 설명해 준다.[232)] 음식물, 하수슬러지, 축산분뇨와 같은 유기성 폐기물이 바다에 투기되거나 오염된 담수가 바다로 흘러 내려가 콜레라나 비브리오균 등 각종 전염병의 번식지가 되는 조류(藻類)의 번식을 야기할 수 있다.[233)] 이렇게 해양오염으로 인해 발생한 전염병은 해산물을 통해 인간에게 감염되며, 특히 오염된 해양환경은 연안에 거주하는 사람들의 식수를 오염시킴으로써 전염병의 발생 원인이 된다.

해양오염 규제를 위한 대표적 국제협약으로는 1972년「선박과 항공기로부터의 투기에 의한 해양오염의 방지를 위한 협약」(Convention for the Prevention of Marine Pollution by Dumping from Ships and Aircraft), 1972년「폐기물 및 기타 물질의 투기에 의한 해양오염 방지에 관한 협약」(Convention on the Prevention of Marine Pollution by Dumping of Wastes and Other Matter), 1973년「선박으로부터의 오염방지를 위한 국제협약」

231) John Scanlon *et al.*, *Water as a Human Rights?*(IUCN, 2004), pp.3-12; Dinah Shelton, "Human Rights, Environmental Rights, and the Right to Environment", *Stanford Journal of International Law*, Vol. 28(1991-1992), pp.103 이하 참조.

232) Willian Onzivu, *supra* note 196, p.602.

233) A.J. McMichael *et al.*, *Climate Change and Human Health: Risk and Responses*(WHO, 2003), p.87, box. 5.2.

(International Convention for the Prevention of Pollution from Ships), 1974년 「육지에서 기인한 해양오염의 방지에 관한 협약」(Convention for the Prevention of Marine Pollution from Land-based Sources) 및 1982년 「해양법에 관한 UN협약」(UN Convention on the Law of the Sea : 「해양법협약」) 등이 있다.

해양오염 중 특히 전염병 위협에 가장 큰 원인이 되는 것은 육상기인 해양오염이다. 그러나 육지는 국가의 주권적 성격이 강한 영역으로 국제법적 규제에 제한이 상대적으로 크다. 이러한 이유로 육상기인오염에 대한 일반협약은 현재 성립되어 있지 않고 지역협정만 존재한다.[234] 다만, 「해양법협약」이 전염병 위협에 가장 큰 원인이 되는 육상기인오염에 대해 국가들에게 방지, 경감 및 통제할 의무를 부여하고 있다.[235] 조약은 아니지만 1985년 UNEP가 채택한 「육상기인오염으로부터 환경을 보호하기 위한 몬트리올 지침」(Montreal Guideline for the Protection of the Marine Environment against Pollution from Land-based Sources)[236]과 「육상기인 오염물질의 관리를 위한 지구행동계획」(Global Program of Action for the Protection of the Marine Environment from Land-based Activities)[237] 등이 있다.

---

234) 1974년 「육지에서 기인한 해양오염의 방지에 관한 협약」의 경우에도 서유럽 일부 국가(14개국 및 유럽경제공동체 포함)만 가입 및 비준하였다. UN Treaty Collection, Databases, available at: http://treaties.un.org/Pages/showDetails.aspx?objid=08000002800c34d0 〈2012-03-31〉.

235) 1982년 「해양법협약」 제194조.

236) UNEP's Governing Council Decision 13/18(24 May 1985).

237) 동 계획은 1992년 리우회의에서 채택된 「의제 21」의 내용 중 해양보호에 관한 제17장을 구체화하기 위한 행동계획으로 1995년 11월 1일 미국 워싱턴 D.C에서 채택되었다.

2. 대기오염과 오존층 파괴 및 기후변화에 의한 전염병 위협

대기오염도 다양한 보건위험과 관련되어 있다. 실내공기 오염에 의해서 발생할 수 있는 폐렴과 같은 급성 호흡기 감염은 대표적인 영유아 사망의 원인이다. 게다가 주변 대기환경의 오염은 급성 또는 만성 호흡기 질병, 폐암, 심근경색증 기타 여러 가지 질병을 야기한다.

대기오염의 문제에 대한 환경조약은 국경간 오염의 문제를 다루고 있는데, 1979년 「국경을 넘는 장거리 대기오염에 관한 협약」(Convention on Long-Range Transboundary Air Pollution)을 시작으로 오염물질에 관한 일련의 의정서가 차례로 채택되었으며[238] 관련 판례로는 중재재판소 판결인 *Trail Smelter* 사건[239]이 있다. 대기오염의 경우도 담수오염

238) 1985년 「헬싱키의정서」(이황화탄소 의정서: Protocol to the 1979 Convention on Long-Range Transboundary Air Pollution on The Reduction of Sulphur Emissions or Their Transboundary Fluxes by at Least 30 Per Cent, 1985), 1988년 「소피아 의정서」(Protocol To The 1979 Convention On Long-Range Transboundary Air Pollution Concerning The Control Of Emissions Of Nitrogen Oxides Or Their Transboundary Fluxes, 1988), 1991년 「제네바 의정서」(Geneva Protocol to the 1979 Convention on Long-Range Transboundary Air Pollution Concerning the Control of Emissions of Volatile Organic Compounds or their Transboundary Fluxes, 1991: VOCs Protocol)가 차례로 채택되었다.

239) *Trail Smelter* 사건은 1941년 캐나다의 브리티시 콜럼비아주의 트레일시에 있는 제련소에서 내뿜은 매연으로 인접한 미국의 워싱턴주가 입은 피해에 대해 일어난 분쟁을 다룬 사건이다. 이 사건에 관한 판결에서, 중재재판소는 트레일 제련소의 매연이 미국의 재산에 대해 끼친 피해를 캐나다 정부가 보상하도록 결정했다. 중재재판소가 국경이동 대기오염의무를 위반하는 국가책임의 전제조건으로 내세운 것은 "명백하고 확실한 피해의 증거"였다. 즉 심각한 환경오염 결과가 발생하고 동시에 명백하고 확실한 피해의 증거가 있는 경우에 대해 국제책임을 져야 한다는 것이다. *Trail smelter case*(United States, Canada), 16 April 1938 and 11 March 1941, Reports of International Arbitral Awards, Vol. III(UN, 2006), pp.1905-1982, available at: http://untreaty.un.org/cod/riaa/cases/vol_III/1905-1982.pdf〈2012-03-31〉.

과 마찬가지로 국경간 오염의 문제보다는 국지적 오염에 의한 질병 발생이 더 큰 문제가 되고 있으나 아직 이를 규제하는 국제규범은 없다. 다만, WHO가 각 국가가 실내오염을 포함한 국지적 오염으로부터 공중보건 위협을 낮추는 것을 돕기 위해 '대기질 가이드라인'(Air Quality Guidelines: AQGs)을 내놓고 있다.[240] WHO의 가이드라인이 WHO 회원국에 대해 구속력은 없지만 각 국가가 자신들에 맞는 대기질 기준 및 정책을 수립하는 기준이 될 것으로 예상된다.

한편, 기후변화의 문제는 전염병의 재등장과 신종 전염병의 출현에 직접적인 영향을 준다. 수면온도의 상승과 수위의 하락은 콜레라와 같은 수인성 전염병의 발생 확률을 높인다.[241] 기후학 전문가들은 전 세계 기온이 앞으로도 꾸준히 올라갈 것으로 예상하고 있다.[242] WHO도 역시 기후변화가 수자원과 위생에 많은 영향을 줄 것으로 보고 있다. 주요 영향으로 첫째, 기온의 증가와 빈번한 홍수나 가뭄으로 인하여 식량생산에 위협을 가져오며, 둘째, 홍수로 인한 상하수도 시설 훼손으로 콜레라와 같은 수인성 전염병이 발생하게 되고, 셋째, 물 부족이나 폭우 등으로 인하여 오염된 물과 식품을 통해 확산되는 살모넬라, 병원성 대장균 등 식품매개성 질병이 증가하게 될 것으로 예상된다. 넷째, 도시의 폭염으로 인한 심장 및 호흡기 질병의 증가 외에도 기온상승으로 인한 오존이 증가는 건강에 부정적 영향을 미칠 것이다. 다섯째로 기온 및 강우 패턴의 변화는 질병을 매개하는 동

240) WHO는 1987년 '대기질 가이드라인'에 발표하고 1997년에 개정하였다. 현재의 가이드라인은 2005년 최신 정보로 업데이트된 것이다. Available at: http://whqlibdoc.who.int/hq/2006 /WHO_SDE_PHE_OEH_06.02_eng.pdf〈2012-03-31〉.

241) Jonathan A. Patz *et al.*, "Global Climate Change and Emerging Infectious Diseases", *JAMA*, Vol. 275(1996).

242) *Ibid.*, p.218.

물 분포의 변화를 가져올 것이다.[243)]「기후변화에 관한 정부간 패널」(Intergovernmental Panel for Climate Change: IPCC)도 기후변화가 보건에 미치는 잠재적 영향을 지속적으로 평가하고 있다.[244)] 기후변화는 전세계적으로 관찰되는 현상이지만 기후변화에 따른 부작용은 개발도상국이나 빈곤층에 더욱 심각한 영향을 주고 있다.[245)] 기후변화와 오존층 파괴가 건강에 미치는 영향은 앞으로 전염병 통제에 있어 큰 도전과제가 될 것이다.[246)]

3. 생태계의 파괴와 신종 전염병의 출현

생태계의 파괴는 인간과 자연의 균형상태를 무너뜨려 전염병의 발생률과 확산 속도를 높이고 있다. 산림 파괴로 인하여, 예를 들어 ① 새로운 미생물 및 질병 원인체와 인간이 직접 또는 야생동물 등을 통해 접촉함에 따라 새로운 전염병이 발생할 가능성이 높아지고,[247)] ② 공기정화 기능을 상실함에 따라 대기오염이 가속화되며,[248)] ③ 전염병의 치료제인 식물이 사라지는 등 전염병 위협이 높아지게 된다. 이러한 생태계의 파괴는 인구의 증가, 국제여행 및 무역의 증가, 자연자원 사용의 증가에 따라 더 확대되고 있다.[249)]

243) 한국환경정책평가연구원 · 심영규, 앞의 주 224), 57쪽.

244) IPCC, Climate Change 2007: Impact, Adaption and Vulnerability, 2007, available at: http://www.ipcc.ch/publications_and_data/publications_ipcc_fourth_assessment_report_wg2_report_impacts_adaptation_and_vulnerability.htm〈2012-03-31〉; A.J. McMichael *et al.*, *supra* note 237.

245) 신호성 · 김동진,『기후변화와 전염병 질병부담』(한국보건사회연구원, 2008)

246) Jonathan A. Patz *et al.*, *supra* note 241, p.217.

247) Ann Gibbons, "Where are "New" Disease Born?", *Science*, Vol. 261(1993), p.680.

248) WHO, *Traditional Medicine*, Fact Sheet No. 134, Sept. 1996.

249) Robert Beaglehole(ed.), *Global Public Health: A New Era*, 2nd ed.(Oxford

사스의 발생 이후, 야생동물—심지어 그것이 「멸종위기에 처한 야생동식물종의 국제거래에 관한 협약」(Convention on International Trade in Endangered Species of Flora and Fauna: CITES)에서 무역을 금지하고 있음에도—의 무역이 공중보건에 위협이 될 수 있다는 것이 명백해졌다.[250] 새로 등장한 전염병 및 재등장 전염병 중 상당수가 동물 또는 동물성 상품으로부터 전파된 병원균이 원인이다.[251] 중앙아프리카의 에볼라출혈열 재등장,[252] 아시아와 유럽의 조류인플루엔자 확산[253] 및 아시아의 사스 발병[254]이 그 예이다. 이러한 새로운 전염병들은 숙주 또는 중간숙주를 통해 직접 인간에게 침투한다.[255]

인간과 야생동물간의 접촉을 통해 질병의 전달이 가능하기 때문에 양쪽 모두의 건강을 효과적으로 유지하는 것이 필요하다. 인간의 건강 향상과 야생동물의 보전을 연계시키는 생태계 접근법은 공중보건을 보호하는데 있어 국제환경법의 역할을 확인시켜 주며, 공중보건과 환경보전 모두에 상당한 이익이 된다. 이러한 방식으로 국제환경법은 IHR 2005와 같은 다른 국제공중보건 규범을 보완할 수 있다.

University Press, 2009), pp.15-16.

250) Mary C. Pearl, "Wildlife Trade: Threat to Global health", *EcoHealth*, Vol. 1(2004).

251) F.-X. Meslin *et al.*, "Public Health Implications of Emerging Zoonoses", *Scientific and Technical Review*, Vol. 19(2000).

252) Ali S. Khan *et al.*, "The Reemergence of Ebola Hemorrhagic Fever, Democratic Republic of the Congo, 1995", *Journal of Infectious Diseases*, Vol. 179(1999), pp.76-85.

253) Jane Parry, "WHO Confirms Four Human Cases of Avian Flu in Indonesia", *British Medical Journal*(International Edition), Oct. 8, 2005, p.796.

254) WHO, The World Health Report(2003), pp.73-75.

255) Peter Daszak *et al.*, "Emerging Infectious Diseases of Wildlife-Threats to Biodiversity and Human Health", *Science*, Vol. 287(2000), pp.443, 446.

Ⅲ. 국제환경규범의 전염병 통제의 실효성

환경은 전염병과 여러 측면에서 유사하다. 첫째, 국제환경법의 대상인 공기, 바다, 토지, 천연자원, 동·식물은 물론 인류의 모든 문화적 유산까지 포괄하는 환경은 전염병과 마찬가지로 그 특성상 국경은 큰 의미가 없다. 지구생태계는 단일체계로 연결되어 있어 어느 특정 지역이나 국가 내에서 발생한 환경문제라 할지라도 이는 일반적으로 광역화되거나 국경을 초월하여 전 지구적 문제로 확산되는 경우가 많다. 때문에 환경보호는 어느 한 국가나 한정된 지역의 노력으로 해결될 수 있는 문제가 아니라 국제적 차원의 협력이 필수적으로 요구되고, 일정 수준에서는 국제규범에 의한 해결을 필요로 한다. 둘째, 환경과 전염병 모두 예방이 중요하다는 점이다. 오존층의 파괴, 종의 멸종, 사막화와 같이 환경은 일단 파괴되면 회복이 어렵거나 불가능하므로 예방이 가장 최선이다. 여러 환경조약 관련 기구들은 국가들의 행동을 감시하고, 국가들이 환경규범을 잘 준수할 수 있도록 돕는 것을 주 임무로 한다. 셋째, 환경보호와 전염병 통제에서 활동하는 주체로 주권국가뿐만 아니라 비정부기관, 산업계, 과학계 등 여러 민간 이해집단이 행위주체 또는 규범형성 주체로 등장하고 있으며, 이들의 활동이 두드러지고 있다는 점이다.

환경과 전염병의 유사성은 두 주제를 규율하는 법의 특성에서도 그대로 나타난다. 국가들은 국제적 협력과 국제규범이 없이는 전 지구적 환경문제를 다룰 수 없다는 것을 인지하고 있다.[256] 또한 환경문제를 해결

---

256) Andrew Hurrell and Benedict Kingsbury, "The International Politics of the Environment: An Introduction", in Andrew Hurrell and Benedict Kingsbury(eds.),

하기 위해서는 정부와 기업 내에서의 변화를 요구한다는 것과 개발도상국이 국제협약을 이행하는데 재정적 · 기술적 어려움을 겪는다는 것을 인지하고 있다.[257] 국제환경법과 국제보건법은 이와 같이 국가간의 협업과 협력, 지원 등을 강조한다.

또한 국제환경법은 국제보건법과 마찬가지로 '죄수의 딜레마'나 '무임승차'와 같이 규범 준수를 어렵게 하는 상황에 봉착하기 쉽다. 환경악화와 전염병 모두 국제적 기준에 따를 의무를 부과하기 때문에 자금지원, 기술적 협력 등이 규범 준수에 있어 중요한 역할을 한다. 또한 지침이나 권고, 정책과 같은 연성법이 중요한 법원(法源)으로 활용되고 있다.

환경조약의 이행과 준수가 강화되는 경향 역시 전염병 대응능력을 높이는데 도움이 될 것으로 판단된다.[258] 1987년 채택된 「오존층 파괴물질에 관한 몬트리올 의정서」(Montreal Protocol on Substances that Deplete the Ozone Layer)의 경우 조약이 발효한 1989년부터 2004년까지 오존층 파괴물질을 90% 정도 삭감하는 표면적인 성공을 거두었다.[259] 여기에 국제적 망신의 두려움이나 오존층 파괴의 인권적 문제 및 공중보건에 대한 위협이 협약의 이행 성공 요인으로 꼽힌다.[260] 국제환경법의 모델과 선례가 전염병 대응에 있어 동일하게 적용될 수는 없어

The International Politics of the Environment(Oxford University Press, 1992).

257) *Ibid.*,

258) Willian Onzivu, *supra* note 192, p.635.

259) Gilbert M. Bankobeza, *Ozone Protection: The International Legal Regime*(Boom Eleven International, 2005), pp.307-308; Elizabeth R. DeSombre, "The Experience of the Montreal Protocol: Particularly Remarkable, and Remarkably Particular", *UCLA Journal of Environmental Law & Policy*, Vol. 19(2001).

260) Gilbert M. Bankobeza, *ibid.*, p.308.

도 최소한 전염병 위협에 대한 국제적 전략을 고심하는데 있어 많은 도움이 될 것이다.

제 4 절 전염병 통제가 논의되는 여타 국제법 분야

Ⅰ. 무력충돌과 전염병

역사적으로 전쟁은 전염병을 동반하였다. 펠레폰네소스전쟁의 알 수 없는 역병, 알렉산더를 죽인 전염병, 십자군전쟁 동안 수많은 희생자를 낸 여러 전염병들, 이탈리아 지배를 둘러싸고 1494년에 시작된 프랑스와 독일전쟁에 큰 영향을 끼친 매독, 발진티푸스 및 페스트, 나폴레옹 군대를 괴롭힌 발진티푸스, 황열 등 그 이후도 세계사의 주요 전쟁터에서 전염병은 창궐했고 수많은 인명피해를 낳았고, 때로는 전쟁 피해보다 전쟁으로 인해 발생한 전염병의 폐해가 더 큰 경우가 많았다.[261] 무력충돌이 전염병에 미치는 영향의 심각성은 IHR 2005에서도 확인할 수 있다. IHR 2005는 국가가 PHEIC의 해당 여부를 판단하는 데 도움을 주기 위한 판단의 예를 부속서 2에 나열하고 있는데, PHEIC의 평가와 통고를 위한 결정도구[262]의 질의사항 중 "사태가 공중보건에 미치는 영향이 심각한가?"에 대한 예로 '무력충돌' 상황을 들고 있다.[263] 또한 전쟁은 1980년대 이후 재등장한 전염병의 원인으로 종종 지목되었다.[264]

전쟁으로 인한 전염병의 피해를 최소화하기 위한 국제법적 발전이 있어

---

261) 예병일,『전쟁의 판도를 바꾼 전염병』(살림, 2007년).

262) 이 책의 제2장 제2절 Ⅳ. 2. 참고.

263) IHR 2005 부속서 2: Examples for the Applications of the Decision Instrument for the Assessment and Notification of Events that may Constitute a Public Health Emergency of International Concern.

264) David P. Fidler, "Return of the Fourth Horseman: Emerging Infectious Diseases and International Law", *Minnesota Law Review*, Vol. 81(1997), pp.800-801.

왔지만 학계의 관심을 받지는 못했다.[265] 대신 전쟁으로 인한 환경파괴 등에 관심이 집중되었다.[266] 전쟁으로 인한 환경파괴는 인간과 생물간의 균형을 깨뜨리고 이것이 전염병을 발생시키는 원인이 되었다.[267]

무력충돌에 관한 국제법은 전쟁시의 전염병 문제에 대응하기 위하여 발전해 왔다. IHR 2005는 전시와 평시의 상황에 대한 구분이 없이 항시 적용되는 규범이지만, 다른 여러 국제법 규범이 그러하듯 전시상황에는 규범의 준수가 잘 이루어지지 않는 것이 사실이다. 그러한 점에서 전시에 적용되는 국제인도법, 특히 1949년 4개의 제네바협약[268] 및 1977년 2개의 추가의정서[269]의 전염병 통제 관련 규범들과 생물무기 사용을 규제하는 제 협약들은 전시의 전염병 통제에 있어 중요한 가치를 갖는다.

1. 생물무기 사용에 대한 규제와 생물테러

생물무기는 세균 · 바이러스 · 미생물과 이것에서 유래하는 감염물질

265) David P. Fidler, *supra* note 29, p.221.

266) Yoram Distein, "Protection of the Environment in International Armed Conflict", *Max Planck Yearbook of United Nations Law*, Vol. 5(2001); Erik Koppe, *Use of Nuclear Weapons and the Protection of the Environment during International Armed Conflict*(Hart Publishing, 2008)

267) Rémi Russbach, "The International Committee of the Red Cross and Health", *International Review of the Red Cross*, Vol. 27(1987).

268) 1949년 8월 12일 채택된 4개 협약(통칭하여「제네바협약」이라 함):「육전에 있어서의 군대의 부상자 및 병자의 상태 개선에 관한 제네바협약(제1협약)」,「해상에 있어서의 군대의 부상자, 병자 및 조난자의 상태 개선에 관한 제네바협약(제2협약)」,「포로의 대우에 관한 제네바협약(제3협약)」,「전시에 있어서 민간인 보호에 관한 제네바협약(제4협약)」.

269) 1977년 6월 8일 채택된 2개의 추가의정서:「1949년 8월 12일자 제네바 제 협약에 대한 추가 및 국제적 무력충돌의 희생자보호에 관한 의정서(제1추가의정서)」,「1949년 8월 12일자 제네바 제 협약에 대한 추가 및 비국제적 무력충돌의 희생자 보호에 관한 의정서(제2추가의정서)」.

의 증식에 의해 사람, 동물 및 식물을 사망케 하거나 병을 유발하는 성질을 갖고 있다. 생물무기는 보통 화학무기와 함께 생화학무기라고 불리는데, 양자의 성질과 효과가 유사하고 일반적으로 통상 무기의 그것과 현저히 다르다는 점에서 국제법에서 함께 규제해 왔다.

생물무기에 대한 최초의 직접적인 규제는 1925년「질식성 · 독성 또는 기타 가스 및 세균학적 전쟁수단의 전시사용 금지에 관한 의정서」(Protocol for the Prohibition of the Use in War of Asphyxiating, Poisonous or Other Gases, and of Bacteriological Methods of Warfare :「1925년 제네바의정서」)이다. 이 의정서는 화학무기의 규제에 초점을 맞추고 있으나, "상기 금지를 세균학적 전쟁수단의 사용에까지 확장할 것에 합의하며"라는 문구에 따라 생물무기에 대해서도 화학무기와 동일한 규제가 적용된다. 그러나 본 의정서는 규제대상을 '세균학적' 전쟁수단으로 명시하고 있어 세균 이외의 다른 생물학적 무기에는 적용되지 않는다는 협의의 해석이 가능하여 UN 총회는 결의를 통해 모든 생물무기에 적용된다는 것을 강조하였다.[270] 생물무기의 사용금지는 이후 1971년「세균무기(생물무기) 및 독소무기의 개발 · 생산 및 비축의 금지와 그 폐기에 관한 협약」(Convention on the Prohibition of the Development, Production and Stockpiling of the Bacteriological(Biological) and toxin Weapons, and on

270) UN General Assembly Resolution 2603(XXIV), Question of Chemical and Bacteriological (Biological) Weapons, 16 December 1969("Any biological agents of warfare—living organisms, whatever their nature, or infective material derived from them—which are intended to cause disease or death in man, animals or plants, and which depend for their effects on their ability to multiply in the person, animal or plant attacked."). 1969년 '화학 · 세균(생물)무기와 그 사용의 영향'(Chemical and bacteriological(biological) weapons and the effects of their possible use)이라는 제목의 UN 사무총장 보고서(A/7575/Rev. 1, S/9292/Rev. 1)의 서문에서도 의정서의 금지범위에 대한 '광의의 해석'을 회원국에게 권고하고 있다.

Their Destruction : 「생물무기금지협약」)이 채택되어 생물무기 사용의 가능성을 제거하는 발판을 마련하였다.[271] 동 조약의 성립으로 "원천이나 생산방식이 어떠하든지 형태나 양으로 보아 질병예방, 보호 또는 기타 평화적 목적으로 정당화되지 아니하는 미생물, 기타 세균 또는 독소"와 "적대적 목적이나 무력충돌시 전기의 물체나 독소를 사용하기 위하여 고안된 무기, 설비 또는 수송수단"은 어떠한 경우에도 개발 · 생산 · 비축 또는 기타 방법으로 획득하거나 보유하지 못한다.[272]

2011년 현재 1925년 「제네바의정서」는 157개국이 그리고 1971년 「생물무기금지협약」은 164개국이 비준 또는 가입하고 있는 무력충돌시 보편적으로 적용되는 중요한 문서이다. 그러나 이 조약들은 이행체제가 없어 생물무기를 실효적으로 규제하기에는 아직 부족하다는 지적이 계속되고 있다. 이러한 문제점을 보완하기 위해 「생물무기금지협약」 회원국들은 1994년 9월 특별총회를 열어 2001년 '검증의정서'의 채택을 목표로 협약 이행을 확보하고 협약 불이행을 탐지하기 위한 검증장치로 통고 · 방문 · 사찰제도를 규정한 '검증의정서' 초안을 마련하였으나 2001년 제5차 평가회의에서 미국이 수용 거부의사를 밝힘에 따라 검증의정서 채택은 수포로 돌아갔다.[273]

271) 「Convention on the Prohibition of the Development, Production and Stockpiling of Bacteriological(Biological) and Toxin Weapons and On Their Destruction」, 10 April 1972, *International Law Materials*, Vol. 11(1972), P. 309. 제네바군축위원회(1947년 국제적 군비축소를 위해 UN에 설치된 기구)는 1968년 이후 생화학무기의 군축을 위한 조약 작성에 착수했으나, 결국 양 무기는 분리되어 1971년에 「세균(생물)무기에 관해서만 개발 · 생산 및 비축의 금지와 그 폐기에 관한 협약」이 채택되었다.

272) 1971년 「생물무기금지협약」 제1조.

273) 대신 2002년 회의에서 검증의정서 대신 「생물무기금지협약」의 실질적 강화를 위한 작업문서를 만들기로 타협안이 채택되었고, 이후 「생물무기금지협약」은 제6차 평가회의(2006년)에서 작업의제를 채택한 후 2007~2010년까지 회기간 연례회의

그러나 생물무기를 규제하는 조약들은 사실상 사인(私人) 및 테러집단에 의한 생물테러를 규제하는 데에는 한계를 가진다. 생물무기의 사용은 전쟁뿐만 아니라 테러 목적을 위한 무기로도 손쉽게 사용되어 국제적 문제가 되고 있다. 생물테러는 "사회 붕괴를 의도하고 바이러스, 세균, 곰팡이, 독소 등을 사용하여 살상을 하거나 사람, 동물 혹은 식물에 질병을 일으키는 것을 목적으로 하는 행위"를 말한다.[274)] 생물테러는 수세기 이전에도 있었지만, 전 세계적으로 생물테러의 공포와 경각심을 불러일으킨 사건은 2001년 9 · 11테러 이후 미국 전역에 우편물을 통해 탄저균이 전달된 사건이다.[275)]

생물테러에 사용되는 생물물질은 일반적으로 치사율이 높고, 전파가 빠르며, 질병의 위중도가 높기 때문에 인간의 건강과 사회에 치명적인 피해를 주며, 그 파급력은 예상하기가 어렵다. 생물테러를 효과적으로 통제하기 위해서는 국제법을 통해 국가의 생물테러 대응역량을 강화하도록 하는 것이 중요하다. UN 안전보장이사회는 2004년 결의 제1540호에서 생물무기 등 대량살상무기가 국제평화와 안전에 대한 위협에 해당한다는 것을 확인하면서 생물테러 방지를 위하여 생물무기의 획득 · 사용 · 이전 등을 금지하도록 UN 회원국들이 국내입법 등의 조치

작업의제를 중심으로 당사국 및 국제기구와의 정보교류와 향후 추진방향에 대하여 공유하는 국제협약으로 남아 있게 되었다. 장경수, "생물무기금지협약(BWC)의 최근 논의사항 및 제7차 평가회의 준비", 『생물무기금지협약 정보지: BWC NEWS』, 통권 제18호(2011), 5쪽.

274) 질병관리본부, 생물테러의 정의(질병관리본부 홈페이지 http://www.cdc.go.kr/ (질병정보광장 〉질병정보 〉 생물테러, 2011-07-01).

275) 탄저균은 또한 바이오테러나 실제 전투상황에서 악용될 가능성이 높은데 열악한 환경에서 포자를 형성하여 장기간 생존이 가능하고, 미사일 등에 탑재해 공기중 살포가 용이한 특징으로 인해 생물무기로 개발되어 테러에 이용될 수 있는 대표적인 생물테러 병원체이다.

를 의무화할 것을 결의하였다.[276)]

「생물무기금지협약」의 이행감시 기능의 부재와 생물테러의 문제는 IHR 2005와의 연계를 통해 어느 정도 보완이 가능할 것으로 보인다. 생물무기 및 생물테러로 인한 전염병 위협의 문제는 WHO 및 IHR 2005의 관할범위로 IHR 2005를 통해 강화된 WHO의 감시체계는 생물무기 및 생물테러의 감시에도 효율적으로 작동할 수 있을 것이다.[277)] IHR 2005는 또한 전염병 통제를 위해 각 국가의 법적·행정적 대응역량을 강화할 것을 요구하고 있어 「생물무기금지협약」은 WHO와의 협력을 통해 동 협약을 보완하는 도구로서 IHR 2005 체제를 활용하는 것을 시도해 볼 수 있다.

2. 공격대상의 규제

무력충돌시의 전염병의 발생과 확산을 방지하기 위해서는 의료활동 종사자 및 의료시설의 존중과 보호가 반드시 요구된다. 국제인도법은 적대행위를 할 수 있는 지역 및 대상을 구별하고 있는데, 즉 전투원과 비전투원의 구별, 군사목표와 비군사물의 구별을 통해 의료활동 종사자 및 의료시설을 적대행위의 직접적인 영향으로부터 보호하고 있다. "부상자 또는 병자의 수색·수용·수송이나 치료 또는 질병의 예방에만 전적으로 종사하는 요원, 의무부대 및 시설의 관리에만 전적으로 종

276) UN Security Council, Resolution 1540(2004), 28 April 2004, S/RES/1540(2004).

277) 2010년 8월 20일 UN 제네바본부에서 「생물무기금지협약」의 「Implementation Support Unite(ISU)」 주최하에 IHR 2005의 이행에 관한 정보를 공유하고 「생물무기금지협약」과의 지속적인 협력 장애와 이를 극복하기 위한 방안 등을 논의하기 위한 워크숍이 열린 바 있다. 관련자료는 다음의 홈페이지 주소를 참조: http://www.unog.ch/unog/website/disarmament.nsf/(httpPages)/3EA45AF07E097E27C125761C0059DAF4?OpenDocument&unid=EC9CAD1DE8948BEEC1257662003FCF1E〈2012-03-31〉.

사하는 직원"은 모든 경우에 있어서 존중되고 보호되어야 한다.[278] 또한 군대 구성원이라고 하더라도 특별히 이러한 임무를 수행하는 경우에는 역시 존중되고 보호되어야 한다.[279]

「1949년 제네바협약」의 체약국 및 적대행위의 개시 이후 충돌 당사국은 또한 평시나 무력충돌시에 자국 영역 내에 그리고 필요한 경우에는 점령지역 내에 부상자 및 병자를 전쟁의 영향으로부터 보호하기 위하여 조직되는 병원지대 및 지구를 설정하고, 또한 동 지대 및 지구의 조직과 관리 및 그곳에 수용되는 자의 간호를 책임 맡을 요원을 정함으로써 적대행위로부터 이를 보호할 수 있다.[280] 그러나 이러한 비군사물에 대한 별도의 지정이 없더라도 국제인도법에 따라 의료시설 및 의료 관련 운송수단은 존중 · 보호되어야 한다.[281]

3. 무력충돌 희생자의 보호

1949년 4개의 「제네바협약」과 1977년 2개의 「추가의정서」는 적대행

278) 「1949년 제네바 제1협약」 제24조. 비국제적 무력충돌도 규제하는 「1949년 제네바 제 협약 추가의정서 1」도 관련 규정을 두고 있다(제12조 제1항: "의무부대는 항상 존중되고 보호되며, 공격의 대상이 되어서는 아니 된다").

279) 「1949년 제네바 제1협약」 제25조.

280) 「1949년 제네바 제1협약」 제23조. 특히, 「1949년 제네바 제4협약(민간인 보호)」 제14조에 따르면 분쟁당사국은 적대행위 개시후, 자국 영역 또는 점령지역 내에 "부상자, 병자, 노인, 15세 미만 아동, 임산부 및 7세 미만의 유아의 모(母)를 전쟁의 영향으로부터 보호하기 위하여 편제되는 병원, 안전지대 및 지점"을 협정을 통해 설정할 수 있다.

281) 「1949년 제네바 제1협약」 제35조: 부상자 및 병자 또는 위생재료의 수송수단도 이와 같이 존중 · 보호되어야 한다"; 「1949년 제네바 제2협약」 제22조: "군용 병원선, 즉 특히 또한 전적으로 부상자, 병자 및 조난자를 원조하며 또한 그들을 치료하고 수송하기 위하여 국가에 의하여 건조되거나 설비된 선박은 어떠한 경우에도 공격이나 포획을 당하지 않는다."

위로부터 피해를 받거나 받을 우려가 있는 분쟁당사국의 사람에 대한 일정한 법적 보호를 부여한다. 먼저, 해전과 육전에 있어서 상병자 및 조난자의 경우 '질병'의 사유로 전투력을 상실한 자는 차별 없이 인도적으로 대우하여야 한다.[282] 또한 부상자 및 병자는 "고의로 치료나 간호를 제공받음이 없이 방치되어서는 안되며", "전염이나 감염에 그들을 노출하는 상태도 조성되어서는 안된다."[283] 그리고 "부상자 또는 병자의 수색 · 수용 · 수송이나 치료 또는 질병의 예방에만 전적으로 종사하는 요원"은 모든 경우에 있어서 존중되고 보호되어야 한다.[284]

포로의 경우 "억류국은 수용소의 청결 및 위생의 확보와 전염병의 방지를 위하여 필요한 모든 위생상의 조치를 취하여야 한다."[285] 또한 전염병에 걸린 포로에게는 '필요한 치료'가 제공되어야 하고, 필요한 경우에는 전염병 환자를 위한 격리병동이 마련되어야 한다.[286] 포로는 적어도 월 1회 신체검사를 행해야 하고 전염병, 특히 결핵, 말라리아 및 성병을 검출함을 목적으로 해야 한다. 이를 위하여 결핵의 조기 검출을 위한 집단적인 소형 방사선 사진의 정기적 촬영 등 이용 가능하고 가장 유효한 방법을 사용하여야 한다.[287] 전염병에 걸린 포로는 또한 직접 송환 또는 중립국 내에서 수용할 수 있다.[288]

한편, 의료윤리에 관한 규칙으로서 위생요원이 간호하는 부상자 및

---

282) 「1949년 제네바 제1협약, 제2협약, 제3협약」 제3조 제1항.
283) 「1949년 제네바 제1협약」 제12조.
284) 「1949년 제네바 제1협약」 제24조; 「1949년 제네바 제2협약」 제37조.
285) 「1949년 제네바 제3협약」 제29조.
286) *Ibid.*, 제30조.
287) *Ibid.*, 제31조.
288) 「1949년 제네바 제3협약」 제110조 및 제1부속서(부상자 및 병자인 포로의 직접 송환 및 중립국 내의 수용에 관한 협정 표본).

병자에 관한 정보를 비밀로 해야 하는가에 대해 "의료활동에 종사하는 자는 자국의 법률에 의하여 요구되는 경우를 제외하고는 자기의 가료를 받고 있거나 또는 받았던 부상자, 병자에 관한 어떠한 정보라도 그의 견해상 그러한 정보가 관련 환자 또는 그 가족에 유해할 것으로 판단될 경우, 적대국에 소속하든 자국에 소속하든 불문하고 누구에게도 이를 제공하도록 강요되지 아니한다. 단, 전염병 질병에 대한 의무적인 통보에 관한 규칙은 존중된다"고 규정하였다.[289)]

민간인의 보호에 있어서는 먼저, 점령국은 "이용 가능한 모든 수단을 다하여 국가 및 현지당국의 협력하에 있어서의 의료상 및 병원의 시설과 용역, 그리고 공중보건 및 위생을 확보하고 또 유지할 의무를 진다." 특히 "전염병 및 유행병의 만연을 방지하기 위하여 필요한 예방적 조치를 채택하여 이를 실시하여야 한다."[290)] 점령국은 예외적인 경우에 한하여 피보호자들을 억류할 수가 있는데 전염병이 걸린 환자가 있는 경우 격리병실을 설치하여야 하며,[291)] 피억류자들은 월 1회 신체검사를 행해야 하고 전염병, 특히 결핵, 말라리아 및 성병을 검출함을 목적으로 해야 한다. 또한 동 검사는 최소한 연 1회씩의 엑스광선에 의한 검진을 포함하여야 한다.[292)]

---

289) 1949년 8월 12일자 「제네바 제 협약에 대한 추가 및 국제적 무력충돌의 희생자 보호에 관한 의정서」(제1추가의정서) 제16조 제3항.

290) 「1949년 제네바 제4협약」 제56조.

291) *Ibid.*, 제91조.

292) *Ibid.*, 제92조.

Ⅱ. 재난으로서 전염병과 국제적 구호의 문제

전염병의 대유행으로 인한 인적 · 경제적 피해는 웬만한 국제전쟁의 피해 규모를 뛰어넘는다. 특히 전염병으로 인한 피해는 개발도상국과 최빈개도국에서 더욱 심각하게 나타나며 국가의 존립에 영향을 줄 정도의 피해에 해당하는 경우도 있다.

국가의 재난복구 의무는 일차적으로는 재난국의 책임하에 있으나,[293)]재난국이 피해를 수습하고 복구할 경제적 · 인적 · 기술적 자원이 부족하거나 없는 경우, 또는 애당초 재난을 수습하고 복구할 의지가 없는 경우 재난의 피해를 수습하고 복구하는데 있어 국제사회의 협력과 도움이 절대적으로 요구된다. 특히 전염병의 경우 그 피해의 복구가 늦어지면 전염병이 질병발생국뿐만 아니라 전 세계 곳곳으로 확산되어 그 전염병 피해가 모든 국가에게 발생할 수 있다는 점에서 국제사회의 신속하고 적절한 대응이 요구된다.

1. UN 국제법위원회의 '재난시 인간의 보호'에 관한 논의

현재까지 재난구호를 전반적으로 규율하는 보편적이고 포괄적인 조약은 없으나 몇몇 분야별 다자조약 또는 양자조약이 존재한다.[294)] 재난구호에 관한 보편적 조약의 필요성이 점차 높아짐에 따라 이러한 분야별 다자조약들을 바탕으로 UN 국제법위원회(International Law

293) 재난시 국제구호 문제와 관련된 국제조약 및 국제문서들은 거의 예외 없이 재난을 당한 국가 자신의 일차적 역할과 책임을 인정하고 있다. 박기갑, "국제재난법에 관한 보편적이며 포괄적인 국제조약은 존재 가능한가?", 『고려법학』, 제61호(2011), 58-59쪽.

294) 박기갑, 위의 논문, 45-54쪽.

Commission: ILC)는 UN헌장 제13조에 명시된 국제법의 점진적 발전과 법전화를 위한 노력의 일환으로 2006년 58차회기에서 '재난시 인간의 보호'(Protection of persons in the event of disasters)에 관한 주제를 채택하여 논의중이다.[295)]

특별보고자는 자신의 첫 번째 보고서에서 재해의 피해자인 개인에 중점을 두고 인간의 권리에 기초한 접근법(rights-based approach)을 제시하고 있다.[296)] 이는 앞서 살펴본 전염병 통제에 있어 건강권의 논의와 비슷하지만, 건강권의 경우는 전염병 발생시 자국 국민을 보호할 의무를 말한다면 재난구호에서의 인간의 보호는 자국이 아닌 타국의 국민을 보호할 의무를 말한다는 점에서 큰 차이가 있다. 권리에 기초한 접근방식의 핵심은 재해의 피해자인 개인이 받을 수 있는 대우의 기준을 설정하는 것이며, 인간의 욕구 차원뿐만 아니라 개인의 권리침해에 대해 국제사회가 대처해야 할 의무를 포함하는 개념으로 이해하고 있다. 특별보고자의 이러한 접근방식은 ILC의 논의에서 큰 호응을 얻었다.[297)]

ILC의 논의에서 전염병 통제의 측면에서 특히 주목해야 할 것은 과연 재난시 타국으로부터 인도주의적 지원을 받을 권리가 있는가, 즉 타국은 지원할 의무가 있는가에 대한 것이다.[298)] 일부 ILC 위원들은 인도

---

295) ILC는 2006년 제58차회기에서 장기과제 실무그룹이 제안한 '재해시 인간의 보호'(Protection of Persons in the event of disasters) 주제를 위원회의 장기 과제 목록에 포함시켰고, 동년 겨울 총회는 결의를 통해 이를 확인했다(A/RES/61/34, para. 7). 위원회는 다음 해인 2007년 제59차회기에서 '재해시 인간의 보호'를 당면과제로 선정하기로 결정했고, 콜롬비아 출신의 Mr. Eduardo Valencia-Ospina를 특별보고자로 임명했다. 총회는 결의를 통해 이를 확인하였다(A/RES/62/66, para. 7).

296) ILC, *Preliminary Report on the Protection of Persons in the Event of Disasters*, by Eduardo Valencia-Ospina(Special Rapporteur), 5 May 2008, A/CN.4/598.

297) *ILC Report*, 60th session(A/63/10), paras. 227-229.

298) *Ibid.*, paras. 251-259.

주의적 구제 노력이 인류애·공정성·중립성 원칙에 기초하고, 비차별·유대·국제협력 원칙과도 관련이 있다고 보면서 주권이나 불간섭 원칙이 피해자 지원에 대한 접근을 거부할 근거가 될 수 없다고 보았다.[299] 더욱이 주권이라는 개념은 국가가 자국민을 보호할 의무를 내포하기 때문이다. 그러나 일부 위원은 인도주의적 지원을 권리로 인정하는 것은 국가가 원하지도 않는 지원을 강제로 부과하는 의미로 비추어질 수 있기 때문에 회의적인 입장을 보였다.[300] 대신 인도주의적 지원을 부과할 권리(a right to impose assistance)가 아닌 제공할 권리(a right to provide assistance)로 이해해야 한다는 의견이 제기되었다.[301] 한편, 인도주의적 지원에 대한 권리를 국제인도법 및 국제인권법에 본질적으로 내재한 개인의 권리로 보면서, 이를 위반할 경우 인간의 존엄성과 천부적 권리를 침해한 것으로 간주해야 한다는 견해도 제시되었다.[302]

재난의 구호는 타국의 적극적 개입을 요구하는 만큼 재난의 수준에 따른 대응의 정도에 대한 논의도 있어야 한다. 전염병의 경우 재난 초기 단계의 통제가 매우 중요한 만큼 이러한 특징이 고려되어 전염병 발생 초기부터 국제사회의 적극적인 협력이 고려되어야 한다.

IHR 2005 역시 전염병 통제를 위한 국가들 간의 협력과 지원을 규정하고 있으나[303] 실행에 관한 구체적인 내용이 없고, 다른 국가에 대해 실질적인 지원을 해야 할 의무 역시 규정한 바가 없다. 이 점에서 재난의 구호와 관련된 국제사회 및 국가의 지원에 관한 규범은 전염병의 발생이 재난의 수준에 이르렀을 때, 전염병 통제에 있어 매우 중요한 역할

299) *Ibid.*, para 241.

300) *Ibid.*, para 242.

301) *Ibid.*, para 243.

302) *Ibid.*

303) IHR 2005 제44조 제1항.

을 할 것이므로 이 분야의 법 발전을 관심 있게 지켜봐야 할 것이다.

2. 재난 대응과 '보호책임'

최근 국제법에서 국제사회의 개입 문제의 근거로서 '보호책임'(responsibility to protect)에 관한 논의가 있는데, 논의 초기에는 재난으로 인한 국가실패 상황도 보호책임 범위에 포함되었으나 이후 보호책임의 논의가 무력충돌시의 개입으로 구체화된 상황이다.[304] UN 사무총장의 2009년 보고서 「*Implementing the responsibility to protect*」[305]는 재난 대응에는 보호책임이 적용되지 않음을 분명히 하였다.[306] 이 보고서는 네 가지 주요 국제범죄, 즉 집단살해죄, 전쟁범죄, 인종청소 및 인도에 반하는 죄에 한정하여 적용하여 보호책임을 설명한다.[307]

---

304) Report of the International Commission on Intervention and State Sovereignty(ICISS), *The Responsibility to Protect*(Ottawa: International Development Research Center, 2001). 1999년 당시 UN 사무총장이었던 Kofi Annan이 회원국들에게 인도주의적 간섭의 적법성을 둘러싼 논쟁의 합의점을 모색하도록 요청하였고, 이에 대한 호응으로 캐나다 정부가 자국 보고서 초안을 만들기 위한 목적으로 대부분 민간전문가로 구성된 '주권과 개입에 관한 국제위원회'(ICISS)를 설립하였다. 2001년 동 위원회가 제출한 보고서 「*The Responsibility to Protect*」는 그 동안 상당수의 국가들이 꺼려하거나 부정적 반응을 보이던 인도주의적 '간섭'(intervention)이라는 표현 대신에 '보호책임'이라는 새로운 용어를 사용하는 등 기존과 다른 논의를 담아냈다. '보호책임'이라는 새로운 개념은 2005년 UN 사무총장의 보고서 「*In Larger Freedom*」에서 그대로 인용되었으며, 2005년 UN 총회 결의 제60/1호에서도 받아들여졌다(박기갑 외 2인 공저, 『국제법상 보호책임』(삼우사, 2010)). 최근에는 리비아사태에 대해 UN 안전보장이사회가 택한 결의 제1973호에서 '보호할 의무를 재확인하며'라는 문구가 삽입되어 '보호책임'에 관한 관심이 더욱 높아졌다.

305) Report of the Secretary-General, *Follow-up to the outcome of the Millennium Summit, Implementing the Responsibility to Protect*, UN GAOR, UN Doc. A/63/677(12 January 2009), para. 10 (b).

306) ILC Report 2009(A/64/10), para. 156

307) *Ibid.*, para. 10 (b).

따라서 보호책임 개념을 HIV/AIDS의 문제나 기후변화 및 자연재해에 대한 대응 등으로 확대시키는 것은 지난 2005년의 합의를 벗어난 논의임을 명확히 밝히고 있다.[308] 물론 생화학무기를 이용한 전쟁상황을 고려해 볼 때 보호책임과 전염병이 전혀 관계가 없는 것은 아니나, 자연적인 전염병 발생으로 인한 재난상황은 보호책임이 발생하는 상황에 포함되지 않는다. 앞으로의 지속적인 논의 과정에서 보호책임의 범위가 넓어질 가능성을 배제할 수는 없으나, 지금까지의 논의 과정이 보호책임의 범위를 좁혀감으로써 규범의 성격을 구체화시키는 방향으로 발전해 온 것으로 볼 때 앞으로도 당분간은 자연적인 전염병으로 인한 재난상황에 보호책임이 적용될 가능성은 적어 보인다.

Ⅲ. 국가책임

국가책임법은 현재 국제관습법으로 존재하고 있으며, 이를 위한 성문화작업으로 2001년 UN 국제법위원회에서 「국제위법행위에 대한 국가책임 초안」(Draft Articles on Responsibility of States for Internationally Wrongful Acts : 「국가책임법초안(2001)」)을 채택하였으나 아직까지 국가들에 의해 조약으로 채택되지는 못하였다.

전염병과 관련한 국가책임의 문제는 그동안 꾸준히 논의되어 왔지만, 2002년 사스 발병 때 특히 논란이 되었다. 2002년 11월 중국 광동(廣東) 지방에서 사스가 첫 출현했을 당시 중국은 전염병 발병을 은폐하고 질병에 대한 정보를 공유하지 않는 비협조적 태도를 보였다.[309] 다수의 공

308) *Ibid.*, para. 156

309) Mely Caballero-Anthony, "SARS in Asia: Crisis, Vulnerabilities, and Regional

중보건 전문가들이 중국의 이러한 태도가 전 세계적인 피해를 야기하였다고 주장함에 따라 중국의 행동이 국가책임 문제를 야기하는지가 문제되었다.[310)]

「국가책임법초안(2001)」 제1조에 따르면 국가의 모든 국제위법행위는 그 국가의 국제책임을 발생시킨다. 사스가 발생한 2003년은 IHR 1969가 여전히 효력을 갖고 있었기 때문에 이 규범의 대상 질병이 아닌 사스의 발병에 대해 중국이 그 사실을 WHO에 통고할 조약상 의무는 없었다. 그러나 당시 국제관습법상으로는 비상사태를 야기하는 초국경적 피해에 대해서는 국가의 통고의무가 존재했던 것으로 판단되며, 이러한 피해상황에 전염병의 발생 또한 포함될 수 있음은 앞서 살펴본 바와 같다.[311)] 그러나 국제관습법상의 의무에 근거하여 중국에 국가책임을 묻는 국가는 없었다.

그러나 IHR이 개정됨에 따라 회원국은 국제적 관심의 공중보건 비상사태(PHEIC)를 구성하는 모든 상황에 대해 통고할 의무가 발생하므로 이를 위반하였을 경우에는 국가책임 문제가 발생한다. IHR 2005는 국가책임 발생에 관한 명시적 규정을 두고 있지 않기 때문에 IHR 2005의 의무 위반에 관해서는 해당 회원국에 대해 발효한 관련 조약 내지는 국가책임에 관한 국제관습법이 적용될 수 있다. 아직까지 IHR 2005의 의무 위반에 대해 국가책임을 추궁한 사례는 없으나, 앞으로 얼마든지 발생할 수 있다는 점에서 전염병 통고의무를 비롯한 관련 의무에 대한 국가책임의 문제를 검토할 필요가 있다. 국제법상 국가책임의 문제는 많

Responses", *Asian Survey*, Vol. 45(2005), p.480.

310) David P. Fidler, "SARS and International Law", *ASIL Insight*, April 2003, available at: http://www.asil.org/insigh101.cfm〈2012-03-31〉.

311) 이 책의 제1장 제3절 Ⅱ. 2 참고.

은 이론적 설명을 요구하고 있으므로 여기서는 전염병과 관련하여 특히 문제가 될 수 있는 쟁점들만 간단히 살펴본다.

국가가 전염병 발생시 이를 통고하지 않음으로써 국제법상 책임을 지기 위해서는 이 행위가 국제법상 국가의 위법행위를 구성하여야 한다. 그리고 국제법상 국가의 위법행위가 존재하기 위해서는 그 행위가 국가의 행위로 간주되어야 하며(행위의 국가귀속 가능성), 그 행위가 국제법상의 의무 위반을 구성하여야 한다(행위의 국제법상 '위법성'). 전자의 경우 전염병 발생에 있어, 특히 지역 보건당국이 업무태만이나 또는 고의로 질병 발생을 은폐하여 통고의무를 불이행하게 되는 문제가 발생할 수 있는데, 이 때 지역보건당국도 중앙정부기관과 마찬가지로 '국가기관'이며 국제법상 국가책임을 발생시키는 행위의 주체가 된다.[312)]

행위의 국제법상 위법성의 문제는 ① 해당 행위가 국제법상의 위법행위를 구성해야 하며, ② 위법성조각사유에 해당하지 않는지를 검토해야 한다. WHO 회원국은 IHR 2005에 따라 WHO에 이를 통고해야 할 의무가 발생하는 사태, 즉 IHR 2005의 부속서 2의 결정도구에 따라 PHEIC를 구성하는 사태에 관해 WHO에 통고해야 한다. IHR 2005 부속서 2의 결정도구를 살펴보면, "질병의 발생이 비정상적이고 예견할 수 없으며 공중보건에 심각한 영향을 줄 경우에는" 그 사태를 WHO에 통고해야 하는데, 특히 두창 등 4가지 질병을 나열하고 있어 이 질병의 통고에 대해서는 확실한 의무가 발생한다.[313)] 그러나 "원인이나 출처가 밝혀지지 않은 사태를 포함하여 잠재적 국제적인 관심사인 공중보건 비상사태" 및 신종 전염병을 포함한 기타의 질병, 그리고 콜레라 등 "공중보건에 심각한 영향력을 가지고 급속하게 국제적으로 전파될 수 있는

312) 2001년 「국제위법행위에 대한 국가책임 초안」 제4조 제1항.
313) 이 책의 제2장 제2절 Ⅳ. 참고.

능력이 입증된 질병"의 경우에 대해서는 국가가 PHEIC 해당 여부를 평가하게 된다. 즉, 국가들이 자국의 관할권 내에 발생한 사태가 PHEIC에 해당하지 않는다고 평가함으로써 통고가 불필요하다고 결정할 수 있기 때문에 국가들은 통고의무를 위반하지 않았다고 주장할 수 있는 가능성이 존재한다.

그렇다면 신종 전염병의 출현 내지는 국가의 자원 부족으로 인해 전염병의 발생을 인지하지 못하여 전염병을 통고하지 못한 것은 의무 자체가 발생하지 않았다고 보는 것이 타당하다. 2009년 멕시코에서 신종 인플루엔자A(H1N1)가 발생했을 당시 멕시코가 뒤늦은 통고에 대한 이유로 이와 같은 근거를 내세웠었다. 문제는 국가가 진정으로 신종 전염병을 다른 것으로 오인하여 통고를 하지 않은 것인지, 아니면 국가이익을 위해 고의로 이를 은폐한 것인지 판단하기가 어렵다는 점이다. 「국가책임법초안(2001)」은 고의 또는 과실에 대해 언급하고 있지 않은데, 이는 어떠한 행위에 대해 국가책임을 묻는 것은 이미 그 위법성을 확인한 것으로 고의 또는 과실 여부가 검토되었으므로 일반적인 책임성립요건을 규정하고 있는 「국가책임법초안(2001)」에서는 이를 정할 필요가 없었던 것으로 판단된다.[314]

전염병 통고의무 위반으로 인하여 손해가 발생할 경우 위법행위국은 피해국에 대하여 손해배상 의무를 부담한다. 그러나 전염병은 전파를 통해 다른 국가 또는 관할영역을 감염시키고 감염된 국가가 또 다른 국가의 영역에 피해를 줌으로써 가해국의 범위 설정과 피해의 정도를 확인하기가 매우 어렵다. 이 외에도 전염병의 통고의무 위반에 대한 책임의 추궁에 있어 전염병의 통고의무는 국제공동체 전체에 대한 의무, 즉

---

314) J.G. Starke, "Imputability in international delinquencies", *British Yearbook of International Law*, Vol. 19(1938), pp.114-115.

대세적 의무(*erga omnes*)의 성격이 강하다는 점에서 이 의무에 대한 책임 추궁의 자격이 피해국뿐만 아니라 국제공동체 전체에 있다고 보는 것이 타당하다고 생각된다. 이 외에도 책임의 이행확보에 관한 일반규범들이 국제관습법과 「국가책임법초안(2001)」 등의 국제문서로 존재하며, 이것이 전염병에 관한 국제법의 의무에도 적용될 수 있다.

지금까지는 전염병의 통고의무를 포함한 국제보건법 위반에 관하여 국가책임을 묻는 것에 대해 소극적이었지만, IHR이 개정되고 전염병 통제의무가 강화되고 있는 만큼 앞으로 이에 대한 국가책임의 논의가 활발히 진행된다면 전염병의 준수와 이행확보에 큰 도움이 될 것으로 예상된다.

Ⅳ. 개인의 형사책임

국제법상 국가의 책임 이외에도 국제법은 개인의 심각한 국제법 위반에 대해 책임을 부과하는 법을 발전시켜 왔는데, 특히 1998년 '국제적 관심대상인 가장 중대한 범죄를 범한 자'에 대해 관할권을 행사하기 위한 상설국제재판소를 설립하기 위해 「국제형사재판소에 관한 로마규정」(Rome Statute of the International Criminal Court : ICC규정)을 채택하였다. 이 규정에 따라 국제형사재판소(ICC)는 집단살해죄, 인도에 반한 죄, 전쟁범죄 및 침략범죄에 대해 관할권을 행사한다.

만약 전염병의 발생과 확산에 대하여 국제법상 개인의 형사책임을 묻는 것이 가능하다면 ICC의 집행체제와 강제력은 전염병의 국제적 확산을 통제하는 좋은 법적 수단이 될 것이다. 전염병의 발생과 확산을 근거로 ICC가 관할권을 행사하기 위해서는 먼저 '재판적격성'과 '관할권

행사의 전제조건', '관할권 행사'의 요건이 충족되어야 한다.

이 중 '재판적격성'이란 해당 사건이 국내에서 수사 또는 기소된 경우 보충성의 원칙에 따라 ICC는 관할권을 행사하지 않는다는 것을 말한다.[315] 다음으로 '관할권행사의 전제조건'을 충족하기 위해서는 범죄발생지국이나 범죄 혐의자의 국적국 중 최소한 한 국가는 ICC규정 당사국이어야 한다.[316] 전염병이 전 세계적으로 확산되는 경우 이 전제조건을 충족시키는 것은 어렵지 않아 보인다. 마지막으로 '관할권 행사'에 있어서는 ICC규정에 따라 ① 당사국에 의한 회부, ② UN헌장 제7장에 근거한 안전보장이사회에 회부, ③ 소추관의 독자적인 수사 개시 등 세 가지의 방법이 있다.[317]

먼저, 생물무기 등을 사용하여 전염병을 발생 및 확산시키는 행위가 집단살해죄, 인도에 반한 죄, 전쟁범죄 및 침략범죄[318]의 각각의 범죄구성요건과 관할권행사요건을 충족한다면 해당 범죄를 근거로 하여 기소 및 처벌하는 것에는 무리가 없어 보인다. 전염병을 발생 및 확산시키는 행위가 테러행위 과정에 이루어진 경우, 비록 ICC규정이 테러범죄를 명

315) ICC규정 제17조.

316) ICC규정 제12조.

317) ICC규정 제13조.

318) 침략범죄의 경우 1998년 ICC규정 채택시에 침략범죄의 정의에 대한 합의에 실패하여 침략범죄의 정의 및 재판소의 관할권행사 조건을 정하는 조항이 채택된 후 재판소가 관할권을 행사하기로 하였다(ICC규정 제5조 제2항). 그러다 2010년 캄팔라 재검토회의에서 침략범죄 정의 조항 및 관할권행사요건 조항을 포함한 ICC규정 개정안이 채택되었다. 개정된 ICC규정에 따라 ICC가 침략범죄에 대해 실제로 관할권을 행사하게 되는 시기는 재검토회의에서 결정한 관할권행사요건에 따라 30개 당사국이 개정안을 비준 또는 수락한 후 1년 후 또는 2017년 1월 1일 이후 당사국 총회에서 결정하는 일자 중 늦은 일자이다(개정된 ICC규정 제15조 *bis/ter* 제2항 · 3항). 박진아, "ICC의 관할대상 범죄로서 침략범죄 조항 채택을 위한 논의", 『21세기 국제법의 현안과 과제』(삼우사, 2011), 198, 224-238쪽.

시하고 있지는 않지만 전염병의 발생 및 확산을 통해 민간인을 살해하거나 공격하는 경우에는 ICC규정의 인도에 반한 죄, 전쟁범죄에 해당할 수 있다.[319)]

그렇다면 ICC규정이 IHR 2005의 전염병 통고의무의 위반에도 적용될 수 있을까? ICC의 관할범죄 중 IHR 2005의 통고의무 위반과 관련하여 해당 가능성이 가장 높다고 할 수 있는 것이 '인도에 반한 죄'이다.[320)] ICC규정은 '인도에 반한 죄'에 대해 민간인 주민에 대한 광범위하거나 체계적인 공격의 일부로서 그 공격에 대한 인식을 가지고 범하여진 행위로 정의하면서, 여기에 포함되는 유형을 한정적으로 열거하고 있다.[321)] 개인에 대한 형사책임이 전통적으로 전쟁시의 범죄행위에 한정되어 있었다고 한다면, '인도에 반한 죄'는 무력충돌과는 관련이 없다는 점에서 무력충돌시 또는 평시에 모두 발생할 수 있어 시간적 범위가 넓다.[322)]

'인도에 반한 죄'의 성립요건을 살펴보면 먼저, 범죄의 성립기준으로서 '광범위한' 또는 '체계적인' 공격일 것을 요구하고 있다. 여기서 '광범위' 요건은 피해자의 수 등을 포함하여 대규모 공격을 의미하고, '체계적' 요건은 계획의 치밀함이 어느 정도 수준 이상이어야 함을 의미한다.[323)] 따라서 전염병으로 인한 사망자수 등을 포함하여 전염병의 인

---

319) 테러행위의 과정에서 범해진 불법행위가 ICC의 관할범죄를 구성하는 경우 ICC가 처벌할 수 있다는 입장에 대해서는 김영석, "국제법상 테러행위의 규제와 미국의 아프가니스탄에 대한 전쟁에 관한 고찰", 『중앙법학』, 제7집 제3호(2005), 48-49쪽 참조.

320) Justin Kamen, "Prosecuting the Pandemic: Strengthening International Public Health Law", *Eyes on the ICC*, Vol. 5(2008-2009), p.179.

321) ICC규정 제7조 제1항.

322) 김영석, 『국제형사재판소법 강의』(법문사, 2003), 72쪽.

323) Darryl Robinson, "Defining "Crimes Against Humanity" at the Rome Conference",

적 · 경제적 및 지역적 피해의 규모가 상당해야 하는데, 사스나 신종 인플루엔자A(H1N1)와 같은 전염병의 적용에는 무리가 없어 보인다. 그러나 '체계적' 요건에 있어서는 현실적으로 대부분의 전염병 통고의무의 위반은 단순히 국가의 경제적 또는 정치적 이익을 위해 위반하는 경우가 많아 이 기준을 만족하기란 쉽지 않아 보인다. 다만, '광범위' 요건과 '체계적' 요건 중 하나만 만족해도 요건을 충족하기 때문에 인도에 반하는 죄가 '광범위'하게 행해졌다면 '체계적' 요건과 상관없이 성립할 수 있다.[324)]

한편, '인도에 반한 죄'에 해당하는 행위에 전염병과 관련된 문구는 없지만 ICC규정 제7조 제1항 (카)에서 "신체 또는 정신적 · 육체적 건강에 대하여 중대한 고통이나 심각한 피해를 고의적으로 야기하는 유사한 성격의 다른 비인도주의적 행위"를 인도에 반한 죄로 구성하고 있어 IHR 2005의 통고의무 위반의 해당 여부를 고려해 볼 수 있다. 제7조 제1항 (카)는 제7조 제1항에서 나열한 비인도주의적 행위에 해당하지 않는 비인도주의적 행위를 처벌할 수 있도록 하기 위해 만든 것이다.

그러나 전염병의 발생은 자연적인 것으로서 국가가 의도하지 않았다는 점과 질병발생국 또한 피해가 발생한다는 점에서 ICC규정의 '인도에 반하는 죄'와 연관시키는 것은 무리가 따른다. 그럼에도 불구하고 질병발생국이 통고의무를 이행하지 않음으로써 질병의 확산을 의도하고 그 행위로 인하여 수많은 사람들이 사망 또는 심각한 신체적 피해를 입게 되는 경우에 ICC규정의 적용을 고려하는 것은 IHR 2005의 강제력 강화라는 측면에서 논의의 가치가 있다. 만약 IHR 2005상의 통고의무를 위반한 것에 대해 ICC규정의 '인도에 반하는 죄'가 적용될 수 있다고 한다

American Journal of International Law, Vol. 93(1999), p.47.

324) 김영석, *supra* note 326, 70쪽.

면 ICC의 이행체제는 IHR 2005의 이행과 준수를 상당히 보완하는 역할을 할 수 있을 것이다.

제4장

국제법상 전염병 통제의 문제점과 개선방안

IHR의 개정을 비롯하여 전염병 통제에 관한 국제규범들을 과거와 비교한다면 상당한 개선과 발전을 이룬 것이 사실이다. 그러나 현재까지 전염병 통제를 핵심 목적으로 하는 일반조약은 IHR 2005뿐이고, 동 규칙 역시 개정 및 시행과정에서 문제점이 하나씩 드러나고 있다. 그 중 가장 많이 지적되는 것이 규범의 준수와 이행의 담보에 관한 것이다. 이미 살펴 보았듯이 IHR 1969를 개정하게 된 핵심 이유는 규범 전반에 걸친 이행의 실패에서 찾을 수 있다.[1] 이러한 문제점들을 극복하기 위해 IHR 2005는 규범의 준수를 도모하기 위한 여러 가지 법적 장치들을 마련하고 있다. 그러나 이것 역시 규범이 준수될 때 그 효과를 발휘할 수 있다.

전염병의 통제 문제는 IHR 2005를 비롯한 국제보건법 이외에 국제경제법, 국제인권법, 국제환경법 등 다른 법 영역에서도 다루어지고 있다. 이들 영역의 전염병 관련 규정과 IHR 2005의 규정은 상당 부분 겹치는 것도 있으나,[2] IHR 2005는 국제공중보건의 측면에서 "공중보건위험에 상응하고 제한된 방식으로 국제이동과 무역에 대한 불필요한 방해를 피하면서 질병의 국제적 확산을 예방 · 방어 · 관리 및 대응"하기 위해 필요한 규범을 위주로 구성되어 있으므로 전염병과 관련된 국제무역, 국제환경, 국제인권 등에 관한 규범이 없거나, 있다고 하더라도 원칙 규정에 불과하여 전염병의 효과적인 통제에 있어 한계를 드러내고 있다.

---

1) Lawrence O. Gostin, "Influenza A(H1N1) and Pandemic Preparedness Under the Rule of International Law", *Journal of the American Medical Association*, Vol. 301(2009), p.2376; 이 책의 제2장 제1절 참고.

2) 대표적인 경우가 IHR 2005의 추가 보건조치와 SPS협정의 SPS조치이다. 이 책의 제3장 제1절 Ⅰ. 3 참고.

IHR 2005는 앞으로 전염병 통제에 관한 다른 일반조약이 체결되기 전까지는 전염병 통제에 관한 국제규범에서 중심적 역할을 할 것이다. 그 점에서 전염병의 국제법적 통제의 성공 여부는 IHR 2005의 효과적인 준수와 이행에 달려 있다고 하여도 과언이 아니다.

이하에서는 IHR 2005와 WHO의 전염병 통제 역할을 중심으로 국제법상 전염병 통제의 문제점을 살펴보고, 이를 개선하기 위한 다양한 방안들을 검토해 본다.

제 1 절 국제법상 전염병 통제의 문제점

전염병 통제에 관한 국제법을 준수하지 않는 이유는 국가들마다 조금씩 다르지만, 전염병 통제의 핵심규범인 IHR 2005상의 의무를 국가들이 이행하지 못하는 이유로 다음의 네 가지가 일반적으로 언급된다. 첫째, 자국의 이익 때문에 준수하지 않는 경우, 둘째, 규범이 불명확하거나 국가의 준법 의지가 없는 경우, 셋째, 규범이 국가주권과 충돌한다는 이유로 준수하지 않는 경우, 넷째, 특히 개발도상국과 최빈개도국과 같이 이행에 필요한 자원과 기반이 부족하여 준수하지 않는 경우 또는 준수할 수 없는 경우이다.

이 절에서는 전염병의 통제에서 가장 직접적이고 핵심적인 의무가 되는 전염병의 통고의무에 대한 준수의 문제를 핵심에 두고, 비준수의 원인을 분석하고 해결의 실마리를 찾아 보고자 한다.

Ⅰ. 국가이익과 국제법의 충돌

1. 질병 통고로 인한 국가의 경제적 손해의 발생

19세기 전염병 통제를 위한 국제적 협력은 인류의 건강과 생명에 대한 보호보다는 전염병으로부터 무역이나 관광과 같은 국가의 경제적 이익을 보호하려는 목적에서 시작되었다. 이러한 국가의 이익 추구 경향은 오늘날의 전염병 대응에서도 크게 바뀌지 않았다. 급속하게 확산되는 전염병을 통고할 경우, 다른 국가들이 질병 통제를 위해 질병발생국과의 무역 또는 여행을 제한하는 조치를 취함에 따라 질병발생국은 경제적 피해를 입게 된다. 게다가 전염병 발생의 공개로 인해 공중의 공포심이 형성되어 경제불안을 야기하고, 질병을 통제하기 위한 조치에는 많은 비용이 드는 등 질병발생국에 이중, 삼중의 경제적 피해가 발생한다.[3)]

중국에서 사스가 처음 발생했을 때 중국이 사스가 동남아시아 일부 국가와 캐나다로 확산될 때까지도 그 발병 사실을 통고하지 않은 가장 중요한 이유가 경제적 피해 때문이었다.[4)] 중국의 이러한 태도는 전 세계적으로 8,422명이 사스에 감염되고 그 중 916명이 사망하는데 결정적 원인이 되었다.[5)] 결국 사스가 전 세계로 확산되고 발병 사실이 미디어를 통해 공개된 이후 중국을 비롯한 질병발생국은 여행객 수와 소비

---

3) Jennifer Shkabatur, "A Global Panopticon? The Changing Role of International Organizations in the Information Age", *Michigan Journal of International Law*, Vol. 33(2011), p.14.

4) Joshua D. Reader, "The Case Against China: Establishing International Liability for China's Response to the 2002-2003 SARS Epidemic", *Columbia Journal of Asian Law*, Vol. 19(2006), p.529.

5) *Ibid.*, p.530.

산업이 급감하는 등 심각한 경제적 타격을 입었으며,[6] 전 세계적인 경제적 손실은 약 400억달러에 이르렀다.[7]

또 다른 예로, 2009년 신종 인플루엔자A(H1N1)가 발생했을 때 일부 국가들은 이 전염병의 공식적인 진원지로 발표된 멕시코의 여행 금지 또는 여행 자제를 발표하고, 멕시코에서 입국하는 여행객 중 열이 있는 사람을 차단하였다.[8] 이는 WHO의 권고와 일치하지 않는 것으로 논란이 되었다.[9] 또한 WHO가 돼지고기의 소비를 통해서는 신종 인플루엔자A(H1N1)가 전염되지 않으며, 돼지고기 상품의 수입을 제한하는 조치가 정당하지 못하다고 여러 차례 언급했음에도 불구하고 일부 국가들은 멕시코로부터 돼지고기 수입을 금지시켰다.[10] 그 결과로 멕시코는 질병 발생 이후 한 주만에 국민총생산량(GNP)이 0.3~0.5% 가량 감소하였다.[11]

이렇듯 질병 통고에 의한 경제적 손실을 감안해 본다면 자국의 이익을 위해 행동하는 WHO 회원국들이 전염병의 통제를 위한 최후의 수단으로서만 WHO의 통고의무를 준수한다는 것이 당연해 보인다. IHR 1969 역시 회원국의 보고의무를 규정하였으나, 회원국들은 관광 및 무역에 미치는 피해를 우려하여 보고하기를 꺼려했다.[12] 실제로 IHR 1969

6) *Ibid.*, pp.563-564.

7) *Ibid.*, p.563.

8) Keith Bradhsear, "Hong Kong, Minding SARS, Announces Tough Measures in Response to Swine Flu", *New York Times*, 26 April 2009, available at http://www.nytimes.com/2009/04/27 /world/asia/27kong.html〈2012-03-31〉.

9) Lawrence O. Gostin, *supra* note 1, pp.2376-2378.

10) BBC News, "Flu Bans Heighten Trade Tensions", 5 May 2009, available at http://news.bbc.co.uk/2/hi/americas/8034284.stm〈2012-03-31〉.

11) *The Economist*, "Flu and the Global Economy: The Butcher's Bill", 30 April 2009, available at http://www.economist.com/node/13576491〈2012-03-31〉.

12) Heidi L. Lambertson, "Swatting a Bug Without a Flyswatter: Minimizing the Impact of Disease Control on Individual Liberty under the Revised International Health

가 발효한 기간 동안에 회원국이 전염병 발생을 WHO에 통고한 경우는 단 한 차례뿐이었다.[13)]

이처럼 전염병에 관한 정보 제공을 주저하게 하는 이유가 상당함에도 불구하고 WHO와 IHR 2005는 질병발생국이 규칙을 준수하고 정보를 공유하도록 유도하는 어떠한 인센티브도 제공하지 않고 있다. 다만, IHR의 2004년 1월 초안 제34조에서 질병이 발생하지 않은 국가는 이 규칙에 근거하여 내린 권고를 초과한 조치를 취하지 않도록 모든 노력을 기울일 것을 규정했을 뿐이다.[14)] 이 조항은 질병발생국의 경제적 피해를 예방하고 치유하기에는 미흡하였으며 그나마 IHR 2005에서는 삭제되었다. 사실 국제보건규칙 발전의 역사를 살펴보면 WHO는 확실한 보고와 감시체계의 확립에 많은 어려움과 실패를 겪었으며, 이 점은 국가들이 이미지 손실로 인한 피해가 예상됨에도 불구하고 기꺼이 이러한 위험을 감수하고 의심되는 질병의 발생 사실을 감추거나 보고를 지연시키는 주요 원인이 되었다.[15)]

Regulations", *Penn State International Law Review*, Vol. 25(2006-2007), pp.539-540.

13) Lawrence O. Gostin, "International Infectious Disease Law: Revision of the World Health Organization's International Health Regulations", *Journal of the American Medical Association*, Vol. 291(2004), p.2625.

14) WHO, International Health Regulations: Working paper for regional consultations, IGWG/IHR/Working paper/12.2003, 12 January 2004, Art. 34(Excessive measures) "States should make every effort not to impose measures exceeding those recommended by WHO under these Regulations."

15) 예를 들어, 중국 광둥성의 사스 발병의 경우, 중국 정부는 국가가 입을 피해를 우려하여 질병 발생 사실을 은폐하고 뒤늦게 WHO에 발병 사실을 보고함으로써 질병의 피해를 키웠다. Mely Caballero-Anthony, "SARS in Asia: Crisis, Vulnerabilities, and Regional Responses", *Asian Survey*, Vol. 45(2005).

2. 죄수의 딜레마

국제법은 전염병의 통제를 효과적으로 하기 위해 특히 국가들의 상호 협력을 요구하고 있다. 그러나 이러한 국제법을 국가들이 준수하지 않는 이유를 이론적으로 설명한 것 중 주목해야 할 것이 '죄수의 딜레마'이다.[16] 게임이론의 사례인 죄수의 딜레마는 한편으로 정보의 부족과 이기적인 이익의 추구로 인해 최악의 결과를 가져오는 것을 설명하면서, 다른 한편으로는 국가간의 협력을 통해 최상의 결과를 가져오는 것도 설명한다. 죄수의 딜레마를 전염병 발생시의 두 국가의 상황에 맞춰 전염병이 발생한 A국가의 'WHO에 통고할 의무'와 전염병이 발생하지 않은 B국가의 '불필요한 무역 및 여행제한 조치를 자제할 의무'가 있다고 전제하고 단순화하여 다음과 같은 결과를 가정해 볼 수 있다.

	A국가의 준수	A국가의 비준수
B국가의 준수	A · B국가 모두 경제적 피해 없는 전염병의 효과적 통제가 가능	A국가: 경제적 피해가 거의 없음. B국가: 전염병 확산과 그로 인한 심각한 피해 발생
B국가의 비준수	A국가: 심각한 경제적 피해 발생 B국가: 전염병 확산 차단	A · B국가 모두 경제적 피해가 발생하고 전염병이 확산됨.

* A국가의 의무: WHO에 전염병 발생 사실을 통고할 의무

* B국가의 의무: 불필요한 무역 및 여행제한 조치를 자제할 의무

위의 가정에 따라 A국가는 B국가가 불필요한 무역 및 조치를 하지 않을 것이라는 신뢰하에 WHO에 전염병의 발생 사실을 통고하고, 이러한

16) Marvis S. Soroos, "Global Change, Environmental Security, and the Prisoner's Dilemma", *Journal of Peace Research*, Vol. 31(1994).

A국가의 신뢰에 부응하여 B국가, 즉 A국가를 제외한 관련 국가들이 불필요한 조치를 취하지 않는 경험이 반복된다면 국가들은 전염병 보고로 인한 경제적 피해의 부담을 덜 것이며, 좀 더 적극적으로 전염병 정보를 공유함으로써 효율적인 통제가 가능해지는 최적의 상황을 연출할 수 있을 것이다.

그러나 현실은 크게 달랐다. 1991년 페루에서 콜레라가 발생하자 페루는 그 사실을 WHO에 통고하였다. WHO와 미국 질병통제예방센터(CDC)가 여행 및 무역제한의 근거가 없다는 점을 명확히 하였음에도 불구하고 다른 국가들은 페루의 상품에 대해 무역 제재조치와 여행제한 조치를 취하였다. 결과적으로 페루는 7억 7천달러에 이르는 큰 경제적 피해를 입었으며 통고의무의 준수로 인한 어떠한 보상도 받지 못했다.[17] 이와 비슷한 상황은 이후에도 계속되었다. 1994년 인도가 페스트로 의심되는 상황을 WHO에 보고한 이후 WHO가 여행이나 무역의 제한이 불필요하다는 권고를 하였음에도 불구하고 다른 국가들은 상품과 사람의 이동을 제한하고 여행 권고 조치를 내렸다.[18]

신종 인플루엔자A(H1N1)의 발생기간 동안에도 여행 권고나 제한이 필요하지 않다는 WHO의 결정에도 불구하고 많은 국가들이 질병의 발생에 대응하는 방법으로 그러한 조치를 사용하였다.[19] 또한 WHO는 돼지

17) Richard A. Cash and Vasant Narasimhan, "Impediments to Global Surveillance of Infectious Diseases: Consequences of Open Reporting in a Global Economy", *Bulletin of the World Health Organization*, Vol. 78(2000), pp.1362-63.

18) Barbara von Tigerstrom, "The Revised International Health Regulations and Restraint of National Health Measures", *Health Law Journal*, Vol. 13(2005), p.43.

19) Kumanan Wilson *et al.*, "Strengthening the International health Regulations: lessons from the H1N1 pandemic", *Health Policy and Planning Advance Access*, Vol. 2(2010), p.3.

고기를 통해서는 신종 인플루엔자A(H1N1)가 전염되지 않으며, 따라서 질병발생국가로부터의 돼지고기 상품의 수입을 제한하는 조치가 정당하지 못하다고 여러 차례 언급했음에도 불구하고 일부 국가들은 그러한 조치를 유지했다.[20] 신종 인플루엔자A(H1N1)의 감염지역으로부터 왔거나 또는 감염지역과 관련이 있는 개인 또는 집단에 대해 차단과 격리조치를 행하는 것도 WHO의 권고와 일치하지 않는다고 논란이 되었다.[21] 이러한 현실은 국가들이 왜 전염병 발생의 통보를 꺼리는지를 설명해 준다. 이러한 상황이 앞으로도 계속 반복된다면 국가들은 전염병 통고로 인한 부정적 결과로 피해를 입기보다는 발병 사실을 은닉하고 과도한 무역 및 여행 제재조치를 취함으로써 자국의 피해를 최소화하려고 할 것이다.

대부분의 경우, IHR 2005를 잠정적으로 위반하는 조치를 취한 국가들은 그 위반으로 인한 별다른 피해 없이 그런 조치를 취하였다. 이처럼 규범을 위반한 국가에 아무런 손해가 없다고 한다면, 더 심각한 전염병이 발생했을 경우에는 국가들은 더욱더 과도한 조치를 취할 것이며, 이에 대한 반작용으로 질병발생국은 전염병 발생의 통고를 더욱 회피할 것이다. 즉, 불필요한 무역과 여행 및 인권에 대한 제한이 계속된다면, 당사국들은 다른 국가의 이러한 조치에 대한 우려 때문에 PHEIC를 구성하는 사태에 대해 보고해야 할 어떤 실익을 찾기가 어려울 것이다. 이와 같은 상황은 IHR 1969에서도 나타났듯이 총체적인 위반을 통해 IHR 2005 자체를 위태롭게 하는 결과를 야기할 수 있다.

---

20) Join FAO/WHO/OIE Statement on Influenza A(H1N1) and the Safety of Port, Join FAO/WHO/OIE Statement 7 May 2009, available at: http://www.who.int/mediacentre /news/statements/2009/h1n1_20090430/en/index.html〈2012-03-31〉. 예를 들어, 미국은 멕시코산 돼지고기 수입을 금지하였고 중국, 러시아, 태국 등에서는 미국과 멕시코산 돼지고기 수입을 금지하였다.

21) Lawrence O. Gostin, *supra* note 1, pp.2376-2378.

Ⅱ. 규범의 특징과 준법의지의 부재

1. 규범의 불명확성

조약과 같이 성문화된 국제규범의 경우 때때로 규범의 불명확성이 비준수의 원인이 되기도 한다. 예를 들어, IHR 2005의 핵심의무는 PHEIC를 구성하는 사태에 대해 WHO에 통고하는 것인데, 규범 내용을 들여다보면 사실상 통고 여부를 선택하는 것을 허용하고 있다. IHR 2005는 당사국이 IHR 2005 부속서2에서 제시하는 결정도구에 따라 그 질병발생 사태가 PHEIC에 해당하면 WHO에 통고하도록 하고 있는데,[22] 문제는 PHEIC 구성 여부를 국가가 잠정적으로 결정한다는데 있다.[23]

IHR 2005 부속서 2의 결정도구를 살펴보면, "질병의 발생이 비정상적이고 예견할 수 없으며 공중보건에 심각한 영향을 줄 경우에는" 그 사태를 WHO에 통고해야 하는데, 특히 두창 등 4가지 질병을 나열하고 있어 이 질병의 통고에 대해서는 확실한 의무가 발생한다. 그러나 "원인이나 출처가 밝혀지지 않은 사태를 포함하여 잠재적 국제적인 관심사인 공중보건 비상사태" 및 신종 전염병을 포함한 기타의 질병, 그리고 콜레라 등 "공중보건에 심각한 영향력을 가지고 급속하게 국제적으로 전파될 수 있는 능력이 입증된 질병"의 경우에 대해서는 국가가 PHEIC 해당 여부를 평가하게 된다. 즉, 국가들은 자국의 관할권 내에서 발생한 사태가 PHEIC에 해당하지 않는다고 평가함으로써 통고가 불필요하다고 결정할 수 있기 때문에 IHR 2005는 사실상 회원국에게 통고

22) 이 책의 제2장 제2절 Ⅳ 참고.

23) 어떤 사태가 PHEIC에 해당하는지 여부에 대한 결정은 오로지 WHO 사무국장의 권한으로 IHR 2005 부속서 2에 따른 PHEIC의 결정은 국가가 질병 사태의 통고를 위해서만 PHEIC 여부를 잠정적으로 평가하는 것에 지나지 않는다. IHR 2005 제12조.

에 대한 폭넓은 재량을 부여하고 있다.[24] 이러한 재량이 가능하기 때문에 질병발생국은 해당 사태가 공중보건 비상사태를 구성하지 않는다고 주장하면서 WHO에 사태의 통고를 회피할 수 있다.[25]

또 다른 예로 WHO 사무국장의 PHEIC의 결정권한을 들 수 있다. WHO 사무국장은 IHR 2005에 따라 회원국의 통고와 별도로 비정부 실체로부터 받은 정보에 근거하여 이를 당사국과 함께 분석하고 비상위원회의 조언을 받아 해당 사태가 PHEIC에 해당하는지를 결정할 권한이 있다.[26] 2009년 신종 인플루엔자A(H1N1)가 발생했을 때 WHO 사무국장은 IHR 2005가 발효한 후 처음으로 이 권한을 행사하였는데, 그는 2009년 4월 25일 신종 인플루엔자A(H1N1)의 발생을 PHEIC으로 규정하고 유행지역의 여행과 방문에 주의를 표명하였다.[27] PHEIC 선언을 한 경우 WHO 사무국장은 당사국이 이행할 적절한 대응과 보건조치에 관한 임시권고를 할 의무가 발생한다.[28]

2009년 신종 인플루엔자A(H1N1)에 대한 WHO 사무국장의 PHEIC 선언은 거의 논란이 되지 않았는데, 그 이유는 질병 발생 당시 WHO의 대유행 인플루엔자 경보 시스템에 대한 비판의 목소리가 높아서 상대적으로 PHEIC 선언은 별다른 관심을 받지 못했기 때문이다.[29] 그럼에도

---

24) IHR 2005 제6조.

25) David P. Fidler, "Emerging Trends in International Law Concerning Global Infectious Disease Control", *Emerging Infectious Diseases*, Vol. 9(2003).

26) IHR 2005 제12조, 제49조.

27) Statement by WHO Director-General, Dr Margaret Chan, Swine Influenza, 25 April 2009, available at: http://www.who.int/mediacentre/news/statements/2009/h1n1_20090425/en /index.html〈2012-03-31〉.

28) IHR 2005 제15조 제1항.

29) David P. Fidler, "H1N1 after Action Review: Learning from the Unexpected, the Success and the Fear", *Future Microbiology*, Vol. 4(2009), pp.767-768.

불구하고 당해 PHEIC 선언을 통해 이 권한에 대한 몇 가지 문제점이 드러났다. 먼저, 이번 사태가 PHEIC의 '첫 번째' 선언이라는 점이다. 예를 들어, 2005년 'XDR-TB'라는 유형의 폐렴 발생[30]이나 2008년 짐바브웨의 콜레라 발생[31] 등 심각한 공중보건 사태에 대해서는 PHEIC이 선언되지 않았다. 이 중 'XDR-TB'와 관련하여 PHEIC가 선언되지 않은 것에 대해 WHO 결핵대책본부(Global Task Force on TB)는 "IHR 비상위원회와 임시권고는 MDR-TB나 XDR-TB와 같이 만성이 급성화된 경우보다는 급성질병의 발생만을 염두에 두고 있다"고 언급했다.[32] 이것은 PHEIC를 선언하고 임시권고를 할 권한을 WHO가 너무 좁게 해석하고 있는 것은 아닌가하는 의심이 들게 했다.[33] 더욱이 콜레라의 경우 IHR 2005 부속서 2의 결정도구에서 나열하고 있는 질병 중 하나라는 점에서 2008년 콜레라의 확산에 대해 PHEIC 선언이 되지 않은 것은 잘 설명이 되지 않는다.

이처럼 2007년 IHR 2005가 발효한 이후 2009년 신종 인플루엔자

---

30) WHO에 따르면 2005년 한 해 동안 세계적으로 880만건의 TB 케이스가 발생해 160만명이 숨졌는데 이 중 MDR-TB가 42만 4,000건으로 11만 6,000명이 사망하였으며, XDR-TB는 2만 7,000건으로 이 중 1만 6,000명이 사망했다. WHO Stop TB Partnership, *Global Tuberculosis Control: Surveillance, Planning, Financing*(WHO, 2007); Kumanan Wilson *et al.*, "WHO's Response to Global Public Health Threats: XDR-TB", *PLos Medicine*, Vol. 4(2007), p.1282.

31) WHO에 따르면, 콜레라 발생이 가장 심각했던 2008년 8월부터 2009년 7월까지 9만 8,592건의 콜레라가 발생했고 그 중 4,288명이 사망했다(http://www.who.int/cholera/countries /ZimbabweCountryProfileOct2009.pdf〈2012-03-31〉).

32) WHO, Control of XDR-TB: Update on progress since the Global XDR-TB Task Force Meeting 9-10 October 2006, 22 January 2007, p.5, available at: http://www.stoptb.org/events/world_tb_day/2007/assets/documents/globaltaskforce_update_feb07.pdf〈2012-03-31〉.

33) Kumanan Wilson *et al.*, *supra* note 19, p.2.

A(H1N1) 발생 사이의 짧은 경험으로 미루어 볼 때 WHO는 PHEIC 선언이 되는 사태를 매우 좁게 해석하는 경향이 있다. 이것은 WHO 사무국장이 PHEIC를 선언함에 있어 소극적임을 보여 준다. 이러한 소극적 태도는 국제적 조치와 협조를 필요로 하는 심각한 공중보건위험 상황에 IHR 2005가 적극적으로 활용되는 것을 방해할 수 있다는 점에서 우려를 낳는다.[34)]

이 외에도 IHR 2005에는 구체적 해석을 필요로 하는 규정이 다수 존재한다. 예를 들어, IHR 2005의 추가 보건조치를 취하기 위한 요건으로 '과학적 원리', '과학적 증거' 등이 제시되고 있는데, 이것이 의미하는 바에 대한 별도의 언급이 없어 이 규정의 적용과 준수에 있어 논란이 예상된다. 또한 개정을 통해 처음으로 인권 개념을 규정하였는데, 해당 규정이 원칙적 서술에 그치고 있고 실제 전염병 통제과정에서의 인권보호를 위한 구체적 기준이 없어 국가의 인권보호 의무의 범위가 명확하지 않다는 문제점이 있다.

2. 법적 구속력은 있으나 이행확보장치가 없는 규범의 준수 문제

IHR 2005는 WHO헌장 제21조에 따라 채택된 것으로 국가의 동의에 근거하고 있으므로 형식적으로는 법적 구속력을 갖는 조약이다. IHR이 WHO 회원국에 대해 법적 구속력을 갖는다는 것은 한편으로는 전염병의 확산을 저지하기 위해 개별 주권국가의 행위를 통제하겠다는 WHO의 강한 의지를, 다른 한편으로 강한 법적 압력이 없다면, 회원국들의 IHR 2005의 준수를 담보하기가 어렵다는 인식을 보여 준다.[35)]

---

34) *Ibid.*

35) Setsuko Aoki, "International Legal Cooperation to Combat Communicable Disease-Increasing Importance of Soft Law frameworks", *Asian Journal of WTO &*

IHR 2005와 같이 국가의 명시적 동의에 근거하여 법적 효력을 갖는 조약의 경우 이 때 국가의 동의는 국제법 준수의 동인이 된다.[36] 그러나 국가가 동의한 국제법을 준수하지 않는 경우도 종종 발생한다. 예를 들어, 국가들은 자국 영토 안에서 전염병이 발생한 경우 이를 WHO에 통고하는 것이 국가경제에 악영향을 가져올 수 있다는 우려 때문에 질병 통고를 하지 않거나 통고를 미룰 수 있다. 즉, 국가의 동의만으로는 국가의 국제법 의무 이행을 담보하지 못한다.[37] 동의의 문제는, 다만 국가가 동의하지 않은 국제법, 특별히 조약이 부과하는 의무를 이행할 필요가 없다는 주장의 충분조건일 뿐이다.

물론 국가들은 위반에 대한 제재나 이행의 강제가 없더라도 신의(good faith), 규범의 정당성, 국가의 이익 등 여러 가지 동인(動因)이 작용하여 국제법을 준수하거나 준수하려 노력한다. 국제법을 준수하지 않는 주요 원인을 제재의 부재로 보는 것은 기본적으로 국내법에서의 이행 문제를 국제법에도 그대로 대입시키려고 하는 이론에서 유래한다. 국내법에서는 국가의 강제력을 통해 법의 집행이 확보되기 때문이다.[38] 그러나 국제법의 형성과 법 환경이 국내법과 크게 다르다는 점에

International Health Law and Policy, Vol. 1(2006), p.548.

36) John K. Setear, "An Iterative Perspective on Treaties: A Synthesis of International Relations Theory and International Law", *Harvard International Law Journal*, Vol. 37(1996), p.156; Edwin Smith, "Understanding Dynamic Obligations: Arms Control Agreements", *Southern California Law Review*, Vol. 64(1991). pp.1565-1566.

37) Andrew T. Guzman, "International Law: A Compliance Based Theory", *California Law Review*, Vol. 90(2002), p.1834.

38) Fransis A. Boyle[Foundations of World Order: The Legalist Approach to International Relations, 1898-1922(Duke University Press, 1999)], 김영석 옮김, 『세계질서의 기초: 국제관계에 대한 법률가의 접근방식, 1898-1922』(돋는해, 2002), 20-22쪽; Abram Chayes and Antonia H. Chayes, *The New Sovereignty: Compliance with International*

서 이러한 주장이 그대로 적용되기에는 무리가 따른다. 또한 제재나 강제이행장치를 강화하는 것만이 국제법 준수를 보장하는 것도 아니다. 2009년 신종 인플루엔자A(H1N1) 사례에서도 확인했지만 WHO 회원국들은 제재 및 이행장치가 없는 IHR 2005의 통고 및 보고(reporting) 의무를 대체로 잘 준수하였다.[39)]

그러나 전염병과 같이 국가의 경제적 피해가 즉각적이고 명시적으로 나타나는 경우 국가들은 자국의 이익에 더욱 민감하게 반응할 수밖에 없다. 국가가 국제법에 동의하고 그 규범 자체의 정당성에 대해 인정한다고 하더라도 국가의 이익과 충돌하는 경우 국익을 위해 국제법을 위반하는 경우가 적지 않다는 것을 현실이 말해 주고 있다. 또한 전염병의 발생과 확산은 다양한 변수가 존재하며 초기대응이 중요하기 때문에 최초 발생지역 당국의 통고가 전염병 통제에 있어 매우 중요하다. 이러한 점에서 제재 또는 이행장치의 확보 또한 국제법 준수의 강한 동인이 될 수 있다는 점에서 고려해볼 가치는 충분하다. 다만 국내법과 같이 중앙정부가 존재하지 않고 국가들의 주권평등 원칙이 적용되는 국제법에서 이행 강화는 조금 다른 시각에서 접근해야 할 것이다. 예를 들어, 전염병 통제에 관한 국제규범의 준수를 강화하기 위해 WHO를

Regulatory Agreement(Harvard University Press, 1995), pp.2-3.

39) Bradly J. Condon and Tapen Sinha, "The Effectiveness of Pandemic Preparations: Legal Lessons form the 2009 Influenza Epidemic", *Florida Journal of International Law*, Vol. 2(2010), p.12; IHR 2005의 개정 후인 2009년 신종 인플루엔자A(H1N1)가 전 세계적으로 발병했을 당시 대부분의 국가들은 성실하게 자국의 발병을 WHO에 보고했다. 신종 인플루엔자A(H1N1)가 급속히 확산됨에 따라 빠른 시간 내에 전 세계적 대유행 수준에 이르게 되고, 전 세계적인 감시체제가 발전하여 국가의 통고 없이도 질병 사실이 알려지게 됨에 따라 국가 입장에서는 굳이 질병 사실을 숨김으로써 국제법 의무를 위반했다는 문제를 일으킬 이유가 없었을 것으로 판단된다.

중심으로 한 국제기구의 이행감시체계의 강화, 국가이행을 지원하기 위한 재정적 · 기술적 지원, 다양한 분쟁해결 절차의 마련 및 강화 등과 같은 방식을 고려해 볼 수 있다.

3. 법적 구속력 없는 규범의 준수 문제

전염병의 통제에 있어 핵심 국제규범인 IHR 2005는 구속력을 갖는 조약에 해당하나 여기에 근거하여 WHO 사무국장 또는 WHO가 행한 권고는 비구속적 성격을 갖는다.[40] 즉, PHEIC의 해당 여부에 대한 판단과 해당 사태에 필요한 국가의 대응방법에 대한 WHO 사무국장의 임시권고[41]와 주기적으로 적용되는 적절한 보건조치에 대한 WHO의 상시권고[42]는 IHR 2005가 명시한 보건조치만큼이나 전염병 통제에 있어 중요한 역할을 한다. 또한 WHA는 IHR 2005와 별개로 WHO헌장 제23조에 근거하여 권고할 권한을 갖는데 이 역시 비구속적 성격을 갖는다. 사스 발생했을 당시에는 IHR 2005가 아직 발효되지 않아 WHA가 제23조에 근거하여 채택한 결의들이 전염병 통제에서 핵심적인 역할을 담당하였다.

이처럼 전염병 통제에 있어 권고가 갖는 중요성이 IHR 2005의 명시적 조치와 다를 바가 없지만 '비구속적' 성격 때문에 조약에 비해 위반의 정도가 높은 것이 사실이다. 예를 들어, 2009년 신종 인플루엔자 A(H1N1)가 발생했을 때 국가들은 IHR 2005의 통고 및 정보제공 의무는

40) IHR 2005 제1조 제1항, IHR 2005의 제1항 용어의 정의에서 상시권고와 임시권고를 다음과 같이 정의하고 있다. ""standing recommendation" means non-binding advice issued by WHO …"; "temporary recommendation" means non-binding issued by WHO …".

41) IHR 2005 제15조.

42) IHR 2005 제16조.

비교적 잘 준수한 반면, WHO 사무국장이 행한 권고[43]는 무시하는 경향이 있었다.[44]

전염병 통제에 관한 국제규범에서 통고의무만큼이나 위반이 문제가 되는 것이 바로 상대국들의 과도한 무역 및 여행제재 조치인데, 이에 대한 자제를 요청하는 것이 보통은 WHO 사무국장의 권고를 통해 이루어진다. 그러나 권고가 비구속적인데다가 국가들은 전염병에 대한 대응조치로써 국제여행이나 무역을 과도하게 또는 불필요하게 제한하더라도 특별한 손해가 없어 권고 위반에 대한 큰 부담감이 없는 것이 사실이다. 때문에 비구속적 권고가 부적절한 무역 및 여행제한 조치로 인해 발생하는 경제적 피해를 최소화하기 위한 효과적인 방법이 아니라는 평가를 받는다.[45]

법적 구속력이 없는 권고나 결의와 같은 규범들은 이행 강제 방법이나 제재장치의 마련과 같은 방법이 적용될 수 없으므로 권고와 같은 비구속적 규범을 적극 활용하기 위해서는 여기에 맞는 다른 준수방법을 고안해야 한다. 강제력의 강화를 통한 국제법 준수의 도모는 연성법과 같은 비구속적 규범에 있어서는 불가능한 방법이다. IHR 2005의 임시 또는 상시권고, WHO헌장상의 권고 및 WHA 결의는 모두 비구속적 규범이라는 점에서 전염병 통제규범의 강제력 강화는 한계가 분명히 드러난다. 이 경우에는 WHO 등을 통한 감시체계의 강화를 통해 국가의 준수를 압박한다든지 국가의 이행과 준수를 유인할 수 있는 인센티브

---

43) Press Statement of WHO Director-General Dr Margaret Chan, June 11, 2009, available at: http://www.who.int/mediacentre/news/statements/2009/h1n1_pandemic_phase6_20090611/en/index.html〈2012-03-31〉.

44) Bradly J. Condon and Tapen Sinha, *supra* note 39, p.12.

45) *Ibid.*

를 법적 또는 정책적으로 마련해 주는 방안을 고려해 볼 수 있다.

Ⅲ. 국제법의 확대와 국가주권의 제한

국제법의 준수에 영향을 주는 또 다른 원인으로 국제법이 국가의 주권을 제한하는 경우에 국가가 국가주권을 우선시함으로써 이와 충돌하는 국제법을 비준수하는 문제를 들 수 있다.

주권평등의 원칙에 따라 일방 국가는 다른 국가의 주권을 제한하지 못한다. 그러나 조약을 통해 조직화된 국제사회의 수직적 구조는 필요에 따라 국가의 주권을 제한하기도 한다. 예를 들어, UN헌장에 따라 안전보장이사회가 내린 구속력 있는 결의에 따를 의무는, 엄밀히 말하자면 원칙적으로 조약상의 의무이고 국가의 동의를 기반으로 한 것이기 때문에 주권 자체를 침해하는 것은 아니다. 그러나 조약상의 의무의 내용이 국제기구의 결의나 후속 규범을 통해 구체화되면서 주권침해가 발생할 수 있다.

예를 들어, 2002년~2003년 사스가 캐나다의 토론토에서 발생했을 당시 WHO는 이 지역에 대한 여행경고(travel warning)를 발표했다.[46] 그러나 캐나다 정부는 자국의 동의 없이 WHO가 여행경고를 내릴 권리가 없다고 강력하게 반발하였다. 결국 WHO는 캐나다 정부의 항의로 토론토에 대한 여행경고를 철회했다.[47] WHO는 WHO헌장에 따라 질병의

46) WHO, "WHO extends its SARS-related travel advice to Beijing and Shanxi province in China and to Toronto, Canada", 23 April 2003.

47) BBC News, "Toronto Travel Warning Lifted", 30 April 2003. WHO는 철회의 이유를 캐나다 정부가 사스를 통제하기 위한 지역적 조치 수준을 만족했다고 발표했다. WHO GAR, "Update 42—Travel Advice for Toronto, Situation in China", 29 April

통제를 위하여 필요한 권고를 내릴 권한이 있지만,[48] 그것이 여행경고를 내릴 수 있는 권리를 갖고 있는지, 또 그러한 권리가 있다고 하더라도 개별 사안마다 해당 국가의 동의를 얻어야 하는지는 WHO헌장의 구체적인 해석을 요구한다.

국제법과 국가주권과의 충돌을 피하고 둘 사이의 균형 있는 조화를 꾀하기 위한 노력은 조약의 교섭과정에서 가장 치열하게 이루어진다. WHO 회원국들은 IHR 2005 개정과정에서 특히 자국의 관할영역 안에서 공중보건을 보호하기 위한 조치를 취할 자국의 권리가 IHR 2005 조항에 따라 규제됨으로 인하여 주권이 제한되는 것에 대해 우려를 나타냈다.[49] 이러한 우려를 가라앉히기 위해 IHR 2005는 아예 "국가는 UN헌장과 국제법원칙에 따라 자국의 보건정책에 있어 입법 및 제정법 시행의 주권을 갖는다. 이로써 국가는 이 규칙의 목적을 달성한다"라고 규정함으로써 국가주권의 존중을 명시하였다.[50] 그러나 국가들의 오랜 교섭의 결과로 이루어진 조약의 채택 이후에도 조약 내용의 실현은 종종 국가의 국내주권, 즉 국내입법, 집행권한과 충돌하게 됨으로써 국가가 국제법을 준수하는데 어려움을 겪기도 한다.

IHR 2005의 국가주권 제약의 주요 원인은 다음과 같다.

1. 국제법의 규율범위 확대로 인한 국가주권의 제한

IHR 2005는 규제대상 질병의 범위, 국가외 주체의 참여범위, 당사국

2003.

48) WHO헌장 제23조.

49) WHO, Summary Report of Regional Consultations, A/IHR/IGWG/2, 14 September 2004, para. 8.

50) IHR 2005 제3조 제4항.

의 의무범위 및 WHO의 권한과 책임의 범위를 확대함으로써 회원국이 자국 주권 영역하에서 IHR 2005를 실행하는 데 상당한 영향을 미치고 있다. 확대된 범위는 주권의 여러 측면을 통제하고 고전적 보건체제보다 더 많은 것들을 주권국가에 요구하고 있다.

이와 같은 상황과 국가들의 주권제한에 대한 염려를 고려해볼 때 IHR 개정과정에서 주권 문제가 자주 등장한 것은 놀라운 일이 아니다. 그러나 주목할 점은 IHR 개정과정에서 IHR의 적용범위를 확대하는 거의 모든 제안이 2004년 IHR 초안에서 나왔다. 이것은 대부분의 WHO 회원국이 더 이상 고전적 체제가 상정하고 있는 세계는 존재하지 않으며, 현실 체제에 빠르게 적응할 새로운 주권이 요구된다는 것을 인정했기 때문이다.[51)]

IHR 개정과정에서 WHO 회원국의 주권에 대한 우려는 전염병 사태에 대한 국가의 대응방식의 자유를 불필요하게 제한할 것으로 예상되는 규정에 집중되었다. IHR 1969에서도 국가주권의 보장과 제한 사이의 균형을 시도하였으나, 회원국들이 질병발생국에 대해 취하는 무역 및 여행 관련 보건조치를 규제하는 WHO의 지침을 준수하지 않는 등 그 균형을 유지하는 데 실패하였다. IHR 2005 역시 이 문제를 적절히 해결하지 않는다면 IHR 1969와 같은 상황에 직면할 수 있다.

2. 감시체계 강화로 인한 국가주권의 제한 가능성

IHR 2005가 국가의 감시체계 강화를 규정함에 따라 WHO 회원국은 자국의 보건체제를 자유롭게 결정할 주권적 권리에 상당한 제한을 받

---

51) David P. Fidler, "From International Sanitary Conventions to Global Health Security: The New International Health Regulations", *Chinese Journal of International Law*, Vol. 4(2005), p.379.

을 수밖에 없다. 앞서 설명하였듯이, IHR 2005 제5조(감시, Surveillance) 제1항에 따라 당사국이 IHR 2005에 따라 사태(event)를 탐지 · 평가 · 통고 · 보고할 수 있는 역량을 IHR 2005 발효부터 5년 이내에 되도록 빨리 개발 · 강화 및 유지해야 하는데, 여기서 당사국이 갖추어야 할 핵심 질병감시와 대응역량은 IHR 2005 부속서 1에서 규정하고 있다.[52] 이때, WHO는 동조 제3항에 따라 국가가 요청하는 경우 동조 제1항의 역량을 개발 · 강화 및 유지하도록 지원해야 한다.

IHR 2005의 제5조 제1항에 따라 WHO는 회원국의 국내 보건기준을 설정할 권한을 가지며, 회원국은 「부속서 2」의 결정도구에 따라 PHEIC에 해당하는 모든 사태에 대해 보고해야 하므로 국내 보건에 대한 주권이 상당히 제약된다.[53] 동조 제3항 또한 회원국이 IHR 2005가 요구하는 핵심역량을 개발 및 강화하는데 WHO가 개입할 수 있는 계기를 마련해준다. 그러나 자국의 주권이 지나치게 제약된다고 생각되면, 회원국들은 WHO가 국내 보건정책에 관여하는 것을 거부하고 특정 조항을 무시하는 선택을 할 수 있다.

전염병 감시와 국가의 이행 감시의 토대가 되는 정보의 획득 방식의 변화도 국가주권의 제한에 영향을 주었다. IHR 2005는 국가의 통고 또는 협의를 통한 공식적 정보 이외의 다른 출처, 즉 비국가행위자로부터 얻는 '비공식적 정보'를 수집하고 이에 근거하여 조치를 취할 수 있는 권한을 WHO에 부여하였다. IHR 개정 협상 기간 동안 국가는 WHO가 국제적 감시의 일환으로 비공식적 정보를 사용하는 것이 국가주권을

52) 이 책의 제2장 제2절 Ⅳ. 2, 각주 141) 참고.

53) Eric Mack, "The World Health Organization's New International Health Regulations: Incursion on State Sovereignty and Ill-Fated Response to Global Health Issues", *Chicago Journal of International Law*, Vol. 7(2006-2007), p.371.

제약할 수 있다는 문제를 제기했다. 회원국들은 WHO가 비공식적 정보에 대한 검증 없이 그 정보에 근거하여 행동하는 것에 우려를 표했다.[54)] 2004년 1월 초안에는 WHO가 초안이 규정한 검증절차에 따라 "(비공식적) 정보를 검증할 수 있다"라고 하였으나,[55)] 회원국들의 우려에 따라 관련 규정을 다시 검토하여 2004년 9월 초안에는 비공식적 정보에 근거하여 조치를 취하기 전에 이 정보에 의해 질병 발생을 의심받는 국가와 협의하고 그 국가의 검증을 받도록 '시도'하는 것으로 초안을 수정하였고[56)] 현재의 IHR 2005도 이 입장을 채택하였다.[57)] 그러나 동 규정은 오직 질병 발생을 의심받는 국가와 협의하고 그 국가의 검증을 받도록 '시도'한다는 점에서 WHO가 직접 비공식적 정보에 근거한 조치를 취하기 위해 공식적 검증을 받을 필요는 없다.

게다가 WHO는 더 이상 각 국가의 능력에 따라 수집된 '국가' 출처의 정보에 제한될 필요 없이 '다양한' 출처의 정보를 활용할 수 있게 되었다.[58)] 따라서 WHO는 '글로벌 공중보건정보 네트워크'(the Global Public Health Intelligence Network: GPHIN), '세계적 유행경보 및 대응 네트워크'(Global Outbreak Alert and Response Network: GOARN), 비정부기구, 보건전문가 등 다양한 집단으로부터 잠재적인 공중보건 위협에 대한 정보를 얻을 수 있다.

---

54) WHO, Review and Approval of Proposed Amendments to the International Health Regulations: Explanatory Notes, A/IHR/IGWG/4, 7 October 2004, p.6(Article 7 Other reports).

55) WHO, *supra* note 14, Arts. 7 (1).

56) WHO, Review and Approval of Proposed Amendments to the International Health Regulations: Draft Revision, A/IHR/IGWG/3, 30 September 2004, Arts. 7 (1).

57) IHR 2005 제9조 제1항, 제10조 제1항.

58) Lawrence O. Gostin, *supra* note 13, p.2625.

비공식적 정보의 사용은 WHO의 감시능력의 향상뿐만 아니라 당사국의 보고 자체도 비국가행위자의 감시대상이 되게 함으로써 보고 절차의 투명성과 진정성을 향상시켰다. 비공식적 정보의 사용은 또한 WHO와 협력하여 비공식 정보를 검증하고 공중보건 위협을 설명해야 할 의무[59]와 동기를 부여함으로써 감시체계를 역동적으로 변화시켰다.[60]

WHO 회원국들은 IHR 2004년 1월 초안의 또 다른 두 개의 조항에 대해서도 주권제한의 가능성을 지적했다. 그 조항들은 회원국이 PHEIC에 대해 적절한 통제조치를 했는지 여부를 결정하기 위해 WHO가 회원국의 관할영역에서 직접 현장조사를 실시할 수 있도록 허용하는 내용을 담고 있었다.[61] 이 조문들이 문제가 되자 WHO는 초안 수정을 통해 회원국이 WHO의 협력 제안을 수락할 필요는 없다는 점을 명확히 하였고, 다만 WHO의 협력 제안을 회원국이 거부하는 것이 다른 국가로 확산될 수 있는 질병의 위협을 높인다고 WHO가 판단하는 경우, WHO는 사태의 상황과 제안된 협력의 성격에 대한 정보를 회원국과 공유할 수 있다고 규정하였다.[62] 이 수정안은 IHR 2005에 반영되었다.[63]

이 규정에 따라 WHO 회원국들은 WHO의 협력 제안을 수용 또는 거절할 수 있는 '주권적' 권리를 갖게 되지만, WHO는 PHEIC 상황을 해결하기 위한 노력의 일환으로 WHO 회원국이 협력을 거절하는 경우 상황과 거절에 대한 정보를 공유할 수 있는 권한을 갖게 되었다. 결국 WHO의 협력을 거절하는 경우 이 사실이 WHO의 정보공유에 의해 다른 국

---

59) IHR 2005 제10조 제2항.

60) David P. Fidler, *supra* note 51, p.380.

61) WHO, *supra* note 14, Arts. 8 (3), 10 (3).

62) WHO, *supra* note 56, para. 14.

63) IHR 2005 제10조 제4항.

가들에게 알려짐으로써 비협조적 태도에 대한 비난 가능성을 높여 결국 WHO 회원국이 WHO의 제안에 협조하도록 하는 동기를 마련하게 된다.

WHO 회원국들은 WHO가 권고를 할 수 있는 권한에 대해서도 주권적 우려를 나타내었다. IHR 2004년 1월 초안은 개정된 IHR이 허용하지 않거나 또는 WHO가 권고한 것이 아니라면, 임시거주 또는 장기거주를 제외한 모든 여행객에 대한 입국 조건으로 의학검사, 예방접종 또는 예방적 투약을 요구할 수 없다고 규정하였다.[64] 이 규정은 비구속적 권고를 국가의 공중보건 주권을 제한하는 구속력 있는 권고인 것처럼 만든다. 그러나 국가들의 우려를 반영하여 국가들이 WHO의 권고와 비슷하거나 더 높은 수준의 보건을 달성하려는 조치를 취하는 한, WHO의 권고와 다른 보건조치를 취할 수 있도록 IHR 2005에 명시적으로 규정하였다.[65] 다만, 당사국이 취한 국내 보건조치는 IHR 2005에서 명시적으로 금지되지 않아야 하고, IHR 2005와 양립 가능해야 한다.[66] 그러나 이러한 추가적 보건조치가 국제이동을 상당히 방해하는 조치라면, 당사국은 그 조치에 관한 공중보건상의 합리성과 관련된 과학정보를 WHO에 제공하게 하고 있다는 점에서 또한 회원국의 보건주권은 제약을 받는다.[67]

3. 국제법과 국내법의 불일치

IHR 2005와 같이 대부분의 조약들은 그 체결과정에서 교섭을 통해

64) WHO, *supra* note 61, Art. 23.
65) IHR 2005 제43조 제1항 (a).
66) IHR 2005 제43조 제1항 (b).
67) IHR 2005 제43조 제3항.

국가의 의사를 충분히 반영하며, 그 과정에서 국가는 자국의 주권과 국제법과의 충돌 및 제한 가능성을 적절히 조절할 수가 있다.

그러나 교섭과정에서 국가들의 서로 다른 입장과 이익이 충돌하게 되고 이러한 불일치를 조율하고 타협함으로써 조약이 채택되게 된다. 이 때문에 많은 국가가 참여하는 일반조약의 경우 모든 국가를 100% 만족시키는 조약이란 존재할 수 없다. 따라서 오랜 교섭과정을 거치고 국가의 동의에 근거하여 채택된 조약이라고 하더라도 국가주권과의 충돌 문제는 계속 발생한다. 특히 전염병 통제를 위한 IHR 2005와 같이 일정 수준 이상의 국제적 기준 달성을 국가의 의무로 규정하고 있는 경우 충돌의 정도는 더 높아진다.

이러한 불일치와 충돌은 국가의 국제법 의무 불이행으로 이어질 수 있으므로 국가가 국제법에 맞추어 국내법 및 국내체제를 변경할 필요가 있다. 또한 국가는 조약에 대해 구속적 동의를 표시하면 조약과 국내법을 일치시킬 의무가 발생한다.[68] 그러나 국내입법과 국내체제 마련은 국가주권 사항으로 국가가 이를 불이행하더라도 국제법상 강제할 방법이 없으며, 다만 국제법 위반에 대한 책임이 발생할 뿐이다.

68) Ian Brownlie, *Principles of Public International Law*, 6th ed.(Oxford University Press, 2003), p.35.

Ⅳ. 국가자원과 국가의 국제법 준수의 능력 문제

일정 수준의 국제기준을 달성해야 하는 국제적 의무의 경우에는, 국가가 이를 이행하지 않는 이유가 국가의 이익의 충돌이나 또는 국제법에 대한 의도적인 무시일 수도 있지만, 사실 국가의 이행능력 부족으로 인하여 의도와는 다르게 국제법을 위반하는 경우가 많다.[69] 전염병 통제와 같은 규범을 준수하기 위해서는 다양한 보건정책을 시행해야 하는데, 여기에는 많은 비용과 기술 그리고 재원이 소요될 수밖에 없다. 이는 국제법상 전쟁금지의 원칙과 같이 비작위적 성격이 강한 의무를 이행하는 것과는 차원이 다르다. 이러한 문제는 전염병 발생의 환경적 원인을 관할하는 국제환경법 분야에서도 마찬가지로 적용된다.

현실적으로 전 세계의 부(富)의 대부분은 세계 인구의 극소수에 해당하는 12개도 채 안되는 국가들에 집중되어 있으며, 대다수의 국가들은 전염병에 대응하기 위해 필요한 충분한 자금이 없을 뿐만 아니라 질병부담, 사회 붕괴 및 그로 인한 사회적 공황을 해결할 수 있는 보건시설 기반도 없다.[70] 오늘날 전 세계는 심각한 보건 불균형상태에 있으며 보건 취약국의 전염병 문제는 그대로 다른 국가의 전염병 위협을 야기한다. 선진국의 경우 전염병의 확산으로 인한 경제적 손실은 빈곤국의 그것보다 훨씬 크다.[71] 2002~2003년 사스 발생은 선진국들이 경제적 또

69) Allyn L. Taylor, "Globalization and Biotechnology: UNESCO and an International Strategy to Advance Human Rights and Public Health", *American Journal of Law & Medicine*, Vol. 25(1999), p.536; Abram Chayes and Antonia H. Chayes, *supra* note 38, pp.5-6. 이 책에서 두 저자는 국제법(여기서는 조약)의 불이행의 사유로 국제법 이행을 위한 능력 부족, 국제법의 불명확성, 국제법 이행을 위한 시간의 소요 등을 들고 있다.

70) Laurie Garret, "The Next Pandemic?", *Foreign Affairs*, Vol. 84(2005), p.5.

71) David Bishop, "Lessons from SARS: Why the WHO Must Provide Greater Economic

는 공중보건상으로 전염병에 얼마나 취약한지를 그대로 보여 주었다.[72)]

개발도상국들은 빈곤, 전쟁 및 정치적 · 경제적 불안상태에 직면하고 있는 것이 현실이다. 그들은 기본적인 위생시설이나 공중보건의 필수 요건이 턱없이 부족하기 때문에 선진국과 비교하여 불공평한 질병 부담을 견뎌야 한다.[73)] 이러한 현실에서 WHO가 요구하는 수준으로 IHR 2005를 준수하기란 사실상 불가능하다. 이 때문에 대부분의 개발도상국들의 보건정책은 IHR 2005의 요구사항과 다른 우선순위를 설정한다.

개발도상국의 보건시설 인프라의 심각한 부족은 개발도상국이 IHR 2005를 준수할 수 없는 또 다른 중요한 요인이다. 개발도상국은 풍토병에 대응하기도 힘든 상황에서 다른 추가적인 전염병 부담을 대처할 재정적 여건이 전혀 마련되어 있지 않다. 그렇다보니 개발도상국은 새로운 전염병의 발생에 더욱 취약하다.[74)]

개발도상국의 보건 문제는 도처에서 드러나고 있다. 1995년 자이레에서 에볼라 바이러스가 출현했을 때, Kikwit 병원의 직원들은 의료용 장갑, 마스크, 가운 등이 부족하여 이것을 하루에도 여러 차례 세척하여 재사용했기 때문에 에볼라출혈열 감염 위험이 매우 높았다. 그나마 부족한 의료기구나 주사기 등도 적절한 멸균기구가 없어 나무나 석탄에 직접 소독하거나 끓인 물에 소독하였다.[75)] 병원에는 수도시설이 없고

Incentives for Countries to Comply with International Health Regulations", *Georgetown Journal of International Law*, Vol. 36(2005), p.1212.

72) *The Economist*, "Painful side-effects", 5 May 2003.

73) David P. Fidler, "Caught Between Paradise and Power: Public Health, Pathogenic Threats, and the Axis of Illness", *McGeorge Law Review*, Vol. 35(2004).

74) Allyn L. Taylor, "Controlling the Global Spread of Infectious Disease: Toward a Reinforced Role for the International Health Regulations", *Houston Law Review*, Vol. 33 (1997), pp.1334-1335.

75) Laurie Garrett, *Betrayal of Truest: the Collapse of Global Public Health*(Oxford

비누는 고사하고 사용할 수 있는 멸균된 물이 없어 강물에 손을 씻는 것으로 대신하였다. 멸균장비의 부족은 초기 병원 감염으로 시작된 에볼라출혈열이 중앙아프리카 전 지역으로 확산하게 된 주요 원인으로 꼽혔다.[76)]

국가의 자원 부족과 취약한 보건 인프라의 문제는 특히 기존의 질병과 유사한 증상을 보이는 종전에 없던 새로운 바이러스나 증후군이 나타나는 경우에 더 심각한 문제를 야기할 수 있다.[77)] 국가는 새로운 질병을 그와 유사한 질병으로 오인함으로써 적절한 대응시기를 놓칠 수가 있다. 선진국의 경우도 새로운 질병의 경우 그 발견과 대응에 있어 어려움을 겪기는 마찬가지지만 개발도상국의 경우 그 어려움이 몇 배는 더 커진다. 신종 인플루엔자A(H1N1)가 멕시코에서 발생하였을 때 멕시코가 해당 사태를 상대적으로 뒤늦게 통고한 이유도 바로 이것이었다. 멕시코 당국은 질병 발생 초기에 그 사태를 일반적인 계절감기와 구분할 수 없었다고 주장했다.[78)]

IHR 2005는 제44조에서 회원국들이 동 규칙의 준수를 달성할 수 있도록 자금재원을 마련하는 것과[79)] 동 규칙이 요구하는 공중보건 역량의 개발과 강화 및 유지를 위해 기술적인 협력(cooperation)과 운용 지원을 준비 또는 촉진함에 있어 '가능한 한도에서' 협업(collaboration)할

University Press, 2000), p.9(recited in Arielle Silver, "Obstacles to Complying with the World Health Organization's 2005 International Health Regulations", *Wisconsin International Law Journal*, Vol. 26(2008), p.241).

76) Arielle Silver, *supra* note 18, p.241.

77) Jennifer Shkabatur, *supra* note 3, p.15, note 63.

78) Arielle Silver, *supra* note 18, p.241.

79) IHR 2005 제44조 제1항 (c) "(1. States Parties shall undertake to collaborate with each other, to the extend possible, in:) the mobilization of financial resources to facilitate implementation of their obligations under these Regulations."

것을 명시하였다.[80] 같은 조항에서 WHO 또한 회원국들이 지원을 요청하면 '가능한 한도에서' 위와 동일한 협업을 할 것을 규정하고 있으며,[81] 제5조 제3항에서도 회원국의 요청이 있는 경우 PHEIC를 탐지 · 평가 · 통고 및 보고할 수 있는 역량을 개발하고 강화 및 유지하도록 지원할 의무가 있다. IHR 2005는 법적 구속력이 있는 조약이지만, 동 규정 자체는 선진국이 개발도상국에 대해 기술이나 지원을 해야 할 의무를 규정하지 않은 것으로 실제 내용면에서는 '연성적 의무'를 규정하고 있을 뿐이다. WHO헌장 역시 관련 규정이 없기는 마찬가지이다.

한편, 2009년 신종 인플루엔자A(H1N1) 사건을 통해 IHR 2005가 국가에게 요구하는 핵심역량 의무가 개발도상국에게 잠재적인 PHEIC를 위한 자원을 확대하도록 함으로써 잠정적으로 국가의 공중보건 우선순위에 혼란을 줄 수 있고, 동시에 이 의무로 인하여 지역적 차원의 공중보건 비상사태에 사용될 자원이 감소될 수 있다는 비판이 제기되었다.[82] 이러한 우려는 비단 개발도상국만의 문제가 아니라 선진국의 경우에도 해당된다. 또한 이 사건을 통해 신종 인플루엔자 백신에 대한 개발도상국의 접근성을 높여야 한다는 인식이 증대되었고, IHR 2005가 질병 대응기술의 접근에 있어 형평과 공평의 문제를 설명하는 데 부족하다는 것이 밝혀졌다.[83] IHR 2005는 제44조 이외에는 별다른 언급이 없어 전

80) IHR 2005 제44조 제1항 (b) "(1. States Parties shall undertake to collaborate with each other, to the extend possible, in:) the provision or facilitation of technical cooperation and logistical support, particularly in the development, strengthening and maintenance of the public health capacities required under these Regulations."

81) IHR 2005 제44조 제2항.

82) Lancet, "Public-health Preparedness Requires More Than Surveillance", *Lancet*, Vol. 364 (2004), pp.1639-1640.

83) David P. Fidler, "International Law and Equitable Access to Vaccines and Antivirals

염병 통제를 위해 필요한 자금과 기술의 지원을 어떻게 실현할 수 있는지에 대한 추가적인 논의를 요구하고 있다.

국가의 역량 부족으로 인하여 국가의 의도와 상관없이 국제법을 위반할 수밖에 없는 경우에는 국제법의 강제력을 강화한다든지 감시체계나 또는 분쟁해결 방식등을 활용하는 방안은 효과를 거두기 힘들다. 기술적 · 자금적 지원만이 국제보건법의 실효적 준수를 위한 해법이다.

---

in the Context of 2009-H1N1 Influenza", in Institute of Medicine, *The Domestic and International Impacts of the 2009-H1N1 Influenza A Pandemic: Global Challenges, Global Solutions*(National Academies Press, 2010), pp.137-154.

제 2 절 국제법상 전염병 통제의 개선방안

앞서 살펴본 전염병의 국제법적 통제의 문제점과 해결의 실마리들을 종합해 보면 다음과 같은 규범 강화 방안을 도출해 낼 수 있다.

첫 번째는 감시체계 강화이다. IHR 2005는 그 개정을 통해 WHO의 감시체계를 상당히 강화하였다. 그러나 규범의 발효후 실제 전염병을 규율하는 데 있어 문제점과 보완점이 하나씩 드러나고 있다. 두 번째는 전염병 통제규범의 연원을 다양화하고 연원마다의 법적 특징을 잘 활용하여 국제보건법을 강화하는 방안이다. 즉, 조약과 같은 법적 구속력이 강한 규범과 법적 구속력이 없는 권고나 지침 등의 장 · 단점을 적극 살려 전염병 통제의 법적 효율성을 높이는 것이다. 세 번째는 국제보건법 기준에 맞춰 국내보건체계를 강화함으로써 국제법과 국내법 또는 행정체계를 일치시켜 국제법 준수를 도모하는 방법이다. 네 번째는 기술 및 자금지원을 통해 규범준수의 역량을 강화하는 방안이다. 마지막으로 분쟁해결제도의 개선과 강화방안이다.

이하에서는 서술한 전염병 통제의 개선방안을 하나씩 검토해본다.

Ⅰ. 감시체계 강화

국제법 의무의 이행감시는 모든 국제법의 실효성 확보에 필수적인 요소이다.[84] 국제법 준수를 강화하기 위해 감시는 단순한 정책 이상의 체

84) Xinyuan Dai, *International Institutions and National Policies*(Cambridge University

제를 갖추어야 하는데, 효과적인 감시가 이루어지기 위해서는 회원국이 조약의무 수행에 관한 정보와 조약이 규율하는 사안에 관한 정보를 지속적으로 보고하는 것이 필요하다.[85] 그러나 현실적으로 국제기구는 이러한 정보의 획득을 보장받지 못하고 있다. 그렇다고 국제기구가 정부의 도움 없이 독립적으로 정보를 수집하는 것은 너무 많은 비용이 든다거나 국내문제를 지나치게 침해하는 결과를 야기할 수 있다.[86] 이 때문에 국제기구가 자신의 감시의무를 수행하기 위해서 보통 두 가지의 주요 정보원에 의존하게 된다. 바로 회원국의 자발적 보고와 개인을 포함한 비정부 실체로부터 얻는 정보이다.

2002~2003년 사스, 2009년 신종 인플루엔자A(H1N1)의 발생은 전 세계적 관심을 끌었다. 이 전염병들의 확산은 공중의 공포를 야기하고, 국제무역과 국제이동을 방해하고 국가, 기업 및 개인에 경제적 타격을 주었다. 사스가 발생했을 당시는 IHR 1969가 규율하던 때로 질병발생국은 이를 통고할 조약상 의무가 없어 국가의 자발적인 이행에 의존할 수밖에 없었지만, 2009년 신종 인플루엔자A(H1N1)의 경우에는 IHR 2005가 발효한 후로 질병발생국은 사태가 PHEIC에 해당하는 경우 WHO에 이를 통고할 의무가 조약상 명시되어 있어 전염병 발생시 국가의 통고의무가 한층 강화되었다. IHR이 개정되고 국제적 보건협력의 필요성에 대한 국제사회의 인식이 높아지는 등 여러 가지 요인들로 인해 실제로 국가의 통고의무 이행이 IHR의 개정 이전보다 잘 이루어지고 있는 것이 사실이다.[87] 그럼에도 불구하고 예측할 수 없는 전염병의

Press, 2007), pp.33 *et seq.*, chapter 3.

85) Abram Chayes and Antonia H. Chayes, *supra* note 38, p.154.

86) *Ibid.*

87) Rebecca Katz, "Use of Revised International health Regulations during Influenza A

위협 때문에 개개 국가의 통고의무 이행은 여전히 중요한 사안이다. 특히 최근에는 국가의 역량 부족으로 전염병의 발생 사실을 인지하지 못하여 통고를 하지 못하는 문제가 부각되고 있다.

질병발생국의 통고에만 의존했던 IHR 1969 체제에서 WHO와 국제공동체는 전염병의 성질이나 다른 국가로의 전파 및 치료법에 관한 정확하고 신속한 정보를 받는데 어려움을 겪었다. 그러나 WHO가 감시체계의 강화를 통해 독자적으로 전염병의 발생 사실을 파악함으로써 국가의 통고의무를 상당 부분 대신하는 역할을 하고 있다. 특히, 앞서 지적한 문제점으로 국가의 역량 부족으로 인하여 전염병을 적시에 통고하지 못하는 문제에 대한 해결책으로 재정적 · 기술적 지원을 통해 역량을 강화하는 방법도 있지만, WHO의 감시체계 강화를 통해 국가의 역할을 보완하는 방법도 좋은 해결방안이 될 수 있다.

종합적인 국제 감시체계가 주는 이익은 분명하다. 국제 감시체계가 잘 갖춰진다면 질병 발생의 초기 경고를 통해 질병의 확산을 방지하기 위한 시의적절한 조치가 가능해질 것이다. 이러한 전염병의 글로벌 감시체계에 있어 핵심적 역할을 해야 하는 기구가 WHO이다. WHO는 IHR 1969의 개정 이전까지 효율적 감시를 위한 법적 근거가 미약했던 것이 사실이다. 그 흠결을 보완하기 위해 IHR의 개정에서 그 동안 지적되어 왔던 부분들이 상당히 개선되었다.

여기에서는 IHR 2005의 강화된 감시체계를 살펴보고 개선과 보완이 필요한 부분이 있는지를 좀 더 살펴 보기로 한다.

(H1N1) Epidemic", *Emerging Infectious Diseases*, Vol. 15(2009); David P. Fidler, *supra* note 29.

1. IHR 2005의 감시체계

WHO의 감시체계는 IHR 2005의 개정을 통해 상당 수준 이상 개선되었다. 특히 국가의 의무이행 여부와 정보의 수집을 국가의 보고에만 의존해 왔던 것을 비공식적 정보사용에까지 확대함으로써 감시의 효율성을 획기적으로 변화시켰다. 비공식적 정보사용은 비국가행위자의 참여를 법적으로 가능하게 함으로써 WHO가 가진 이행 및 질병감시 능력을 향상시켰다.

IHR 2005는 당사국이 지역사회 차원에서 국가 차원까지 공중보건위험 대응을 위한 질병감시 역량과 대응역량을 개발 · 강화 · 유지할 것을 요구하고 있다.[88] 당사국은 2009년까지 자국의 역량을 평가해야 하고[89] 늦어도 2012년까지 이 의무를 이행해야 한다. 2009년 신종 인플루엔자 A(H1N1)가 발생하자 많은 국가에서 감시와 대응능력에 문제가 있음이 다시 드러났다. 이 문제는 IHR 2005의 개정과정에서도 나타났던 것으로 상당수의 국가가 IHR 2005가 제시한 기한까지 요구되는 핵심역량을 준수할 능력이 없으며, 심지어 기한을 연장해 주어도 이 문제가 쉽게 해결되지 않는다는 것이다.[90]

이 점에서 신종 인플루엔자A(H1N1)의 발생은 개발도상국의 실시간의 종합적인 감시가 얼마나 중요한 것인가를 그대로 보여 주었다. 신종 인플루엔자A(H1N1)가 발생한 멕시코가 높은 수준의 감시체계를 갖

88) IHR 2005 Annex 1, pp.40-41.

89) IHR 2005 Annex 1, para. 2: Each State Party shall assess, within two years following the entry into force of these Regulations for that State Party, the ability of existing national structures and resources to meet the minimum requirements described in this Annex.

90) Philippe Calain, "From the Field Side of the Binoculars: a Different View on Global Public Health Surveillance", *Health Policy and Planning*, Vol. 22(2007), pp.16-18.

추지 못한 점은 질병 발생의 확인이 지연되고 바이러스의 심각성을 잘못 파악하게 된 원인이 되었다. 멕시코에서 신종 인플루엔자A(H1N1)에 감염된 사람들의 공통점을 정확히 파악하지 못함으로써 이 바이러스로 인한 사망률이 급격히 올라가는 결과를 나았다.[91] 결국, 바이러스의 변형, 인간 대 인간으로의 전염이 지속되고 치료가 지연되자 WHO는 대유행 인플루엔자 대응전략(Pandemic Influenza preparedness plan)에 따른 개입조치를 취하는데 어려움을 겪었다.

WHO의 대유행 인플루엔자 전략의 성공 여부는 국가들이 인간 대 인간의 감염을 일으키는 새로운 병원균의 발생을 초기에 효과적으로 발견할 능력에 달려 있다.[92] 그러나 개발도상국이나 최빈개도국의 경우 IHR 2005가 요구하는 감시나 대응능력을 이행하기란 쉽지 않다. 신종 인플루엔자A(H1N1)가 발생했을 당시에도 많은 개발도상국과 최빈개도국은 IHR 2005의 '최소 핵심역량' 의무를 준수할 능력이 없었으며, 이런 국가들이 IHR 2005를 이행하도록 도와 줄 수 있는 자금력을 갖춘 기관 역시 없었다. 또한 IHR 2005가 요구하고 있는 최소 핵심능력은 개발도상국이 잠재적인 PHEIC를 위한 자원을 확대하도록 함으로써 기존의 국가의 공중보건 우선순위에 혼란을 줄 수 있고, 이것은 동시에 지역적 공중보건 비상사태에 사용될 자원이 줄어들 수 있다는 염려를 야기할 수 있다.[93] 이러한 우려는 선진국도 마찬가지다.

---

91) Tini Garske *et al.*, "Assessing the Severity of the Novel Influenza A/H1N1 Pandemic", *British Medical Journal*, Vol. 339(2009).

92) NM Ferguson *et al.*, "Strategies for Containing an Emerging Influenza Pandemic in Southeast Asia", *Nature*, Vol.437.

93) Lancet, *supra* note 82, pp.1639-1640.

2. 감시체계 강화를 위한 인터넷의 활용

전염병 감시의 실효성에 대한 문제 해결은 예상 이외의 방식으로 이루어졌다. 바로 인터넷을 통한 정보의 수집이다. 사스와 신종 인플루엔자A(H1N1)의 발병 징후 모두 특정 키워드에 대해 다국어로 지역언론을 조사하는 자동 웹 검색엔진에서 발견되었다. 사스의 경우 웹 검색엔진을 통해 얻은 초기 발병 징후가 WHO에 보고되었고, 이것은 국제사회가 질병의 발생을 알게 된 시기보다 3개월이나 빨랐다.[94] 신종 인플루엔자A(H1N1)의 경우에도 웹 검색엔진이 질병의 초기 발견과 보고의 역할을 수행했다. 인터넷의 발전은 WHO의 정보획득 방식을 변화시켜서 사실상 회원국의 의존으로부터 크게 벗어나게 했다.

2000년에 WHO가 설립한 '세계적 유행경보 및 대응 네트워크'(Global Outbreak Alert and Response Network: GOARN)[95]는 400명 이상의 보건전문가와 함께 120개 이상의 공중보건기구 및 40개국 이상이 조사에 필요한 기술적 지침과 자원을 제공하는 지원활동을 펼치고 있다. 그러나 모든 질병에 대응하기에는 기술적 · 인적 · 재정적 한계가 있기 때문에 실제로는 전염병의 감시에 있어 회원국의 공중보건기관이나 연구소, 다른 국제기구나 비정부기관 및 개인 등 다양한 집단들과의 협력을 통해 그들의 활동에 크게 의존하고 있다.

이하에서는 WHO의 이행 감시기능에 중요한 역할을 수행하고 있는 인터넷 기반 감시체제를 살펴본다.

1) 검색 시스템(웹크롤러)을 통한 정보 수집

이행감시 노력의 일환으로서 WHO는 GOARN을 통해 GPHIN과 공식

94) Jennifer Shkabatur, *supra* note 3, p.3.

95) GOARN 홈페이지: http://www.who.int/csr/sars/goarn/en/ 〈2012-03-31〉 참조.

적으로 협력하고 있다. 웹크롤러[96)]인 GPHIN은 인터넷 기반의 공중보건 조기경보 시스템으로 캐나다 공중보건기관이 설립하였다. 이 시스템은 인터넷 뉴스나 웹사이트 등 인터넷 미디어를 감시함으로써 전 세계의 질병 발생 여부를 감지하고 잠재적 발병에 대해 WHO에 보고함으로써 조기 감지와 대응을 돕는다.

GPHIN은 주로 FACTIVA[97)]와 같은 뉴스 수집업체들을 활용하는데 2006년 검색되는 언론매체는 9,000개 이상, 언어는 22개에 달했으며,[98)] 검색매체와 그 양은 지금도 증가하고 있다. IHR 2005가 발효되기 이전부터 GPHIN은 활발한 활동을 하였다. 2001년 1월 1일에서 2004년 10월 31일까지 WHO 또는 UN 기관에 보고된 전염병 발병에 관한 1,315건의 검증되지 않은 보고 중에서 509건(39%)만이 정부당국의 보고이고, 806건(61%)이 비공식적인 그리고 대부분은 인터넷 미디어와 사설 커뮤니케이션 및 비정부기구가 제공한 전자정보이다.[99)] 이 중 GPHIN의 정보제공량은 압도적으로 공식적 · 비공식적 정보 전체의 40% 정도를 차

---

96) 웹크롤러는 방대한 웹페이지의 곳곳을 방문하여 지시언어 관련 자료를 자동적으로 수집해 오는 프로그램으로 웹 검색엔진의 근간이 된다.

97) 유료 리서치 제공업체인 FACTIVA의 정보원천은 UN, OFAC(Office of Foreign Asset Control) 등 약 600개의 전 세계 공식 규제 리스트와 금융범죄자 등이 수록된 치안리스트 및 다우존스와 공식 제휴된 전 세계 152개국, 약 2만개 언론사의 정보를 기반으로 실시간 정보검색 및 갱신이 진행되며 전담인력 7,700명이 5개 연구소에서 24시간 운영된다.

98) Abla Mawudeku and Michael Blench, "Global Public Health Intelligence Network (GPHIN)", *Proceedings of the 7th Conference of the Association for Machine Translation in the Americas*(2006), pp.7-8, available at: http://www.mt-archive.info/MTS-2005-Mawudeku.pdf〈2012-03-31〉.

99) David L. Heymann, "SARS and Emerging Infectious Disease: A Challenge to Place Global Solidarity above National Sovereignty", *Annals Academy of Medicine*, Vol. 35(2006), p.350.

지한다.[100] 당시에는 이렇게 수집한 비공식적 정보를 활용할 법적 근거가 미흡했으나 IHR 2005의 개정을 통해 비공식적 정보를 사용할 수 있는 법적 근거가 마련되었다. GPHIN은 IHR 2005의 개정에 따라 '전염병', '생 · 화학물 사고', '환경 사고', '방사능 사고', 및 '자연재해' 등 주요 6개 분야의 자료 수집에 집중하고 있다.[101]

GPHIN의 자동검색 시스템은 입력된 키워드에 따라 자료를 추출 · 분류하고 중복된 자료를 거른 후 관련 수준에 따라 정리한다. 그 중 일정 수준 이상의 관련성을 갖는 자료들은 GPHIN 웹사이트에 자동으로 등록되고 그 중에서도 관련성이 높은 것은 긴급 이메일 알림으로 WHO와 GOARN에 전달된다.[102] GPHIN은 정보검증의 역량을 갖추고 있지 않기 때문에 이 역할은 WHO와 GOARN에서 담당한다. 이렇게 검색 시스템을 통해 수집한 정보는 공개되지 않으며 정보열람 또한 공중보건기구에 제한된다. GPHIN은 그야말로 전염병의 '조기발견'과 '조기대응'을 실현하고 있다. GPHIN은 WHO에 회원국이 관할영역에서 발생하는 질병을 확인하고 대응하도록 독려하는 새로운 견인차 역할을 함으로써 국가들의 질병 은폐 및 공중보건 정보 통제를 약화시킨다.

GPHIN과 같은 WHO의 공식적 연합 이외에 질병감시의 도구로서 전 세계 실시간 질병지도인 'HealthMap'이 있다. HealthMap은 2006

---

100) US GAO, "Emerging Infectious disease: Asian SARS Outbreak Challenged International National Responses", April 2004, p.9.

101) 2006년의 한 연구논문에 따르면 GPHIN은 하루 2,000-3,000건의 보고서를 제출하며 그 중 3/4이 주제와 관련이 없거나 또는 중복으로 폐기된다고 한다. Mykhalovskiy and Lorna Weir, "The Global Public Health Intelligence Network and Early Warning Outbreak Detection: A Canadian Contribution to Global Public Health", *Canadian Journal of Public Health*, Vol. 97(2006), p.43.

102) Abla Mawudeku and Michael Blench, *supra* note 98, p.9.

년 보스턴 어린이병원 소속 두 연구자에 의해 개발된 것으로 보스턴 어린이병원과 하버드-MIT 보건학부에서 홈페이지를 운영하고 있다.[103] HealthMap의 목표는 '질병발생 정보를 지역, 시간 및 전염병에 따라 수집하고 가시화하는' 것이다.[104] 이 시스템은 75개의 전염병 관련 키워드를 추적하여 GPHIN과 마찬가지로 여러 가지 언어로 쓰인 뉴스, 블로그, 이메일, 채팅 등 웹 기반 데이터 2만개를 추출 · 분류 · 필터링 · 연결하여 정보를 수집한다. 그러나 GPHIN의 수집정보가 공개되지 않는 것과 달리 HealthMap은 전 세계 모든 사람들이 활용할 수 있는 무료 데이터 마이닝 기술을 제공한다.[105] HealthMap은 실시간 질병 뉴스를 구글맵과 연동해서 보여 주고 있으며 국가별 현황 및 질병별로 제한해서 볼 수 있다.

2) 전문가집단의 정보 공유

WHO의 전자감시는 1994년에 '질병 감시 프로그램'(Program for Monitoring Emerging Disease: ProMED)과 함께 시작되었다. ProMED는 1993년 연구자들이 자발적으로 설립한 인터넷 기반 질병보고 시스템으로 메일링 리스트를 통해 공중보건 사태에 대한 정보를 공유한다.[106] ProMED는 전 세계 최소 185개국의 40,000명 이상이 메일을 구독하고

---

103) HealthMap 홈페이지 주소: http://healthmap.org〈2012-03-31〉.

104) John S. Bownstein and Clark C. Freifeld, "HealthMap: The Development of Automated Real-Time Internet Surveillance for Epidemic Intelligence", *Eurosurveillance*, Vol. 12(2007).

105) John S. Brownstein *et al.*, "Surveillance Sans Frontières: Internet-Based Emerging Infectious Disease Intelligence and the HealthMap Project", *Public Library of Science-Medicine*, Vol. 5(2008), p.1019.

106) Stephen S. Morse, "Global Infectious Disease Surveillance and Health Intelligence", *Health Affairs*, Vol. 26(2007).

있다.[107] ProMED의 사용자 대부분은 보건전문가들로서 세계 각지의 연구자들은 자발적으로 전염병 발생정보를 올리고 메일링 리스트를 통해 토론하고 서로의 경험을 공유한다. 이 전문가집단의 결속력은 1998년 GOARN이 설립됨에 따라 더욱 강화되었다. GOARN은 ProMED의 메일링 리스트를 폭넓게 사용함으로써 예상하지 못했던 공중보건 사태를 파악하고 대응하는데 많은 도움을 얻고 있다.

3) 개선 방향

IHR을 통해 강화된 WHO의 감시능력은 특히 기술의 발전을 통해 이루어낸 인터넷 기반 감시 시스템과 협력함으로써 더 큰 시너지 효과를 창출해 냈다. 인터넷을 통한 전 세계 질병 발생의 실시간 감시는 전염병의 조기대응을 가능하게 하고, 더 이상 국가 보고에만 의존할 필요성이 없어짐에 따라 오히려 국가의 보고를 독려하는 효과를 가져왔다.

인터넷의 영향력은 질병의 초기 발견 이후에 더 강화된다. 신종 인플루엔자A(H1N1)의 전 세계적 확산은 온라인 글로벌 네트워크를 통해 자신의 경험과 능력을 공유하는 과학자들 및 자발적 참여자들에 의해 더 많은 정보를 양산해 냈다. WHO 사무국장은 "역사상 처음으로 국제공동체가 실시간으로 대유행 전염병의 발생을 목격하였고 그 전개를 기록하였다"고 설명하였다.[108]

그러나 인터넷 기반 감시 시스템에도 한계가 존재한다. 예를 들어, WHO의 GOARN은 2002년 11월 27일 중국 본토에 인플루엔자가 발생했다는 정보를 얻었지만 보고서는 영어로 번역되지 않아 실무자들에게

---

107) ProMED 홈페이지: http://www.promedmail.org/aboutus/〈2012-03-31〉 참조.

108) WHO, Report by the Director-General to the Executive Board, Jan. 18, 2010, available at: http://www.who.int/dg/speeches/2010/executive_board_126_20100118/en/index.html〈2012-03-31〉.

발견되지 못했고, 게다가 초기 정보는 이상호흡기질병의 발생을 정확히 진단해 내지 못했다.[109] 인터넷 기반 감시 시스템이 제대로 작동하기 위해서는 단순히 기술에만 의존할 것이 아니라 이를 활용할 수 있는 전문가집단을 양성하는 것이 함께 필요하다. 또한 감시체계의 강화를 위한 인터넷 정보의 활용이 정당하고 적절하게 이루어지기 위해서는 인터넷 정보의 활용 문제를 규범화할 필요가 있다. IHR 2005는 비공식적 정보에 근거하여 조치를 취하기 전에 이 정보에 의해 질병 발생을 의심받는 국가와 협의하고 그 국가의 검증을 받도록 '시도'하도록 하고 있으나,[110] 그 외에도 인터넷 정보 사용의 투명성 제고와 정보 이용의 절차 등에 관한 규범의 마련이 고려되어야 할 것이다.[111]

3. 국제보건법 이외의 감시체계의 활용

전염병 발생과 확산에 관한 규제는 IHR 2005뿐만 아니라 국제경제법, 국제인권법, 국제환경법 등 다른 법 영역에서도 이루어지고 있어, 이들 영역에서의 효과적인 감시체계는 IHR 2005의 감시체계를 보완 및 강화함으로써 결과적으로 전염병 통제에 관한 규범 전반에 걸친 감시체계의 수준을 올리는 상승효과를 볼 수 있을 것이다.

1) 국제경제법상 감시체계

SPS협정의 경우 회원국은 WTO 사무국을 통해 자국의 SPS조치에 관한 정보의 제공 및 그 변경을 통보할 것을 규정하고 있다.[112] SPS위원회

109) David P. Fidler, *SARS, Governance and the Globalization of Disease*(Palgrave, 2004), p.74.

110) IHR 2005 제9조 제1항, 제10조 제1항.

111) Jennifer Shkabatur, *supra* note 3, p.51.

112) SPS협정 제7조, 부속서 2.

는 감시기구가 아닌 관리기구이지만 특정 위생 또는 식물위생 사안에 대하여 회원국간의 협의 또는 협상을 장려하고, 국제기준의 사용을 장려하는 등 협정 목적 달성의 증진을 위한 업무를 수행한다.[113] 또한 회원국이 취한 SPS조치는 WTO법의 무역정책검토제도에 따라 무역정책검토기구에 정기적으로 보고해야 한다.[114] 무역정책검토기구는 각국의 무역정책을 주기적으로 검토하여 정책의 투명성을 제고하고, 분쟁을 사전에 예방하여 다자간 무역체제의 효율성을 높이고 있다.[115] 이와 같은 감시체계는 WTO의 실효적인 분쟁해결제도에 의해 더욱 효율적으로 작동된다.

2) 국제인권법상의 감시체계

국제인권과 보건을 연계하는 것 역시 감시체계 강화에 도움이 된다. 먼저, 대부분의 국제인권조약에는 자유권위원회나 사회권위원회와 같이 조약에 근거한 감시기구가 있으며, 당사국이 인권조약의 실행 여부 및 과정을 해당 기구에 정기적으로 보고함으로써 당사국의 조약 이행을 감시하고 있다.[116] 각각의 조약위원회는 당사국 정부가 제출한 보고

113) SPS협정 제12조 제1항, 제2항

114) WTO협정 부속서 3 무역정책검토제도, 라. 보고.

115) WTO협정 부속서 3 무역정책검토제도, 가. 목적.

116) ICCPR 제40조; ICESCR 제16조; 1966년「모든 형태의 인종차별 철폐에 관한 국제협약」제9조;「아파르트헤이트 범죄의 진압 및 처벌에 관한 국제협약」제7조; 1960년「교육상의 차별금지 협약」제7조;「고문 및 그 밖의 잔혹한 · 비인도주의적인 또는 굴욕적인 대우나 처벌의 방지에 관한 협약」제19조;「여성에 대한 모든 형태의 차별철폐에 관한 협약」제18조;「아동의 권리에 관한 협약」제44조;「아동의 무력분쟁 관여에 관한 선택의정서」제8조;「아동매매, 아동매춘 및 아동포르노그라피에 관한 선택의정서」제12조;「모든 이주노동자와 그 가족의 권리보호에 관한 국제협약」제73조;「미주인권협약」제27조;「유럽인권협약」제15조 참조.「인간과 인민의 권리에 관한 아프리카헌장」의 경우 의무의 일탈에 관한 규정이 없다. 보고주기에 관해서는 OHCHR, The United Nations Human Rights Treaty System: An

서를 검토하기 위해 정기적으로 회의를 개최한다. 조약위원회에 제출하는 정부보고서는 당사국에 의해 공식적으로 발표되며, 조약위원회는 인권의무를 이행할 수 있는 방안에 대해 해당 정부와 '건설적인 대화'를 실시한다.[117]

또한, 인권은 UN 인권조약의 감시체계를 비롯한 UN의 거의 모든 활동에 포함되므로 개별 국가는 전염병 통제에 있어 UN이 제공하는 지속적인 지침과 안내의 도움을 받을 수 있다. UN은 인권조약에 기반을 둔 보장체제 외에도 UN 총회, UN 인권최고대표사무실(OHCHR), UN 인권이사회(Human Rights Council), 안전보장이사회 등이 인권을 증진시키는 역할을 하고 있다.

특히 국제인권법상 건강권의 경우는 '건강권에 관한 UN특별보고관' 제도가 있어 전염병 통제에 관한 권리나 통제과정에서 발생하는 인권의 침해 문제를 효과적으로 감시하고 있다. UN특별보고관은 UN인권이사회의 특별절차 중 하나로[118] 독립된 인권전문가를 특별보고관으로

Introduction to the Core Human Rights Treaties and the Treaty Bodies, Fact Sheet No. 30, p.26 참조.

117) OHCHR, *ibid.*, p.31.

118) '특별절차'(Special Procedures)는 1979년 'UN 경제사회이사회 산하 인권위원회(Commission on Human Rights, 이하 'UN인권위원회'라 함)에 의해 설립되어 시행되다가 2006년부터는 UN 인권이사회(Human Rights Council)에 의하여 시행되는 인권보호체제로, 특정 주체 혹은 특정 국가와 관련된 인권문제를 조사 · 감시 · 권고, 보고서 작성 등으로 이루어진다. 특별절차는 특별보고관(Special Rapporteur), 사무총장의 특별대표(Special Representative of the Secretary-General), 독립전문가(Independent Expert)와 같은 독립된 인권전문가에 의해 수행되거나 보통 5명으로 구성된 실무분과(Working Group)에 의해서 수행된다. 특별절차는 시민적 · 정치적 · 경제적 · 사회적 · 문화적 권리 전반을 총괄하는 UN의 중요한 인권제도이다. 2011년 9월 현재 41개 특별절차(33개의 특정 주제 담당과 8개의 특정 국가 및 영역 담당)가 있다. 더 자세한 정보는 United Nations Human Rights Fact Sheet N°

임명하여 특정 주체나 특정 국가와 관련된 인권 문제를 조사 및 보고하고 조언하도록 하는 제도를 말한다. 2000년 사회권위원회가 '도달 가능한 최고의 신체적 · 정신적 건강을 향유할 권리'에 관한 일반의견서를 제출한 이후, UN인권위원회(Commission on Human Rights)가 결의 제 2002/31호에 따라 2002년 특별보고관을 임명했다.[119] 특별보고관은 건강권과 동 권리와 관련된 각국의 상황 등을 조사 · 보고할 임무를 부여받았다. 특별보고관은 자신의 업무활동과 연구에 대해 UN인권이사회(Human Rights Council) 및 UN 총회에 해마다 보고하며, 전 세계에 걸쳐 건강권의 상황을 감시하고 필요한 경우 국가방문을 수행한다. 또한 국가가 건강권을 위반한 경우에는 개인통보제도를 통해 국가 및 관련 당사자와 대화하며, 국제회의 및 인권세미나와 전문가회의 등에 참석하여 관련자들과의 대화를 통해 건강권의 완전한 실현을 증진시키는 역할을 한다.

3) 국제환경법의 감시체계

국제환경법의 경우는 국제보건법의 WHO나 국제경제법의 WTO처럼 규범을 제정하고 정책을 개발하며, 권고 및 지침을 내리고, 이행을 촉구하는 단일의 핵심 기구가 없다. 다만 각각의 개별 환경규범의 별개의 이행감시장치에 의존하고 있다. 환경조약마다 감시장치의 구체적 성격은 다르지만 다수의 조약에서 일반적으로 많이 사용되는 감시장치로

27 및 UN의 웹사이트: http://www2.ohchr.org/english/bodies/chr/special/index.htm〈2011-09-01〉 참고.

119) United Nations Special Rapporteur on the Right of Everyone to the Enjoyment of the Highest Attainable Standard of Physical and Mental Health 첫 특별보고관으로 임명된 뉴질랜드의 Paul Hunt는 2008년 7월까지 활동하였고, 그 이후부터 지금까지 인도의 Anand Grover가 특별보고관으로 임명되어 활동하고 있다. http://www2.ohchr.org/english/issues /health/right/〈2011-09-01〉.

다음의 4가지 정도를 꼽을 수 있다. 첫 번째는 조약 당사국의 '자발적 보고제도'(self-reporting)이다. 당사국의 보고는 국가의 이행 및 준수를 확인할 수 있는 주요 정보원이다. 다수의 환경조약들은 당사국들이 조약의 이행과 관련된 사항을 보고할 것을 의무로 규정하고 있다.[120)]

두 번째는 공동기구 또는 기관 또는 개별 당사국의 '조사'이다. 전문 조사관에 의한 현장조사는 당사국의 자발적 보고제도보다 훨씬 감시의 효과가 크다. 1973년「멸종위기에 처한 야생동식물종의 국제거래에 관

---

120) 예를 들어, 1946년「국제포경규제협약」(the International Convention for the Regulation of Whaling)은 포획한 고래의 수에 대한 자료를 요구하고 과학적 연구의 목적을 위해 이를 알리는 것을 허용하고 있다(제8조); 1972년「폐기물 및 그 밖의 물질의 투기에 의한 해양오염 방지에 관한 협약」(Convention on the Prevention of Marine Pollution by Dumping of Wastes and Other matters, 약칭 '런던덤핑협약')은 바다에 투기한 폐기물의 양을 해마다 보고하도록 요구하고 있다. 1972년「세계문화유산 및 자연유산의 보호에 관한 협약」(Convention for the Protection of the World Cultural and natural Heritage)은 세계문화유산의 보존상태에 대해서, 1973년「멸종위기에 처한 야생동식물종의 국제거래에 관한 협약」(Convention on International Trade in Endangered Species of Wild Fauna and Flora: CITES)은 협약의 강화를 위해 허용된 무역 및 국내조치(제8조 제7항)를, 1973년「선박으로부터의 오염방지를 위한 국제협약」(International Convention for the Prevention of Pollution from ships: MARPOL)은 국내 이행조치에 관해서, 1985년「오존층 보호를 위한 비엔나협약」(Vienna Convention for the Protection of the Ozone Layer)은 이행조치에 관한 관련 자료를(제5조), 1987년「오존층 파괴물질에 관한 몬트리올 의정서」(Montreal Protocol on Substances that Deplete the Ozone Layer)는 규제물질의 생산량 · 수입량 및 수출량에 관한 통계자료 제출(제7조)을, 1989년「유해폐기물의 국가간 이동 및 그 처리의 통제에 관한 바젤협약」(Basel Convention on the Control of Transboundary Movements of Hazardous Wastes and Their Disposal)은 유해폐기물의 국제적 이동 및 이행조치에 관한 정보(제13조 제3항)를, 1992년「기후변화에 관한 UN 기본협약」(UN Framework Convention on Climate Change)은 온실가스의 배출에 관한 통계 및 당사국의 이행조치에 관해서(제12조), 1992년「생물다양성에 관한 협약」(Convention on Biological Diversity)은 당사국의 이행하기 위해 취한 조치 및 그 조치의 유효성에 관해 보고하도록 하고 있다(제26조).

한 협약」(CITES)에서는 사무국이 당사국의 보고에 근거하여 조사를 제안할 수 있고 당사국이 이를 인정하는 경우 당사국에 의해 조사가 이뤄진다.[121] 조사의 결과는 당사국 총회에서 검토되며 당사국 총회는 적절하다고 판단하는 어떠한 권고도 할 수 있다.[122]

세 번째는 소위 불이행절차이다. 이 절차는 1987년 채택된 「오존층 파괴물질에 관한 몬트리올 의정서」의 이행을 위해 1990년에 처음 도입되었다.[123] 이후 1992년 「기후변화에 관한 UN 기본협약」, 1994년 「황산감축에 관한 의정서」,[124] 1994년 「UN 사막화방지협약」 등에서 채택되었다. 불이행절차는 쟁송적 특징을 갖는데 감시기구를 통해 다른 국가로부터 이의제기를 받은 국가는 해당 감시기구에 출석하여 자신의 주장과 입장서를 제출해야 한다.[125] 만약 불이행절차를 통해 당사국이 해당 조약의무를 이행하지 않았다는 결정이 나오면 해당 기구는 준수를 독려하는 재정지원이나 기술적 지원과 같은 적극적 인센티브를 제공할 수도 있고, 공식적인 주의조치나 불이행한 국가를 일명 '공개하여 망신주기'(naming and shaming) 또는 해당 조약상의 국가의 권리나 혜택을 정지시키는 등의 소극적 인센티브를 줌으로써 조약의 이행을 도모한다.[126]

---

121) 1973년 「멸종위기에 처한 야생동식물종의 국제거래에 관한 협약」 제13조 제2항.

122) *Ibid.*, 제13조 제3항.

123) UNEP, Report of the Tenth Meeting of the Parties to the Montreal Protocol on Substances that Deplete the Ozone Layer, Annex II: Non-Compliance Procedure, UNEP Doc. OzL.Pro.10/9, 3 December 1998.

124) 1994년 「황산감축에 관한 의정서」는 1979년 「장거리 국경통과 대기오염에 관한 협약」의 부속 의정서이다.

125) Antonio Cassese[*International Law*, 2nd ed.(Oxford University Press, 2005)], 강병근 · 이재완 옮김, 『국제법』(삼우사, 2010), 647쪽.

126) Ulrich Beyerlin *et al.*, "Conclusions Drawn from the Conference on Ensuring

넷째, 예방적 감시제도이다. 환경 악화로 인한 피해는 그 규모가 크고 원상회복이 어렵다는 점에서 무엇보다 예방이 중요하다. 예방적 감시제도는 환경 악화를 예방하기 위해 정보를 수집하는데 그 목적이 있다. 그 대표적인 예로 UNEP가 고안한 '지구환경감시장치'(Global Environment Monitoring System: GEMS)를 꼽을 수 있다. 환경감시는 전염병이 발생하기 전에 전염병이 발생하기 쉬운 환경적 조건을 발견할 수 있는 기회를 제공한다는 점에서 큰 의미를 갖는다.[127]

보건 관련 국제환경법의 또 다른 이행 준수의 도구로서 위 4가지 외에도 국내입법, 국내 행동계획 등이 국제환경법 체제의 성공적인 준수를 가능하게 한다.[128]

Ⅱ. 연원의 다양화와 연원적 특성의 활용

1. 국제법상 전염병 통제규범의 특성

전염병 통제의 핵심규범인 IHR 2005를 비롯하여 관련 WTO법 및 대부분의 국제인권법과 국제환경법[129]이 조약의 형태이다. 그러나 전염병 통제에서 중요한 역할을 하는 또 다른 연원이 바로 WHO헌장에 따른

Compliance with MEAs", in Ulrich Beyerlin *et al.*(eds.), *Ensuring Compliance with Multilateral Environmental Agreements: Dialogue between Practitioners and Academia*(Brill Academic Publishers, 2006), pp.365-367.

127) Julia A. Jones, "International Control of Cholera: An Environmental Perspective to Infectious Disease Control", *Indiana Law Journal*, Vol. 74(1999), p.1078.

128) Bansuri Taneja, "Legislative Harmonisation: Meeting the Requirements of the CBD and other multilateral environmental agreements", available at: http://www.unep.org/bpsp /Legislation/Case%20studies/CUBA%20(Legal).pdf〈2012-03-31〉.

129) 국제환경법의 주가 되는 연원은 조약이다. Philippe Sands, *Principles of International Environmental Law*, 2nd ed.(Cambridge University Press, 2003), p.126.

결의 및 IHR 2005에 근거한 임시 · 상시권고, 국제인권법과 국제환경법의 각종 원칙과 같은 연성법이다.[130] 연성법은 국제법이 발전해 가는 과정에서 자연적으로 이전 단계의 법 형태로 나타나기도 하지만, 전염병 통제에 있어서는 의도적으로 연성법 형태의 규범을 선택하기도 한다. 예를 들어, WHO는 구속력 있는 국제규범을 만드는 것보다 국가들이 적절한 공중보건정책을 취하도록 설득하기 위한 수단으로써 비구속적 성격의 지침이나 권고를 더 선호하였다.[131] 국제법에서 비구속적 규범이 종종 법적 구속력 있는 법보다 국제적 문제를 해결하는데 더 효율적으로 활용되는 경우가 있다. 국제법의 실질적 법원 또는 연성법으로 불리는 비구속적 규범은 국제보건법 분야에서 이미 중요한 역할을 하고 있다.

그러나 조약과 같은 규범 형식이 전염병 통제에 있어 중요한 역할을 한다는 점은 부인할 수 없으며, WHO 역시 이를 인식하고 IHR 2005의 개정을 통해 자신의 입법정책을 다양하게 변화시키고 있다.[132] 그 변화를 바로 전염병 통제의 핵심 법률이 되는 IHR의 개정에서 확인할 수 있다. 비록 여러 측면에서 한계를 갖고 있긴 하지만, 개정된 IHR은 전염병 통제에 관한 국제법의 중심이 되는 법적 도구가 될 것이다.

2. 전염병 통제규범으로서 조약의 장 · 단점과 활용

전염병 통제에 관한 규범을 조약의 형식으로 성문화하는 것은 규범에 형식적인 법적 구속력을 부여한다는 점에서 큰 의미를 갖는다. 법적 구

130) 연성법에 대한 개념 설명은 이 책의 제2장 제2절 Ⅱ. 5 참고.

131) 이 책의 제2장 제3절 Ⅲ. 참고.

132) Yutak Arai-Takahashi, "The World Health Organisation and the Challenges of Globalization: A Critical Analysis of the Proposed Revision to the International Health Regulations", *Law, Social Justice & Global Development*, Vol. 1(2004), p.10.

속력이 확실한 조약으로 규범을 성문화하는 것은 국가들 사이에 규범 준수의 신뢰를 높이는 주요 방법 중 하나이다.[133] 규범의 성문화는 또한 국가가 자국의 이익을 위해 국제규범을 자의적으로 해석하는 것을 어느 정도 방지할 수 있다. 물론 조약이 언어이기 때문에 열린 해석이 가능하다는 점에서 자의적 해석으로부터 온전히 자유로운 것은 아니다. 그러나 국가의 이행의무를 구체화하고 법원칙과 개별 조항 사이에 일관성을 유지하는 등의 방식으로 자의적 해석의 여지를 줄여 나갈 수 있다. 또한 유권적 해석의 기능을 갖는 비구속적 권고나 지침을 통하여 보완해 나가거나, 국제재판소나 기타 국제사법기관에 조약 해석의 권한을 부여함으로써 자의적 해석을 제한할 수 있다.

조약은 규범의 준수와 의무의 이행 측면에서도 많은 장점을 가지고 있다. 먼저, 조약은 권고나 결의와 같이 비구속적 성격의 연성법을 위반하는 경우보다 국가의 명예에 큰 타격을 주며, 이는 국가의 실질적인 이익에 손해를 야기함으로써 규범의 준수를 유도한다.[134] 또한 분쟁해결기관의 해석과 적용을 통해 조약 준수를 강화할 수 있으며, 특히 조약 의무 위반시 국가책임이 발생한다는 점에서 책임의 추궁이나 대응조치가 가능하다.

물론 조약형식의 규범 강화에도 한계가 존재한다. 먼저, 조약체결과정에 오랜 시간과 그만큼의 비용이 소요된다는 점이다. 게다가 발효한 조약이 국가의 실행을 통해 효과를 보기까지는 더 오랜 시간이 걸리기도 한다.[135] 이렇게 하여 조약이 한번 성립되고 나면 변경이 쉽지 않다

133) Kenneth W. Abbott and Duncan Sindal, "Hard and Soft Law in International Governance", *International Organization*, Vol. 54(2000), p.426.

134) Andrew T. Guzman, *How International Law Works: A Rational Choice Theory*(Oxford University Press, 2008), pp.83-84.

135) Julia A. Jones, *supra* note 127,

는 점도 단점으로 지적된다. 전염병 통제에 관한 규범은 예상하지 못한 변화에 대처할 필요가 있다. 즉, 전염병 관리의 성공의 핵심은 변화하는 상황에 빠르게 대응할 수 있는 조약체제의 역량에 있다. 이러한 요소를 규범체계 안으로 포섭하지 못한다면 국제법을 통한 전염병의 통제는 어려울 것이다. 그런 점에서 IHR 2005가 전염병을 특정하지 않고 전염병이 야기하는 사태의 심각성에 초점을 맞춘 입법방식을 택함으로써 새로운 전염병의 등장에 대처할 수 있도록 한 것은 조약의 단점을 보완하는 좋은 방법이라고 하겠다. 한편, 조약의 체결에 드는 비용의 문제도 종종 조약 형성을 지연시키거나 불가능하게 하는 원인으로 지적된다.[136)]

조약의 이러한 단점을 보완할 수 있는 입법방식으로 최근 '골격조약－의정서 접근방식'(framework convention－protocol approach)이 이용되고 있다.[137)] 이 방식은 당사국의 일반적 의무만을 규정한 골격조약을 체결하여 국가의 체결 부담을 덜어 줌으로써 다수의 국가를 참가시킨 다음에 이후 골격조약의 회원국간의 지속적 협의를 통해 구체적 의무를 부과하는 의정서를 체결하는 방법으로 주로 국제환경법 분야에서 활용되고 있다. 그러나 이 방식에도 문제점은 지적된다. 의정서의 경우도 골격조약과 마찬가지로 교섭과 채택 · 비준까지 상당한 시간이 소요되며, 골격협정에 걸린 시간까지 고려한다면 하나의 완성된 조약체계가 만들어지는데 너무 긴 시간이 소요된다는 점이다. 또 다른 문제는 국가들이 일반적 의무만을 규정하고 있는 골격조약에는 가입하고, 구체적인 의무를 부과하고 있는 의정서에는 가입하지 않는다면, 당해 조

136) Kenneth W. Abbott and Duncan Sindal, *supra* note 133, pp.434-436.

137) 박병도, "국제환경법의 실효성 확보를 위한 입법과정에 관한 연구",『환경법연구』, 제28권 제1호(2006).

약의 목적 달성을 어렵게 하는 결과를 야기할 수 있다는 점이다.[138] 그러나 이 방식은 정치적 · 과학적 또는 경제적 발전에 따라 법의 개정 또는 수정을 허용함으로써 유연한 대처를 가능하게 한다는 점이 또 다른 장점이다.[139]

조약은 이 외에도 제정과정에서 교섭을 통해 국가들의 이해관계를 상당히 고려했다는 점에서 전염병 통제를 위한 이상적인 규범수준에 미치지 못하는 경향이 있고,[140] 조약에 동의하지 않은 국가에 대해서는 법적 구속력이 없는 점[141] 등이 단점으로 지적된다. 전염병 통제의 경우 관련 규범이 통제의 효과를 얻기 위해서는 규범의 참여와 준수가 보편적으로 이루어져야 한다는 점에서 국가들의 조약 참여를 독려할 필요가 있다.

3. 연성법의 장 · 단점과 활용

앞서 지적한 조약의 단점이 연성법에는 장점이 된다. 연성법의 가장 큰 장점 중 하나는 규범 형성에 있어 시간과 비용이 적게 든다는 점이다. 전염병은 질병의 특성에 따라 다른 방식의 대응을 요구하며, 무엇보다 최대한 빠른 대응을 요구하기 때문에 이런 상황에 적합한 규범이 필요하다. 조약 형식의 규범은 전염병 대응을 위한 핵심적이고 기본적인 의무사항, 평상시의 전염병 예방과 대응역량 등에 관한 규정에는 적

138) Trenton H. Norris, "Development: International Environmental Law", *Harvard Law Review*, Vol. 104(1991), p.1544.

139) Philippe *Sands*, supra note 129, p.128.

140) Robert O. Keohane, *After Hegemony: Cooperation and Discord in the World Political Economy*(Princeton University Press, 1984), pp.88-89.

141) 1969년 「조약법에 관한 비엔나협약」 제34조(제3국에 관한 일반 규칙): "조약은 제3국에 대하여 그 동의 없이는 의무 또는 권리를 창설하지 아니한다."

합하나 개별 질병에 대한 구체적인 대응에는 부족한 점이 많다.[142] 또한 전염병의 통제규범은 국가의 경제적 이익에 대한 침해 가능성 및 기술적 · 경제적 지원 등 국가에 부담으로 작용하는 요소들이 많은데, 이를 법적 구속력이 강한 조약으로 채택하기에는 WHO나 회원국 모두 부담으로 작용할 수밖에 없다. 이 때문에 WHO는 비교적 국가주권과의 충돌이 적고 상황에 대한 빠른 대응과 유연성 및 적합성이 높은 정책적 성격의 권고나 지침 등을 선호하였다.[143]

WHO의 권고는 법적 구속력은 없지만 세계 보건 분야에서 가장 권위 있는 국제기구가 내린 판단으로서 도덕적 · 정치적으로 중요할 뿐만 아니라[144] 연성법으로서 실질적인 법적 가치를 갖는다. 또한 WHO의 권고나 행동지침 등의 연성법적 접근방식은 법적 구속력 있는 조약방식보다 전염병 통제에 있어 더 효과적이라는 평가를 받기도 한다.[145] 1978년 WHO 법무담당관 Claude-Henri Vignes는 HIV/AIDS 문제에 있어 IHR 1969나 WHO헌장 제21조상의 구속력 있는 조치보다 구속력 없는

---

142) 질병에 대한 효과적인 대응을 위해서는 각각의 질병의 특징에 맞춘 대응방식이 필요하고 이것을 일일이 조약으로 규정한다는 것은 사실상 불가능하다. 예를 들어, 사스의 경우는 고온과 마른기침이 시작되고 나서도 한참 후에야 비로소 전염성이 생긴다. 또 전염력이 최고조에 도달하는 데 10일 정도가 걸리므로, 발병이 수반되지 않는 무증상 감염 사례가 거의 없다. 따라서 차단과 격리정책이 효과적일 수 있다. 그러나 인플루엔자의 경우 증상이 나타나기 하루 이틀 전에 전염성이 아주 높아지며 무증상 감염이 많다. 이 때문에 차단과 격리정책이 효과를 거두기가 어렵다. Mike Davis[*The Monster at Our Door: The Global Threat of Avian Flu*(New Press, 2005)], 정병선 옮김, 『전염병의 사회적 생산: 조류독감』(돌베개, 2008), 95쪽.

143) Gian Luca Burci, "Implementation of International Health Law: A Challenge for the Future: Remarks by Gian Luca Burci", *Proceedings of the Annual Meeting of the American Society of International Law*, Vol. 101(2007), p.254.

144) Sami Shubber, "The International Code", *Digest of Health Legislation*, Vol. 36(1985), p.884.

145) Setsuko, Aoki, *supra* note 35, p.553.

권고를 통해 WHO가 더 효과적으로 대처해 왔다고 주장했다.[146)]

연성법의 경우 조약과 같이 법적 구속력이 확립된 경우 법적 구속력 있는 집행방식—소위 경성적 집행(hard enforcement)—으로 구속력 있는 분쟁해결 또는 집행제도가 적용되지 않기 때문에 규범의 합법성과 정당성이 높다고 하더라도 그 강제력은 약하다. 연성법 형식의 규범의 준수를 강화하기 위해서는 연성적 집행(soft enforcement) 방식이 요구된다. 연성적 집행방식으로 준수를 유도하기 위한 동기(인센티브)를 제공한다든지 준수의 설득 또는 경제적 불이익을 통한 압력의 행사 등의 방식이 유용할 수 있다. 구체적으로 전염병 통제를 위한 권고나 지침이 필요성과 정당성을 갖추는 것이 국가의 규범 준수 가능성을 높일 수 있다.[147)] 또한 WHO의 감시체계 강화를 통해 국가들을 '관리'함으로써 규범 이행의 수준을 높이고 상호 준수를 통한 신뢰형성의 기반을 마련하는 것도 중요하다.[148)]

146) Claude-Henri Vignes, "The Future of International Health Law: WHO Perspectives", *International Digest of Health Legislation,* Vol. 40(1989), p.18.

147) Franck 교수의 정당성이론에 따르면 국가는 특정 규범이 정당한 절차를 통해 창설되었다고 인식하는 경우에 이를 준수한다. 그러나 이 이론은 국가가 절차적으로 정당하게 성립된 규범을 위반하는 것에 대해 설명하지 못한다. Thomas M. Franck, "Legitimacy in the International System", *American Journal of International Law*, Vol. 82(1998).

148) 관리이론자(국제법과정학)들은 국제법 비준수의 사유로 국제법의 모호성, 당사자 능력의 한계 및 시간적 제약을 들고 있다. 이들의 입장은 국제법이 더 잘 이행되기 위해서는 강제력을 동원하기보다는 ① 국제법의 이행과 체제의 유지를 위한 정보가 소통되도록 하는 것이 필요하며(투명성 강화), ② 분쟁해결에 있어 대안적이면서도 비형식적인 분쟁해결 수단을 이용하며, ③ 국제법을 이행할 수 있는 능력을 배양하는 방법으로 기술 또는 재정적 지원을 하는 것이다. 마지막으로 상대방이 국제법을 이행하도록 직접적으로 설득하는 노력이 필요하다고 본다. Abram Chayes and Antonia H. Chayes, *supra* note 38, pp.22-25.

마지막으로 연성법의 준수는 국내법이 국제법과 일치하는 경우에 더 잘 준수된다는 점에서 국제보건기준에 맞는 국내법과 국내체제를 개선하는 방안을 강구하는 것이 필요하다. 특히 개발도상국의 경우에는 국제기구와 선진국의 지원을 통한 국내체제 개선이 요구된다. 국가는 국제법이 법적 구속력이 없다고 하더라도 이를 준수하는 것이 국가의 신용에 좋은 영향을 주고, 이것은 후에 국가의 이익을 창출한다면 국제법을 준수할 가능성을 높일 수 있다.[149)]

Ⅲ. 국제법과 국내법의 조화

1. 국제법의 국내적 실현의 중요성

국가들은 종종 국내법 또는 국내체제와 국제법이 불일치하여 국제법을 준수하지 않는 경우가 있다. 그러나 국가는 국제법의 비준수 및 위반을 정당화하기 위해 국내법을 원용할 수 없다는 것은 국제법상 확립된 원칙이다.[150)] 이 경우에는 국제보건법의 준수를 위해 국내법 또는 국가정책을 국제법과 일치하도록 개선할 필요가 있다.

전염병의 국제적 확산을 통제하기 위해서는 전염병을 발견하고, 확인하고, 통제하고, 예방하기 위한 적절한 공중보건체계가 모든 국가

149) 현실주의자인 Guzman의 이론에 따르면 국가가 명성을 유지하고 그 훼손을 피하려고 노력하는 이유는 단순한 명예유지의 차원이 아니라 명성의 유지로 인한 실질적인 이익의 보전에 있으며, 법 위반시에 국가의 신뢰가 훼손됨으로써 국가이익의 손해가 실질적으로 발생하는 것이 국가의 국제법 준수의 동인이 된다고 설명하고 있다. Andrew T. Guzman, *supra* note 37.

150) 1969년 조약법에 관한 비엔나협약 제27조; *Treatment of Polish Nationals and Other Persons of Polish Origin or Speech in the Danzig Territory*, PCIJ(1932), Ser. A/B, No. 44, p.24.

내에서 절대적으로 필요하다는 점은 1960년대 후반 및 1970년대 초반의 IHR 1969의 성과에 대한 WHO 분석에서 확인되었다.[151] 그러나 국내 공중보건 능력이 질병의 국제적 확산에 대한 최상의 해답을 제공할 것이라는 주장은 WHO의 분석 이전부터 나왔다.[152] 「국제위생규칙」의 경우 쏟아지는 개정 요청에도 불구하고 WHO 회원국 내에 신뢰할 수 있는 질병감시와 함께 건실한 역학 서비스의 마련이 필요하다는 요구를 규정하지 못했고, 「국제위생규칙」을 수정 · 계수한 IHR 1969도 마찬가지였다.[153] IHR 1969는 회원국이 일정한 형식의 보건자원, 보건 프로그램 및 보건기관을 유지하도록 요구하였지만[154] 이를 현실화하지는 못했다. 당시 WHO 보건입법 프로그램의 책임자였던 Sev Fluss는 WHO의 수년간의 경험을 통해 확인된 전염병 통제를 위한 최상의 방법은 국내 공중보건 기반시설의 증강이며, 이것은 국제법을 통해 달

151) Pierre J. Delon, *The International Health Regulations: A Practical Guide*(Geneva: World Health Organization, 1975), p.7; P. Dorolle, "Old Plagues in the Jet Age: International Aspects of Present and Future Control of Communicable Diseases", *British Medical Journal*, Vol. 4(1968), p.792; Frank Gutteridge, "The World Health Organization: its Scope and Achievements", *Temple Law Quarterly*, Vol. 37(1963), pp.13-14; E. Roelsgaard, "Health Regulations and International Travel", *WHO Chronicle*, Vol. 28(1974), p.268; Boris Velimirovic, "Do We Still Need International Health Regulations?", *Journal of Infectious Disease*, Vol. 133(1976), p.480. 이 시기의 WHO 소속 전문가들의 분석 결과는 오늘날 신종 전염병을 다루기 위한 전략의 기본적 요소와 크게 다르지 않다.

152) E. Roelsgaard, *ibid.*, p.268; Leonard J. Nelson, "International Travel Restrictions and the AIDS Epidemic", *American Journal of International Law*, Vol. 81(1987), pp.233-234.

153) Sev S. Fluss, "International Public Health law: An Overview", in Roger Detels(eds.) *Oxford Textbook of Public Health*, 4th ed.(Oxford University Press, 2002), p.15.

154) IHR 1969 제14조~제18조, pp.15-16.

성되는 것이 아니라 WHO 회원국의 보건상태의 증진을 통해서만 얻을 수 있는 방법이라고 주장했다.[155] 이러한 국내 보건체제의 강화는 WHO의 감시체계와 맞물려 작동함으로써 전염병 통제의 시너지 효과를 얻을 수 있다.

국내 보건체제를 향상시키기 위한 노력은 분명 국내법의 영역에 속해 있다. 또한, 국제법의 국내적 실현은 국내 주권 영역에 해당하는 것이어서 이를 국제법이 강제할 수는 없다.[156] 그러나 세계화의 힘은 국내보건과 국제보건 사이의 고전적 방식의 이분법적인 구분을 희석시켜 왔다. 국가가 조약을 체결한 후에 이와 충돌하는 국내정책이나 법을 바꾸지 않는 경우 국제법과 국내법이 충돌하는 문제가 발생하며, 국제법상의 의무 불이행으로 인하여 국가책임과 손해가 발생할 수 있다. 또한, 조약상에 국내 행정체계와 입법에 관한 명시적인 규정이 없다고 하더라도 체약국은 조약의 집행을 확보하기 위하여 필요한 한 관련 국내법령을 개정함으로써 국제법을 이행해야 한다.[157] 따라서 전염병의 통제에 관한 국제법 기준을 마련하고 국가가 이를 국내적으로 이행하도록 성문화하는 것은 국내 보건체제의 발전과 전염병의 통제에 중요한 가치를 갖는다.

IHR 2005 역시 국제보건법과 국내법 및 체계간의 불일치를 해결하고 조약의 이행을 보장하기 위해 명시적으로 국가체제의 정비 또는 이행법률의 마련을 체약국의 의무로 규정하였다.

---

155) Sev S. Fluss, *supra* note 153.

156) Jennifer Shkabatur, *supra* note 3, p.1.

157) 山本草二『新版 國際法』, 第2刷(有斐閣, 1994)], 박배근 옮김, 『신판 국제법』(국제해양법학회, 1999), 117쪽.

2. IHR 2005의 개선 방향

IHR 2005 채택에 따라 각 국가는 전염병 관리와 검역체계의 개선을 위해 다음과 같은 조치를 취해야 한다.

첫째, IHR 2005는 제59조 제2항에 따라 통고한 시점으로부터 24개월이 경과한 시점에 발효하게 되는데,[158] 이 기간 동안에 각 국가는 규칙의 시행에 필요한 국내법 그리고 행정체계를 정비하여야 한다. 만약, 같은 기간 내에 국내법 및 행정체계 정비를 마치지 못하는 경우에는 WHO 사무국장에게 12개월 이내의 기한을 정하여 유예를 요청해야 한다.[159]

둘째, 발효한 시점에서 5년 이내, 즉 2012년 6월까지 PHEIC를 야기할 수 있는 질병 발생에 대한 감시와 대응능력 및 검역능력을 규칙에서 요구하는 수준으로 향상시켜야 한다. 이를 통해 회원국은 자국 영역 내에서 발생하는 전염병을 신속하고 정확하게 판단할 수 있고, 관련 정보를 WHO에 신속하게 전달할 수 있는 능력을 갖추게 된다. 이것은 IHR 2005의 국내적 실행에 있어 매우 중요한 요소이다.

넷째, 회원국은 IHR 국가대표기관(National IHR Focal Point)과 책임당국, 입국지점의 책임기관 등을 지정해야 한다.[160] IHR 국가대표기관은 IHR 연락사무소를 통해 WHO와 상호 편리하게 자료를 공유할 수 있다.

다섯째, WHO헌장에 따르면 각 회원국은 WHO가 결정한 권고 및 협약, 조약, 규칙과 관련하여 취해진 조치에 대해 매년 보고하여야 하며,[161] 건강과 관련된 중요한 국내 법률, 정부의 공식보고서, 통계자료

158) IHR 2005 제59조 제2항.
159) IHR 2005 제59조 제3항.
160) IHR 2005 제4조 제4항.
161) WHO헌장 제62조.

를 WHO에 즉시 전달하여야 한다.[162)]

그러나 이러한 국내법 및 행정체계의 개선과 강화는 국가의 경제적 · 기술적 자원을 요구하며, 개발도상국과 최빈개도국의 경우 대부분은 이러한 역량 개발을 위해 요구되는 자원의 부족으로 국제법의무 준수의 어려움을 호소한다. IHR 2005는 이러한 문제를 고려하여 일정기간의 의무유예 기간을 두고 있으나 실질적으로 자금이나 기술이 지원되지 않는다면 기간의 연장은 큰 의미를 갖지 않는다. 따라서 국내법 및 행정체계의 개선과 강화는 반드시 자금 및 기술원조와 함께 논의되어야 한다. 한 공중보건 전문가에 의하면 질병의 국제적 확산을 방지하기 위해서는 선진국들이 개발도상국에 경제적 · 기술적 지원을 하는 것이 유일한 예방법이라고 주장했다.[163)]

Ⅳ. 자금 및 기술원조

국가의 자원 부족으로 인해 국제법을 준수할 수 없는 경우, 국제법의 준수를 강화하기 위해 강제력을 동원한다거나 전염병의 감시체계를 강화하는 방법 등은 효과를 거두기 어렵다. 이 경우는 먼저 국가가 국제법의무를 이행할 수 있는 능력을 배양해 주는 것이 필요하다.[164)] 즉, 최빈개도국을 포함하여 개발도상국에게 기술 또는 재정적 지원을 함으로써 전염병 통제에 필요한 보건 인프라를 갖추도록 하는 것이 절실히 요구된다.

---

162) WHO헌장 제63조.

163) P. Dorolle, *supra* note 151, p.792.

164) Abram Chayes and Antonia H. Chayes, *supra* note 38, pp.22-25.

1. 보건자금 지원

개발도상국의 전염병 통제를 위한 보건자금 지원의 필요성에 대한 선진국의 동의와 관심이 증가하고 있는 것은 사실이지만 자금지원과 관련하여 해결해야 하는 문제들이 많다. 먼저, 가장 중요한 문제는 필요로 하는 자금지원액에 비해 자금공여액이 크게 부족하다는 점이다. 상황이 이렇다 보니 특정 전염병을 통제하기 위한 노력을 포함하여 보건 이니셔티브들 간에도 자금을 조달하기 위한 경쟁이 벌어지게 되고, 결과적으로 자금조달기관이 선호하는 특정 분야—HIV/AIDS나 결핵, 말라리아의 통제—에 자금이 몰리는 현상이 나타났다.[165)]

전 세계적으로 가장 큰 규모의 국제보건자금 조달기관으로는 '세계은행', '미국 정부', 'HIV/AIDS, 결핵 및 말라리아 퇴치 글로벌펀드'(Global Fund to Fight HIV/AIDS, Tuberculosis and Malaria, 이하 '글로벌펀드'라 함)와 민간단체인 '빌 앤 멜린다 게이츠 재단'을 꼽을 수 있다. 이 네 개의 기관은 자금공여에서 가장 중요한 역할을 하고 있으며, 글로벌보건을 위한 전체 기부금의 1/3을 차지한다.[166)] 이들 기관의 자금지원은 전 세계의 보건 총비용의 0.1%에 해당하며, 비 OECD 회원국의 1.3%, 사하라 사막 이남 아프리카의 6.5%에 해당한다.[167)]

두 번째는 개발도상국과 최빈개도국에서 이들 자금공여자의 영향력

---

165) OECD 개발원조위원회의 2006-2007 지원 상황에 대한 조사에 따르면 HIV/AIDS나 결핵, 말라리아 등 3개의 질병에 대한 지원이 전체 지원의 57%에 해당한다. OECD-DAC, "Measuring Aid to Health", November 2009, available at: http://www.oecd.org/dataoecd/ 44/35/44070071.pdf〈2012-03-31〉.

166) Devi Sridhar and Rajaie Batniji, "Misfinancing Global Health: A Case for Transparency in Disbursements and Decision Making", *Lancet*, Vol. 372(2008), p.1185.

167) Ruth Levin *et al.*, *Following the Money: Toward Better Tracking of Global Health Resources, Report of the Global Health Resource Tracking Working Group*(Center for Global Development, 2007), p.5

이 상당하다는 점이다. 다수의 국내보건당국이 이들 공여자의 자금에 의존하고 있으며 탄자니아, 케냐 및 우간다의 보고에 따르면 자국 보건당국의 예산에 약 40~60%가 이 자금으로 구성된다.[168] 이러한 높은 의존도 때문에 원조를 받는 국가의 보건정책은 자금공여자의 선호에 영향을 받을 수밖에 없다. 네 개의 주요 공여자들이 특정 전염병의 통제에 대한 자금공여를 선호하는 반면,[169] 원조를 받는 국가들은 보건 인프라 구축에 대한 자원지원을 선호한다.[170]

세 번째는 보건자금이 상당수 전염병에 지원되고 있지만 여전히 많이 부족하다는 점과 선진국에 비해 개발도상국의 전염병 부담이 크다는 점이다. 아프리카 사하라 사막 이남 지역에서 전염병으로 인한 사망은 전체 사망원인의 절반을 차지한다. 그 외에도 전염병의 경우, 일반적인 보건의료의 지원과는 달리 전염병의 일시적 대유행으로 인하여 갑자기 많은 양의 재원을 필요로 하는 경우가 발생할 수 있으며, 이러한 질병의 대유행이 예측 불가하다는 점이 자금지원에 있어 어려움으로 작용한다. 이 때문에 전염병을 통제하기 위한 자금과 기술의 지원은 지속적이고 장기적인 투자를 요구로 하며 사전에 철저한 대비책을 마련해 두는 것이 필요하다.

이 문제들을 해결하기 위해서는 가장 먼저 자금지원을 확충해야 하는데, 결국 필요한 자금의 지원을 감당할 수 있는 선진국에게 그 의무를 부담시킬 수밖에 없다. 그러나 국제보건법상 선진국에게 그러한 의

168) Global Economic Governance Programme, Preliminary Report of a High-level Working group, 11-13 May 2008.

169) OECD 개발원조위원회의 2006-2007 지원 상황에 대한 조사에 따르면 HIV/AIDS나 결핵, 말라리아 등 3개의 질병에 대한 지원이 전체 지원의 57%에 해당한다. OECD-DAC, *supra* note 166.

170) Landis MacKellar, "Priorities in Global Assistance for Health, AIDS, and Population", *Population and Development Review*, Vol. 31(2005), pp.304-308.

무를 부여하는 법적 구속력이 있는 규범은 없다. WHO는 개발도상국에 대한 보건자금 지원이 WHO헌장 제2조, 즉 WHO의 목적 달성을 위한 임무에는 포함되지 않지만 그 동안 개발도상국에 대한 자금지원을 정책적으로 운영해 왔으며, 앞서 살펴본 주요 공여자들, 특히 글로벌펀드와 협력을 통해 지원자금 마련에 노력하였다. 글로벌펀드는 2002년 설립된 국제기구로 정부, 시민사회, 민간영역 및 관련 공동체들의 협력으로 국제보건자금 조달을 혁신적으로 접근한 대표적 사례이다. 물론 글로벌펀드를 비롯한 각종 국제보건기금들은 개발도상국의 빈곤과 질병 문제의 근본적 원인은 해결하지 않고 그 결과만을 고치려고 한다는 비판도 있다. 그러나 선진국의 자발적 참여에 근거한 보건자금 확충이 그 동안 보여 준 성과에 대해서는 긍정적인 평가를 할 필요가 있다. 다만 이러한 자금형성 방식의 한계를 인식하고 근본적 대안을 고민할 필요가 있다.

다음으로 국제보건 향상을 위해 확충된 자금이 효율적으로 사용될 수 있어야 하는데 이 문제 역시 해결하기가 쉽지 않다. 개별 국가나 민간단체 등 다양한 자금지원이 자발적 의사에 따라 이루어지는 것이기 때문에 공여자가 선호하는 지원 형태를 변화시키기란 어렵다. 그러나 앞서 지적한 것처럼, 자금지원을 통해 전염병 통제의 효율성을 개선하기 위해서는 지원금의 효율적인 분배와 사용이 필요하다. 이는 자금공여기관간 협력과 이 업무를 수행할 체계적 시스템의 구축이 요구된다. 이를 위해 별도의 국제기관을 설립하거나 또는 WHO가 그 업무를 맡아 수행하는 방안들을 생각해 볼 수 있다.

2. 기술원조

전염병 통제를 위한 자금지원과는 달리 기술원조에 있어서만큼은

WHO가 중심적 역할을 수행하고 있다. 기술지원은 WHO의 핵심임무 중 하나로서 회원국이 기술적 원조를 요청하거나 또는 WHO가 제안한 기술적 원조를 수락하는 경우 WHO는 필요한 조력을 제공할 의무가 있다.[171] 1990년대 중반 WHO는 기술적 역량과 협력 기능을 강화하기 위한 자체 연구를 수행하였고,[172] WHO 집행이사회는 1997~1998년에 기술협력을 검토하기 위한 특별회의를 열었다.[173] 1990년에는 국제보건학자와 실무가들이 뉴욕 포칸티코에 모여 '국제보건기구의 역할 강화'를 논의하였는데, 그 보고서에서 WHO가 기술적 협력의 기능을 수행하기 위해서 WHO의 규범적 기능을 강화하고 개선해야 한다는 결론을 내렸다.[174] 2007년에는 WHO 사무국장인 Margaret Chan이 WHO의 6가지 핵심분야 중 하나로 기술지원의 제공을 지목한 바 있다.[175]

WHO가 제공하는 기술적 원조에는 WHO에 소속된 전문가집단과 그동안 축적해 온 정보와 경험, 그리고 지속적인 감시체계를 통해 새로 획

171) WHO헌장 제2조 (d): "(본 기구가 그 목적을 달성하기 위한 임무는 다음과 같다) 각국 정부의 요청 또는 수락이 있을 경우에, 적당한 기술적 원조 및 긴급한 때에는 필요한 조력을 제공하는 것"; 그 외에 관련 조항으로는 (f) "역학 및 통계 서비스를 포함하여 필요한 행정적 및 기술적 서비스를 확립하고 유지하는 것" … (p) "필요한 경우에는 다른 전문기구와 협력하여 병원업무 및 사회보장을 포함하여 예방 및 치료적 견지에서 공중보건 및 의료에 영향을 미치는 행정적 및 사회적 기술을 연구하고 보고하는 것"

172) WHO, Report of the Executive Board Working Group on the WHO Responses to Global Change(1993).

173) WHO, Review of the Constitution and Regional Arrangements of the World Health Organization, Report of the Special Group, Executive Board 101st Session, EB101/7, 1997.

174) Pocantico Retreat, Enhancing the Performance of International Health Institutions, 1-3 February 1996.

175) "Recent News from WHO", *Bulletin of the World Health Organization*, Vol, 85(2007), p.255.

득하는 정보 등이 포함된다. WHO는 특히 개발원조를 요청하는 모든 국가에 대해 가능한 범위 내에서 기술적 원조를 제공하기 위해 최선을 다한다. 따라서 WHO는 기술적 원조의 양과 질을 향상시키기 위한 노력을 계속해 나가는 것이 문제해결의 핵심이다.

그러나 WHO가 국가들이 원하는 모든 기술적 원조를 다 제공할 수는 없다. 예를 들어, 한 국가가 보유하고 있는 백신 기술 또는 전염병 바이러스 샘플[176]의 보유 등에 대한 기술정보 제공과 공유를 강제할 규범이 국제보건법에는 존재하지 않는다. 국가가 보유한 기술과 정보는 국가의 직접적인 경제적 이익과 맞물려 있기 때문에 보유국의 권리 보호와의 형평을 고려해야 하는 문제로서 전염병 통제를 위해 필요하다고 해서 무조건 법적으로 강제할 수 있는 사안이 아니다. 결국 이러한 기술의 제공이 반드시 필요한 경우 국가들이 자발적으로 이행할 수 있도록 설득을 통한 내적 강제 및 인센티브의 제공 등 연성법의 이행 강화를 위

176) 바이러스 샘플은 질병의 위험 평가, 분석 및 백신 개발을 위해 필요한 매우 중요한 정보이다. 그러나 일명 바이러스 주권, 즉 각 국가는 자국 내에서 발견되는 바이러스를 독점적으로 소유할 수 있으며, WHO나 다른 국가와의 공유를 거부할 권리가 있고, 그 바이러스에서 만들어진 백신이나 다른 제품들로 얻는 모든 이익을 향유할 권리를 국가들이 주장함에 따라 논쟁이 되고 있다. 예를 들어, 인도네시아는 2005년 이후 자국에서 출현했다고 주장하는 50여 가지 이상의 H5N1 변종에 대한 정보 제공을 거부하고 있다. 과학자들은 다양한 바이러스 변종에 대한 접근 없이는 H5N1의 질병의 위험성과 특징을 확인할 길이 없다고 문제를 제기했다(*Newsweek* 한국판, "황제 바이러스" 출현할까?, 2009. 05. 13). 그러나 이와 반대로 2009년 전 세계적으로 신종 인플루엔자A(H1N1)가 발생했을 때는 확진판정을 받은 국가들이 위험 평가, 분석 및 백신 개발을 위해 국제공동체와 바이러스 샘플을 공유한 바 있다. Margaret Chan, "Sharing of influenza, virus, access to vaccines and other benefits", Opening remarks at the Intergovernmental Meeting on Pandemic Influenza Preparedness: May 15, 2009, available at: http://www.who.int/dg/speeches/2009/pandemic_influenza_preparedness_20090515/en/index.html〈2012-03-31〉.

한 방법과 유사한 방안을 모색하는 것이 바람직하다.

Ⅴ. 분쟁해결제도의 강화

전염병의 국제법적 통제의 실효성을 높이기 위해서는 규범의 해석 또는 적용과 관련된 분쟁이 발생했을 때 이를 해결할 수 있는 합리적이고 적합한 분쟁해결제도가 요구된다. 이하에서는 IHR 2005의 분쟁해결제도를 살펴보고 IHR 2005의 분쟁해결제도를 강화하는 방법으로 IHR 2005가 규정하고 있는 분쟁해결 방식의 개정을 통해 강화하는 방법과 IHR 2005의 개정 없이 다른 국제법 영역의 분쟁해결체제를 활용하는 방법 등을 검토해 본다.

1. IHR 2005의 분쟁해결제도

IHR 2005는 회원국간에 조문의 적용과 해석에 대해 분쟁이 발생하는 경우 이를 해결하기 위한 여러 분쟁해결체제를 마련하고 있다.[177] IHR 2005는 제56조에서 IHR의 해석과 적용에 관한 회원국 사이의 분쟁해결을 규정하고 있다. 분쟁의 당사국은 우선 교섭(negotiation), 주선(good offices), 중개(mediation), 조정(conciliation)을 포함하여 당사자가 선택하는 다른 평화적 수단에 의한 해결을 구한다.[178] 이러한 방법을 통해 분쟁이 해결되지 못한 경우에, 당사국은 서로 동의하여 WHO 사무총장에게 분쟁을 의뢰할 수 있다.[179] 이 때 WHO 사무총장은 분쟁을 해결하기 위해 모든 노력을 다해야 한다. 그러나 WHO 사무총장에게 사건을

177) IHR 2005 제56조.

178) IHR 2005 제56조 제1항.

179) IHR 2005 제56조 제2항.

의뢰하는 것이 의무는 아니다.

이와 같은 비법적 분쟁해결 방법은 사법적 분쟁해결 절차보다 비용이 적게 들면서 원만하고 신속한 해결을 가능하게 한다.[180] 이러한 분쟁해결 방법은 국가들의 부담을 줄여 줌으로써 분쟁해결 절차로 유인할 수 있고, 이를 통한 분쟁의 해결은 국제법 위반 국가에 대해 조약을 이행하도록 설득하는 효과가 있다. 그러나 분쟁해결의 결과 자체가 법적 구속력이 있는 것이 아니어서 해결의 결과를 이행하는지 여부는 분쟁당사국의 의지에 달려 있다.

IHR 2005는 사법적 분쟁해결 방법도 규정하고 있는데, 분쟁당사국 '모두'가 서면으로 수락하는 경우 중재재판(arbitration)이 가능하다.[181] 즉, 분쟁의 사법적 해결을 위해서는 분쟁당사국의 별도의 합의가 요구되는 것이다. 한편, 당사국은 IHR 2005의 해석과 적용에 관한 모든 분쟁에 대하여 동일 의무를 수락하는 다른 당사국에 대한 관계에 있어 중재재판을 의무적(강제적)(compulsory)이라고 인정함을 서면으로 언제든지 선언할 수 있다.[182] 이 조항은 상호주의에 근거하여 중재재판소의 의무적(강제적) 관할권을 인정하는 것으로서, 회원국의 별도의 동의를 요구하고 있다는 점에서 의무적 관할권 형성에 한계가 있다.

IHR 2005의 중재재판은 「양국간 중재분쟁을 위한 국제상설중재재판소 선택규칙」(Permanent Court of Arbitration Optional Rules for Arbitrating Disputes between Two States : PCA규칙)에 의한 중재재판을 말하는데, 이 중재재판의 경우 앞서 나열한 다른 분쟁해결 방식과는 달리 분쟁당사국이 수락하는 경우 최종적이고 구속력 있는 판결로서 효력을 갖는

180) Abram Chayes and Antonia H. Chayes, *supra* note 38, pp.22-25.
181) IHR 2005 제56조 제3항.
182) IHR 2005 제56조 제3항, 1문.

다. 이러한 과정을 거치지 않더라도 IHR 2005는 회원국이 본 규칙에 대한 분쟁을 다른 분쟁해결기관에 회부하는 것을 금지하지 않기 때문에, IHR 2005의 해석에 대한 문제를 직접 국제사법재판소에 회부할 수 있다.[183)]

이와 같이 IHR 2005의 분쟁해결제도가 국가의 자발적 의지 내지는 합의에 근거하고 있어 전염병 발생에 관한 통고의무의 위반 또는 수입금지와 같은 보건조치의 위반으로 인해 첨예한 분쟁이 발생하였으나, 일방 당사자가 비법적 또는 사법적 분쟁해결 방식에 응하지 않는 경우 이를 강제할 방법이 없다. 이러한 문제점을 해결하기 위해 '의무적 조정' 내지는 '의무적 재판' 제도를 도입하는 것을 고려해볼 수 있다. 의무적 조정 또는 재판제도는 개별 다자조약의 규정에 근거하여 분쟁의 일방 당사자가 조정 또는 국제재판에 호소하면 타방 당사자는 이에 응할 의무를 부과하는 방식이다.[184)] 예를 들어, 1969년「조약법에 관한 비엔나협약」의 경우 조약의 무효사유로서 '강행규범과의 충돌'과 조약의 종료사유로서 '신강행규범의 출현'과 관련된 분쟁에 대해서는 의무적 사법재판 방식을 취하고 있다.[185)] IHR 2005의 통고의무나 보건조치 관련 규정 등과 같은 일부 중요 규정에 대해서만 이와 같은 의무적 조정 또는 의무적 사법재판 제도를 도입하는 방법도 IHR 2005의 이행과 준수를 강화하는 한 방법이 될 수 있을 것이다.

한편, 중재재판과 사법재판의 판결은 법적 구속력이 있으나 판결의 내용이 이행되는 것은 별개의 문제다. PCA규칙은 판정을 이행할 의무를 명시하고 있으나, 이행을 강제할 방법에 대해서는 언급이 없어서 이

---

183) IHR 2005 제56조 제4항; ICJ규정 제36조 제2항.

184) Antonio Cassese(강병근 · 이재완 옮김), 앞의 주 125), 380-381쪽.

185) 1969년「조약법에 관한 비엔나협약」제66조 (a).

역시 당사자가 합의를 통해 해결해야 한다.[186)]

2. IHR 2005 이외의 분쟁해결제도 활용의 예: WTO 분쟁해결제도

IHR 2005는 제56조에서 IHR의 해석과 적용에 관한 회원국 사이의 분쟁해결을 규정하고 있으나,[187)] 동시에 회원국은 IHR 2005의 분쟁해결제도 이외의 다른 국제기구의 분쟁해결제도 또는 국제협약이 규정한 분쟁해결제도에 사건을 요청할 수 있는 권리를 보장하고 있다.[188)] 특히 SPS협정과 IHR 2005가 전염병 통제를 위한 보건조치에 관한 규정하고 있어 WTO 분쟁해결제도가 IHR 2005 분쟁해결제도에 기여할 수 있는 가능성을 검토해볼 수 있다.[189)] 예를 들어, 질병발생국이 상대국가들의 추가 보건조치에 의해 경제적 피해를 입은 경우 해당 국가들이 모두 WHO 회원국이면서 WTO 회원국인 경우 IHR 2005의 분쟁해결제도와 WTO 분쟁해결제도 중에서 선택할 수가 있다.[190)] 당해 사건이 국가의 중대한 무역이익의 사활이 걸린 경우라면 질병발생국은 상대국의 추가 보건조치에 대해 WTO에 비해 실효성이 낮고 제도적으로 취약한 IHR 2005의 분쟁해결제도 대신에 WTO에 분쟁해결을 요청할 가능성이 높

---

186) PCA규칙 제32조 제2항. PCA규칙에는 판정을 이행할 의무를 명시하고 있으나 이행의 강제할 방법에 대해서는 언급이 없어서 이 역시 당사자가 합의를 통해 해결해야 한다.

187) IHR 2005 제56조.

188) IHR 2005 제56조 제4항.

189) Barbara von Tigerstrom, "The Revised International Health Regulations and Restraint of National Health Measures", *Health Law Journal,* Vol. 13(2005), p.65

190) SPS협정도 IHR 2005와 마찬가지로 WTO 회원국이 다른 국제기구의 주선이나 분쟁해결제도 또는 다른 협정에 따라 설치된 주선 또는 분쟁해결제도를 이용할 수 있는 회원국의 권리를 침해하지 않는다. 따라서 전염병 통제조치로서 취한 제재조치가 문제된 경우 WTO · WHO 회원국인 분쟁당사국은 WTO 분쟁해결제도 대신에 IHR 2005의 분쟁해결제도를 이용할 수 있다. SPS협정 제11조 제3항.

다. WTO 분쟁해결제도는 다른 국제법상의 분쟁해결제도와 비교하여 국가들의 신뢰가 높고 실제로 매우 효과적으로 운영되고 있는 것으로 평가된다.

또한 SPS협정의 이행을 책임지고 있는 SPS위원회는 과도한 조치를 규제하는 추가적 장치를 제공한다. WTO 회원국은 일반적으로 적용되는 법률, 법령 또는 명령 같은 SPS규정[191]이 국제기준과 사실상 동일하지 않으면서 다른 회원국의 무역에 심각한 영향을 미치는 경우 언제나 사무국에 통고해야 한다.[192] SPS위원회는 회원국에 SPS조치와 관련된 어떠한 무역 사안에 대해서라도 논의할 수 있는 포럼을 제공하고 있으며,[193] 이러한 제도는 IHR 2005의 협의 및 분쟁해결제도와 동시에 작동할 수 있을 것이다.

단기적으로는 WTO 분쟁해결제도가 IHR 2005의 분쟁해결제도의 단점을 보완해 줌으로써 IHR 2005의 이행과 준수의 인센티브를 강화해 줄 것이라고 예상할 수 있다.[194] 그러나 이러한 연계가 자칫 IHR 2005의 법적 구속력을 약화시킬 수도 있다는 점을 고려해야 한다. WHO 분

191) SPS협정 Annex B, para. 1. Remark 5.

192) SPS협정 Annex B, para. 5.

193) WTO, Specific Trade Concerns(Note by the Secretariat), WTO Doc. G/SPS/GEN/204/Rev. 5(25 February 2005). 본 문건은 1994~2004년 사이 SPS 위원회에 부탁된 모든 무역 관련 우려사항(concern)을 요약하고 있다. 이 목록은 탄자니아가 콜레라 발병에 대해 EC가 취한 조치에 관한 우려도 포함하고 있다. 이 외에도 조류인플루엔자와 광우병 대응에 관한 조치도 논의된 바 있다. WTO, Report(2004) on the Activities of the Committee on Sanitary and Phytosanitary Measures, WTO Doc. G/L/709(8 November 2004), para. 6.

194) WTO, Committee on Sanitary and Phytosanitary Measures, Global Crises－Global Solutions: Managing Urgent International Public Health Events with the Revised International Health Regulations(Information Paper Submitted by the World Health Organization), WTO Doc. G/SPS/GEN/179(31 May 2000), p.11.

쟁해결제도 내에서는 IHR 2005 제43조의 추가적 조치의 합법성에 대한 판단을 IHR 2005에 근거하는 것이 아니라, SPS협정에 근거할 것이므로 결과적으로 IHR 2005 제43조가 계획한 목적은 약화되거나 훼손될 수 있다. WHO는 IHR 2005에 따라 취한 조치와 SPS협정이 충돌하는 것을 최소화하기 위해서는 이 점을 고려해야 할 것이다. 또한 장기적인 관점에서는 IHR 2005의 분쟁해결제도를 강화함으로써 전염병 통제의 문제에 관해서는 IHR 2005의 분쟁해결제도가 중심적 역할을 할 수 있도록 개선해 나가야 할 것이다.

맺음말

150년 전부터 국가들은 전염병의 확산을 저지하기 위한 다자협정을 체결해 왔다. 초기 협정들의 체결 동기는 무역과 해외여행객의 이동을 보호하는 데 있었다. 그러나 WHO가 설립된 후 60년간 세계인구는 3배로 증가하여 70억명을 넘어섰고 국가간 경제의존이 심화됨에 따라 전염병 통제의 관심사는 건강과 글로벌 보건으로 옮겨갔다. 한 때 신약의 개발과 위생 및 방역정책의 성공 등으로 인류가 모든 전염병으로부터 해방될 수 있다는 희망이 보이기도 하였다. 그러나 신종 전염병이 속속 등장하고, 전 세계적 확산이 촉발되고, 한번 통제되었던 질병들도 전 세계적으로 질병과 사망을 야기하며 부활하고 있다. 또한 여행인구 및 무역량의 폭발적 증가, 무역범위의 확대 그리고 교통수단의 발달로 인한 이동시간의 단축 및 이동거리의 확대로 인해 전염병은 또 다른 전성기를 누리고 있다. 특히 2002년 사스의 등장은 종전의 전염병과는 차원이 다른 엄청난 경제적 파괴력과 급속한 질병 확산 속도로 전 세계를 공포에 몰아넣기도 했다. 이처럼 새롭게 등장하는 그리고 다시 등장하는 전염병들은 새로운 협력과 통제를 요구받고 있다.

전염병은 특성상 국제공동체 전체의 협력 없이는 효과적 통제가 불가능하기 때문에 무엇보다 국제법을 통한 전염병 통제의 국제적 틀을 형성하는 것이 중요하다. 전염병을 통제하기 위한 국제법은 주로 조약과 권고, 지침 등을 포함한 연성법의 형태로 발전해 왔다. 특히 1948년 WHO가 설립된 이후부터는 WHO와 WHO헌장에 따라 제정된 「국제보건규칙」이 그 중심적 역할을 해왔다.

1969년 제정된 「국제보건규칙」(IHR 1969)은 전염병을 통제하기 위한 지난 100여 년간의 노력의 산물이었다. IHR 1969는 기존의 국가간의 수평적 조약체제를 벗어나 WHO를 중심으로 한 수직적 규범체제를 구현하였다. IHR 1969의 목적은 국제이동을 최소한으로 제한하면서 질병의 국제적 확산에 대항하는 최대한의 방지를 보장하는 것이다. 그러나 이러한 목적을 달성하기에는 IHR 1969는 태생적 한계를 지니고 있었다. IHR 1969는 오로지 페스트, 콜레라, 황열 이 세 가지 질병에 대해서만 규율하였다. 이는 가장 심각한 전염병에 국제적 역량을 집중시킴으로써 그 효과를 극대화하기 위한 전략이었으나 신종 전염병이 속출하고, 소멸되었다고 믿었던 전염병들이 재등장하면서 IHR 1969의 규범적 가치는 힘없이 무너져 내렸다. IHR 1969상의 국가의무와 감시체계는 그 효과를 발휘하지 못하고, 결국 국가들로부터 외면당하였다. 결국 1995년 새로운 국제협력과 공조체제의 강화를 도모하기 위해 IHR 1969의 개정이 착수되고, 이 후 한동안 개정 논의가 더디게 진행되다가 2003년 사스의 발생으로 인해 개정 논의가 촉진됨에 따라 2005년 드디어 IHR 1969를 전면 개정한 IHR 2005가 채택되었다.

IHR 2005는 IHR 1969의 문제점을 상당히 개선하였다. IHR 1969의 최대 단점이었던 규율대상의 질병범위를 크게 확대하였다. 개정된 국제보건규칙인 IHR 2005는 특정 질병을 나열하는 대신에 규모나 사태의 심각성에 따라 '질병', '사태', '공중보건위험', '국제적 관심의 공중보건 비상사태'(PHEIC)로 구분하였다. 이러한 설정방식은 대상 질병의 범위가 동적이고 융통성이 있으며, 예견하지 못하였던 새로운 질병도 규율한다는 점에서 미래지향적이라고 평가받는다. 또한 규제대상 질병의 범위에 전염성 질환뿐만 아니라 비전염성 감염질환이 포함되고, 나아가 비감염질환인 화학물질 또는 방사능에 의한 질병까지 확대 · 포함되었다.

IHR 2005는 WHO의 감시체계에도 획기적 변화를 가져왔다. IHR 1969의 경우 WHO는 오로지 회원국이 제공하는 정보에만 의존해 조치를 취할 수 있었으나, 이제는 국가가 제공하는 정보 이외에도 비국가행위자의 정보를 사용할 권한이 부여됨에 따라 국가주권에 따른 제한을 넘어서 글로벌 보건안보의 차원으로 WHO와 회원국 사이의 감시체계를 동태적으로 변화시켰다. 또한 WHO는 IHR 2005에 따라 PHEIC를 선언하고 이러한 비상사태시의 국가의 대응방법에 대한 비구속적 임시권고를 할 수 있는 권한과, 진행중인 특정 공중보건위험에 대해 질병의 국제적 확산을 방지 또는 감소시키고 불필요한 국제이동의 방해를 피하기 위해 일상적이고 주기적으로 적용되는 적절한 보건조치에 관한 비구속적 상시권고를 할 수 있는 권한을 부여받았다. 이처럼 WHO의 권한이 확대됨에 따라 그에 걸맞은 의무도 확대되었다. WHO는 입수한 정보를 검증하고 전염병 통제에 있어 당사국과 협업하여야 하며, 비상위원회나 IHR 연락사무소와 같이 요구되는 새로운 운영조직과 절차를 마련해야 한다.

IHR 2005는 당사국의 의무에도 큰 변화를 가져왔다. 규율대상 전염병의 범위가 크게 확대됨에 따라 자연스럽게 국가가 통고해야 하는 질병의 범위도 대폭 늘어났다. 특히 당사국은 '국제적 관심의 공중보건 비상사태의 평가와 통고를 위한 결정도구'에 따라 해당 사태를 평가하고 그 결과 PHEIC에 해당하는 경우 이를 WHO에 통고할 의무가 있으며, 사태를 탐지 · 평가 · 통고 · 보고할 수 있는 역량 그리고 공중보건위험과 PHEIC에 즉각적이고 효과적으로 대응할 수 있는 역량을 개발 · 강화 및 유지해야 할 의무가 있다. 그 밖에도 인권 개념의 포섭 등 IHR 2005는 전염병 통제를 위한 법으로서 상당한 개선과 발전을 가져왔다.

전염병의 문제는 국제보건법 외에도 여러 국제법 영역에서 직·간접적으로 규율되고 있다. 먼저, 국제경제법의 경우 위생 및 식물위생조치에 대한 SPS협정과 의약품의 특허권에 대한 TRIPS협정이 전염병 문제와 깊이 관련된다. 특히 SPS협정과 IHR 2005는 전염병 통제를 위한 보건조치를 취하는데 있어 두 규범간의 충돌 가능성이 존재한다. 이 문제를 해결하고자 WHO는 IHR의 개정과정에서 WTO에 IHR에 관한 정보를 제공하고, IHR 2005에 IHR과 다른 관련 국제협정이 양립 가능하도록 해석되어야 한다는 규정을 삽입하였다. 또한 IHR의 조항은 다른 국제협약으로부터 나오는 당사국의 권리와 의무에 영향을 주지 않는다고 규정하였다. 이 두 조항은 다른 국제법 영역과의 관계에도 그대로 적용된다. 그럼에도 불구하고 보건조치를 취함에 있어 SPS협정이 IHR 2005의 규정보다 상세한 내용을 담고 있어 IHR 2005에 따라 취한 보건조치가 SPS협정의 위반에 해당할 가능성이 존재한다. 이러한 문제점을 개선한다면 SPS협정 체제는 IHR 2005의 보건조치의 기준을 강화하고, 특히 IHR 2005가 취약한 분쟁해결체계를 보완하는 역할을 할 수 있을 것으로 기대된다.

한편, TRIPS협정은 강제실시제도와 같이 일정한 경우 특허를 제한할 수 있는 장치를 마련함으로써 각 국가들이 전염병의 확산을 통제하기 위한 의약품의 마련에 유연성을 부여하였다. 이러한 장치들은 선진국과 개발도상국간의 의견 차이로 제대로 작동되지 않고 있어, 결과적으로 협정이 발효된 이후 지금까지 많은 개발도상국들이 의약품 마련에 어려움을 겪고 있다. SPS협정과 TRIPS협정 등 전염병 관련 국제경제법은 국제보건법의 강화에 일조하는 부분이 있으나, 자유로운 무역을 최종 목적으로 하는 것으로 전염병의 통제는 이 목적을 달성하기 위한 부차적인 과제라는 한계가 존재한다.

두 번째로 국제인권법은 건강권을 중심으로 전염병으로부터 보호받아야 하는 권리와 이동의 자유, 신체의 자유 등 침해받는 권리에 대한 규범이 발전해 왔다. IHR 2005는 그 개정을 통해 처음으로 인권 개념을 포섭하였으나 실제 전염병 통제과정에서 발생하는 인권침해로부터 개인을 보호하기에는 그 내용이 원칙적이고 구체적이지 못하다. 그 점에서 국제인권법상 '건강권'의 보호와 시라쿠사 원칙과 같은 인권제한에 관한 원칙 등은 전염병 통제를 위한 정책 및 프로그램의 설계 및 평가를 하는데 있어 보다 구체적이고 높은 수준의 인권보호를 요구함으로써 전염병 통제를 위한 보건조치에서의 인권보호를 강화하고 그 성과를 향상시키는 수단이 될 수 있다.

세 번째로 국제환경법은 전염병의 발생과 악화의 원인이 되는 다양한 환경파괴 및 오염 문제를 규율함으로써 전염병 발생 및 악화를 예방하는 환경적 조건을 마련해 준다. 보건과 환경의 연계는 인간의 건강을 보호하기 위한 환경보호체제 활용의 토대를 제공해 줄 것이다. 이 외에도 무력충돌시의 전염병 문제를 규율하는 국제인도법, 전염병과 재난의 국제적 구호에 관한 문제, 전염병 관련 의무 위반으로 인한 국가책임과 개인의 형사책임에 관한 국제법 영역이 국제법의 효과적인 전염병 통제를 위한 한 영역을 담당하고 있다.

WHO가 전염병 통제를 규율하는 핵심기구로서 그와 관련된 입법적 권한을 헌장을 통해 부여받고 있는 것이 분명하지만, WHO가 IHR 2005를 채택한 것 이외에 별다른 입법활동이 없는 것과 비교한다면 오히려 다른 규범영역에서 전염병 통제와 관련된 국제규범들을 양산해 내고 있었다는 것을 확인할 수 있다. 이런 현상이 나타나게 된 데에는 몇 가지 이유가 있다. 먼저, WHO가 전염병 통제에 있어 구속력 있는 규범을 만들기보다는 비구속적인 결의나 권고 등의 방식을 통해 전염병을 규제하려고 하는 경향 때문이다. 그러나 WHO의 이러한 접근방식이 전염병 통제에 있어 적절하지 못하다는 것은 아니다. 규범의 성격마다 각각의 장 · 단점이 다르기 때문이다. 전염병이 다른 국제법의 영역에서도 상당히 규제되고 있는 또 다른 이유는 전염병의 특성 자체가 국제법의 모든 영역과 관련되기 때문이다.

국제보건법 및 기타 국제법 영역에서의 전염병 통제에 관한 규범은 과거와 비교해 상당한 발전을 이루었다. 그러나 전염병 통제를 핵심목표로 하고 있는 조약은 IHR 2005뿐이며 다른 국제법 영역에서의 전염병 규제는 각 분야의 입법목적에 따른 제한이 있다는 점에서 IHR 2005를 중심으로 다른 국제법 영역의 규범들을 연계하여 활용하는 방법이 모색되어야 할 것이다. IHR 2005는 앞으로 전염병 통제에 관한 또 다른 일반조약이 체결되기 전까지는 전염병 통제에 관한 국제규범에서 중심적 역할을 할 것이다. 그 점에서 전염병의 국제법적 통제의 성공 여부는 IHR 2005의 효과적인 준수와 이행에 달려 있다고 볼 수 있다.

IHR 2005는 개정을 통해 상당한 법적 발전을 이룬 것으로 평가되지만, 여전히 규범의 준수와 이행의 담보 등 문제점이 지적되고 있다. WHO 회원국들이 전염병 통제에 관한 국제보건법을 준수하지 않는 원인은 다양하지만 ① 국가이익과의 충돌, ② 규범의 불명확성과 준법의지의 부재, ③ 국가주권과의 충돌 가능성, ④ 자금 및 기술 등 이행능력 부족 등 네 가지를 주요 원인으로 꼽을 수 있다.

이러한 원인들을 해결하고 국제보건법을 개선하기 위한 방안으로 첫 번째 '감시체계 강화'를 들 수 있다. IHR 2005는 국가의 의무 이행 여부와 정보의 수집을 국가의 보고에만 의존해 왔던 것을 비공식적 정보사용에까지 확대함으로써 WHO 감시체계를 획기적으로 변화시켰다. 이러한 변화는 인터넷 기반 감시 시스템과 WHO가 협력함으로써 한층 강화되었다. 인터넷을 통한 전 세계 질병 발생의 실시간 감시는 전염병의 조기 대응을 실현하였다. 그러나 인터넷 기반 감시 시스템이 제대로 작동하기 위해서는 단순히 기술에만 의존할 것이 아니라 이를 활용할 수 있는 전문가집단을 양성하는 것이 함께 필요하다. 또한 인터넷 정보의 활용이 정당하고 적절하게 이루어지기 위해서는 인터넷 정보활용 문제를 규범화할 필요가 있다. 이를 위해 인터넷 정보사용의 투명성 제고와 정보이용의 절차 등에 관한 규범이 마련되어야 할 것이다. 한편 IHR 2005와 그 밖의 국제법 영역, 즉 국제경제법, 국제인권법, 국제환경법 등과의 연계를 통해 해당 법 영역에서 확립된 감시체계를 활용하여 IHR 2005의 감시체계를 보완 및 강화하는 방법도 고민해 보아야 한다.

두 번째 개선방안은 전염병 통제에 관한 규범의 연원을 다양화하고 연원의 장점을 적극 활용하여 국제보건법을 강화하는 방안이다. 법적 구속력이 강한 조약과 비구속적 성격의 연성법을 적절히 조화시켜서 서로의 단점을 보완하고 장점을 부각시킴으로써 전염병을 효율적으로 통제할 수 있는 국제보건법을 마련해 나가는 것이 중요하다.

세 번째는 방안은 국제보건법기준에 맞춰 국내법과 행정체계를 개선 및 강화하는 방법이다. 국가들은 종종 국내법 또는 국내체제와 국제기준이 불일치하는 문제로 인하여 국제법을 위반하는 경우가 발생한다. 전염병의 통제는 국내보건체계의 강화 없이는 불가능하며 이행감시와 국가이행보고서 제출 등 다양한 방법을 통해 국내보건체계를 개선하도록 해야 한다. 그러나 국내보건체계의 개선 과정은 국가의 경제적 · 기술적 자원이 요구되므로 이러한 자원이 부족한 경우 이에 대한 지원이 반드시 필요하다.

네 번째는 기술 및 자금지원을 통해 규범 준수의 역량을 강화하는 것이다. 이 문제의 핵심은 개발도상국과 최빈국에 대해 누가 지원할 것인가인데, 결국 자금과 기술지원을 감당할 수 있는 선진국에게 그 의무를 부담시킬 수밖에 없다. 전염병 통제를 위한 국제적 협력을 강조하고 설득하여 국가들의 자발적 기금 마련에 동참하도록 하고, 기술적 지원에 적극 참여하도록 하는 것이 필요하다. 또한 국가들의 기여로 만들어진 기금이 전염병 통제를 위해 적절히 사용될 수 있는 시스템을 구축하는 것 역시 중요하다. 이러한 과정을 통해 개발도상국은 선진국과 국제기구가 지원하는 재정적 · 기술적 원조 등을 통해 전염병을 발견하고 통제할 수 있는 인프라를 구축할 수 있다.

마지막 개선방안은 분쟁해결제도의 강화를 통해 전염병의 국제법적 통제의 실효성을 높이는 방법이다. 먼저 IHR 2005의 분쟁해결제도를 활성화시키고, 필요하다면 개정 등을 통해 분쟁해결제도에 의무적 조정 내지는 사법재판 등을 도입하는 방식으로 분쟁해결을 개선해 볼 수 있다. 또한 다른 국제법 영역의 분쟁해결체제를 활용하여 IHR 2005의 분쟁해결제도를 보완할 수도 있다.

국제보건법 영역 이외의 국제법 영역에서의 규범형성은 규범간의 충돌문제라기보다는 오히려 '보완'의 성격이 크다. 살펴 보았듯이 국제경제법, 국제인권법, 국제환경법 및 기타 국제법 영역이 규율하고 있는 전염병 문제는 IHR 2005에서 다뤄지지 않거나 다루고 있다고 하더라도 그 내용이 부족한 면이 많다.

그러나 국제보건법 영역 이외의 국제법 영역에서의 전염병 통제는 '공중보건' 및 '전염병 통제'가 규범의 주요 목적이 아니라는 점에서 한계가 있으며, 이 문제는 WHO를 중심으로 한 국제보건법 영역에서 보완을 통해 재정립될 필요성이 있다. 전염병의 국제법적 통제가 효과를 거두기 위해서는 규범의 강화 이외에도 현실 정책과의 조화, 국제법과 국내법의 조화, 그리고 국제기구간의 협력을 비롯하여 비국가실체를 포함한 다양한 주체들의 참여 확대를 통한 보완 등을 함께 고려해야 할 것이다.

참고 문헌

[국내 저서]

고준성 외 13인 공저,『국제경제법』(박영사, 2006).

경제적 · 사회적 및 문화적 권리위원회,『유엔 인권조약 감시기구의 일반논평 및 일반권고』(한국어판), 제1권(국가인권위원회, 2006).

김대순,『국제법론』, 제14판(삼영사, 2009).

김석현,『국제법상 국가책임』(삼영사, 2007).

藤田久一[『新版 國際人道法』(有信堂高文社, 2003)], 이민효 · 김유성 옮김,『新版 國際人道法』(연경문화사, 2010).

박기갑 외 2인 공저,『국제법상 보호책임』(삼우사, 2010).

박기갑(편),『21세기 국제인권법의 과제와 전망』(삼우사, 1999).

박노형,『WTO체제의 분쟁해결제도연구』(박영사, 1996).

山本草二[『新版 國際法』, 第2刷(有斐閣, 1994)], 박배근 옮김,『신판 국제법』(국제해양법학회, 1999).

신호성 · 김동진,『기후변화와 전염병 질병부담』(한국보건사회연구원, 2008).

예병일,『전쟁의 판도를 바꾼 전염병』(살림, 2007년).

윤미경 · 이성미,『병행수입에 대한 WTO TRIPS 논의: 공중보건과 제약산업을 중심으로』, WTO협동연구시리즈 01-07(대외경제정책연구원, 2001).

이한기,『신정판 국제법강의』(박영사, 1997).

임호,『공중보건과 국제지적재산권법』(한국학술정보(주), 2006).

특허청 국제협력과(편),『WTO TRIPS 협정 조문별 해설』(특허청, 2008).

Boyle, Fransis A.[*Foundations of World Order: The Legalist Approach to*

International Relations, 1898-1922(Duke University Press, 1999)], 김영석 옮김, 『세계질서의 기초: 국제관계에 대한 법률가의 접근방식, 1898-1922』(돋는해, 2002).

Cassese, Antonio[*International Law*, 2nd ed.(Oxford University Press, 2005)], 강병근 · 이재완 옮김, 『국제법』(삼우사, 2010).

Davis, Mike[*The Monster at Our Door: The Global Threat of Avian Flu*(New Press, 2005)], 정병선 옮김, 『전염병의 사회적 생산: 조류독감』(돌베개, 2008).

Freeman, Michael[*Human Rights: An Interdisciplinary Approach*(Polity Press, 2002)], 김철효 옮김, 『인권: 이론과 실천』(아르케, 2005).

Karlen, Arno[*Man and Microbes*(Quantum Research Associates, Inc., 1995)], 권복규 옮김, 『전염병의 문화사』(사이언스북스, 2001).

Nickel, James W.[*Making Sense of Human Rights*, 2nd ed.(Blackwell Publishing, 2007)], 조국 옮김, 『인권의 좌표』(명인문화사, 2010).

Office of the High Commissioner for Human Rights in Cooperation with the International Bar Association[*A Manual on Human Rights for Judges, Prosecutors and Lawyers*(UN, 2003)], 대한변호사협회 인권위원회 옮김, 『법률가를 위한 국제인권법 매뉴얼』(2008).

Vasak, Karel and Alston, Philip(eds.)[*The International Dimensions of Human Rights*(Greenwood Press, 1982)], 박홍규 옮김, 『인권론』(실천문학사, 1986).

[국내 논문]

김석현, "국제법에 있어서 Soft Law", 『국제법 평론』, 통권 제8호(1997).

______, "초국경적 손해에 대한 국제책임의 특수성", 『국제법평론』, 통권 제3호

(1994).

김성원, "국제법상 인간안보개념의 전개에 관한 일고찰", 『법학논총』(한양대학교 법학연구소), 제24집 제4호(2007).

김영석, "국제법상 테러행위의 규제와 미국의 아프가니스탄에 대한 전쟁에 관한 고찰", 『중앙법학』, 제7집 제3호(2005).

김화진, "국제법은 언제, 왜 지켜지는가?: 준법문제의 경제학적 어프로치와 신용이론에 관한 에세이", 『서울대학교 법학』, 제45권 3호(2004).

박기갑, "국제재난법에 관한 보편적이며 포괄적인 국제조약은 존재 가능한가?", 『고려법학』, 제61호(2011).

______, "환경오염으로 인한 손해의 국제법적 구제방안", 『환경법연구』, 제23권 제1호(2001).

박병도, "국제환경법의 실효성 확보를 위한 입법과정에 관한 연구", 『환경법연구』, 제28권 제1호(2006).

박준우, "의약품특허에 관한 WTO의 분쟁사례와 논의동향", 『서강법학』, 제8권(2006).

이덕형 · 박기동, "국제보건규칙의 개정과 전염병 관리 및 검역체계 개선의 과제", 『대한의사협회지』, (2005년 8월호).

이윤주, "특허권과 개발도상국에서의 의약품에 대한 접근과의 조화를 위한 모색: TRIPS협정과 그 이후", 『산업재산권』, 제24호(2007).

이은섭 · 이주영, "SPS협정상의 구체적 의무조항을 활용한 통상관련 환경보호조치의 적법성 확보－GATT 제20조 예외조항과의 비교를 중심으로－", 『환경법연구』, 제29권 제3호(2007).

장 신, "신 국제보건규칙(IHR 2005) 제정에 따른 국제보건법의 발전－적용범위 확대를 중심으로", 『국제법학회논총』, 제52권 제2호(2007).

장경수, "생물무기금지협약(BWC)의 최근 논의사항 및 제7차 평가회의 준비",

『생물무기금지협약 정보지: BWC NEWS』, 통권 제18호(2011).

정경수, "국제법상 연성법의 재인식", 『안암법학』, 제34권(2011).

정석찬, "기후변화와 인수공통전염병", 『Safe Food』(한국식품위생안정성학회), Vol. 5(2010).

조해월, "신종 인플루엔자(Pandemic Influenza: PI) 대유행 대비책, 『생물무기금지협약 정보지: BWC NEWS』, 통권 제3호(2005).

최태현, "국제형사재판소의 관할권 행사의 구도", 『국제인권법』, 통권 제5호(2002).

[해외 저서]

Beaglehole, Robert(ed.), *Global Public Health: A New Era*, 2nd ed.(Oxford University Press, 2009).

Boyle, Alan and Chinkin, Christine, *The Making of International Law*(Oxford University Press, 2007).

Boyle, Alan E., *et al.*, *International Law and the Environment*, 3rd. ed.(Oxford University Press, 2009).

Brownlie, Ian, *Principles of Public International Law*, 6th ed.(Oxford University Press, 2003).

Buergenthal, Thomas, *et al.*, *International Human Rights in a Nut Shell*, 4th ed.(West, 2009).

Chayes, Abram and Chayes, Antonia H., *The New Sovereignty: Compliance with International Regulatory Agreements*(Harvard University Press, 1995).

Cheng, Bin, *General Principles of Law as applied by International Courts and Tribunals*(Cambridge University Press, 2006).

Collins, Alan(ed.), *Contemporary Security Studies*(Oxford University Press, 2007).

Dai, Xinyuan, *International Institutions and National Policies*(Cambridge University Press, 2007).

Delon, Pierre J., *The International Health Regulations: A Practical Guide*(WHO, 1975).

Detels, Roger(eds.) *Oxford Textbook of Public health*, 4th ed.(Oxford University Press, 2002).

Fidler, David P., *International Law and Infectious Diseases*(Oxford University Press, 1999).

Garrett, Laurie, *The Coming Plague: Newly Emerging Diseases in a World Out of Balance*(Penguin, 1995).

Gear, Harry Sutherland, *Disease Control and International Travel: A Review of the International Sanitary Regulations*(WHO, 1956).

Gostin, Lawrence O. and Lazzarini, Zita, *Human Rights and Public Health in the AIDS Pandemic*(Oxford University Press, 1997).

Gostin, Lawrence O., *Public Health Law: Power, Duty, Restraint*, 2nd ed.(University of California Press, 2008).

Gruskin, Sofia, *et al.*, *Perspectives on Health and Human Rights*(Routledge, 2005).

Guzman, Andrew T., *How International Law Works: A Rational Choice Theory*(Oxford University Press, 2008).

Jamison, Dean T., *et al.*, *Disease Control Priorities in Developing Countries,* 2nd ed.(World Bank Publications, 2006).

Kaul, Inge, *et al.*(eds.), *Providing Global Public Goods: Managing*

Globalization(Oxford University Press, 2003).

Keohane, Robert O., *After Hegemony: Cooperation and Discord in the World Political Economy* (Princeton University Press, 1984).

Kindhauser, Mary K.(ed.), *Global Defence Against the Infectious Disease Threat*(WHO, 2002).

Kirch, Wilhelm, *Encyclopedia of Public Health*(Springer, 2008).

Knobler, Stacey, *et al*.(ed.), *The Impact of Globalization on Infectious Disease Emergence and Control*(National Academies Press, 2006).

Koppe, Erik, *Use of Nuclear Weapons and the Protection of the Environment during International Armed Conflict*(Hart Publishing, 2008).

Lee, Kelly, *et al*.(eds.), *Health Policy in a Globalising World*(Cambridge University Press, 2002).

Leive, David M., *International Regulatory Regimes: Case Studies in Health, Meteorology, and Food*, Vol. I (Lexington Books, 1976).

McMichael, A.J., *et al*., *Climate Change and Human Health: Risk and Responses*(WHO, 2003).

McNeill, William H., *Plagues and People*(Anchor, 1977).

Meron, Theodor, *Human Rights and Humanitarian Norms as Customary International Law* (Oxford University Press, 1989).

Murphy, Craig N., *International Organization and Industrial Change: Global Governance since 1850*(Polity Press, 1994).

Nanda, Ved P. and Pring, George W., *International Environmental Law for the 21st Century* (Hotei Publishing, 2003).

Pannenborg, Charles O., *A New International Health Order: An Inquiry into the International Relations of World Health and Medical*

Care(Springer, 1980).

Sands, Philippe, *Principles of International Environmental Law*, 2nd ed.(Cambridge University Press, 2003).

Schachter, Oscar and Joyner, Christopher(eds.), *United Nations Legal Order*, Vol. 2(Cambridge University Press, 1995).

Shaw, Malcolm N., *International Law*, 6th ed.(Cambridge Univ. Press, 2008).

Tunkin, Grigori I., *Theory of International Law*(Harvard Univ. Press, 1974).

[해외 논문]

Abbot, Kenneth W., "Modern International Relations Theory: A Prospectus for International Lawyer", *Yale Journal of International Law*, Vol. 14(1989).

Abbot, Kenneth W. and Sindal, Duncan, "Hard and Soft Law in International Governance", *International Organization*, Vol. 54(2000).

Abramson, Michael B., "Mad Cow Disease: An Approach to its Containment", *Journal of Health Care Law & Policy*, Vol. 7(2004).

Agius, Maria, "Dying a Thousand Deaths: Recurring Emergencies and Exceptional Measures in International law", *Goettingen Journal of International Law*, Vol. 2(2010).

Allin, Nancy E., "The AIDS Pandemic: International Travel and Immigration Restrictions and the World Health Organizations's Response", *Virginia Journal of International Law*, Vol. 28(1988).

Alston, Philip and Quinn, Gerad, "The nature and scope of state parties' obligations under the international covenant and economic, social and cultural rights", *Human Rights Quarterly*, Vol. 9(1987).

Aoki, Setsuko, "International Legal Cooperation to Combat Communicable Disease-Increasing Importance of Soft Law Frameworks", *Asian Journal of WTO & International Health Law and Policy*, Vol. 1(2006).

Arai-Takahashi, Yutak, "The World Health Organisation and the Challenges of Globalization: A Critical Analysis of the Proposed Revision to the International Health Regulations", *Law, Social Justice and Global Development*, Vol. 1(2004).

Asher, Lauren Z., "Confronting Disease in a Global Arena", *Cardozo Journal of International and Comparative Law*, Vol. 9(2001).

Axelrod, Robert, and Keohane, Robert O., "Achieving Cooperation under Anarchy: Strategies and Institutions", *World Politics*, Vol. 38(1985).

Bennet, Belinda and Carney, Terry, "Trade, Travel and Disease: the Role of Law in Pandemic Preparedness", *Asian Journal WTO and International Health and Policy,* Vol. 5(2010).

Beyerlin, Ulrich, *et al.*, "Conclusions Drawn from the Conference on Ensuring Compliance with MEAs", in Beyerlin, Ulrich, *et al.*(eds.), *Ensuring Compliance with Multilateral Environmental Agreements: Dialogue between Practitioners and Academia*(Brill Academic Publishers, 2006).

Birnie, Patricia, "International Environmental Law: Its Adequacy for Present and Future Need", in Andrew Hurrell and Benedict Kingsbury(eds.), *The International Politics of the Environment*(Oxford University Press, 1992).

Bishop, David, "Lessons from SARS: Why the WHO Must Provide Greater

Economic Incentives for Countries to Comply with International Health Regulations", *Georgetown Journal of International Law*, Vol. 36(2005).

Bodansky, Daniel, "Customary (and Not So Customary) International Environmental Law", *Indiana Global Legal Studies Journal*, Vol. 3(1995-1996).

_______, "What Makes International Agreements Effective? Some Pointers for the WHO Framework Convention on Tobacco Control", *WHO FCTC Technical Briefing Series*(WHO, 1999).

Brownstein, John S., *et al.*, "Surveillance Sans Frontières: Internet-Based Emerging Infectious Disease Intelligence and the HealthMap Project", *Public Library of Science-Medicine*, Vol. 5(2008).

Burci, Gian Luca, "Implementation of International Health Law: A Challenge for the Future: Remarks by Gian Luca Burci", *Proceedings of the Annual Meeting of the American Society of International Law*, Vol. 101(2007).

Burci, Gian Luca and Koskenmäki, Riikka, "Human Rights Implications of Governance Responses to Public Health Emergencies: The Case of Major Infectious Disease Outbreaks", in Andrew Clapham(eds.), *Realizing the Right to Health, Swiss Human Rights Book*, Vol. 3(2009).

Calain, Philippe, "From the Field Side of the Binoculars: a Different View on Global Public Health Surveillance", *Health Policy and Planning*, Vol. 22(2007).

Carlos, Carlos. M., "TRIPS and Access to Drugs: Toward a Solution for

Developing Countries without Manufacturing Capacity?", *Emory International Law Review*, Vol. 17(2003).

Carter, Jason, "WHO's Virus is it Anyway? How the World Health Organization can Protect Against Claims of "Viral Sovereignty"", *Georgia Journal of International and Comparative Law*, Vol. 38(2010).

Cohen, Mitchell L., "Resurgent and emergent disease in a changing world", *British Medical Bulletin*, Vol. 54(1998).

Coleman, Linda, "The European Union: An Appropriate Model for a Precautionary Approach?", *Seattle University Law Review*, Vol. 25(2002).

Condon, Bradly J. and Sinha, Tapen, "The Effectiveness of Pandemic Preparations: Legal Lessons form the 2009 Influenza Epidemic", *Florida Journal of International Law*, Vol. 2(2010).

D'Amato, Anthony, "Softness in International Law: A Self-Serving Quest for New Legal Materials: A Reply to Jean d'Aspremont", *European Journal of International Law*, Vol. 20(2009).

_______, "Custom and Treaty: A Reply to Professor Weisburd", *Vanderbilt Journal of Transnational Law*, Vol. 21(1988).

_______, "Is International Law Really "Law", *Northwestern Law Review*, Vol. 79(1985).

d'Aspremont, Jean, "Softness in International Law: A Self-Serving Quest for New Legal Materials", *European Journal of International Law*, Vol. 19(2008).

Davies, Sara E., "Is There an International Duty to Protect Persons in the

Event of an Epidemic?", *Global Health Governance*, Vol. 3(2010).

Distein, Yoram, "Protection of the Environment in International Armed Conflict", *Max Planck Yearbook of United Nations Law*, Vol. 5(2001).

Dorolle, P., "Old Plagues in the Jet Age: International Aspects of Present and Future Control of Communicable Diseases", *British Medical Journal*, Vol. 4(1968).

Durojaye, Ebenezer, "Compulsory Licensing and Access to Medicines in Post Doha Era: What Hope for Africa?", *Netherlands International Law Review*, Vol. 55(2008).

Dute, Joseph, "Communicable Diseases and Human Rights", *European Journal of Health Law*, Vol. 11(2004).

Emory, Jr., Richard W., "Trade and the Environment: Probing the Protections in the Rotterdam Convention on Prior Informed Consent", *Colorado Journal of International Environmental Law and Policy*, Vol. 47(2000).

Fidler, David P., "Caught Between Paradise and Power: Public Health, Pathogenic Threats, and the Axis of Illness", *McGeorge Law Review*, Vol. 35(2004).

______, "Emerging Trends in International Law Concerning Global Infectious Disease Control", *Emerging Infectious Diseases*, Vol. 9(2003).

______, "From International Sanitary Conventions to Global Health Security: The New International Health Regulations", *Chinese Journal of International Law*, Vol. 4(2005).

______, "Global Health Governance: Overview of the Role of International

Law in Protecting and Promoting Global Public Health", *World Health Organization Discussion Paper No 3. on Global Health Governance*, May 2002.

______, "Globalization, International Law, and Emerging Infectious Disease", *Emerging Infectious Diseases*, Vol. 2(1996).

______, "H1N1 After Action Review: Learning From the Unexpected, the Success and the Fear", *Future Microbiology*, Vol. 4(2009).

______, "International Law and Equitable Access to Vaccines and Antivirals in the Context of 2009-H1N1 Influenza", in Institute of Medicine, *The Domestic and International Impacts of the 2009-H1N1 Influenza A Pandemic: Global Challenges, Global Solutions*(National Academies Press, 2010).

______, "International Law, Infectious Diseases, and Globalization", in Stacey Knobler *et al.*(ed.), *The Impact of Globalization on Infectious Disease Emergence and Control*(National Academies Press, 2006).

______, "Mission Impossible? International Law and Infectious Disease", *Temple International and Comparative Law Journal*, Vol. 10(1996).

______, "Return of the Fourth Horseman: Emerging Infectious Diseases and International Law", *Minnesota Law Review*, Vol. 81(1997).

______, "The Future of the World Health Organization: What Role for International Law?", *Vanderbilt Journal of Transnational Law*, Vol. 31(1998).

______, "The Role of International Law in the Control of Emerging Infectious Diseases", *Bulletin de l'Institut Pasteur*, Vol. 57(1997).

Fidler, David P., *et al.*, "Emerging and Reemerging Diseases: Challenges for

International, National, and State Law", *International Lawyer*, Vol. 31(1997).

Forget, Gilles, and Lebel, Jean, "An Ecosystem Approach to Human Health", *International Journal of Occupational and Environmental Health*, Vol. 7(2001).

Franck, Thomas M., "Legitimacy in the International System", *American Journal of International Law*, Vol. 82(1998).

Fraser, Christophe, *et al.*, "Pandemic Potential of a Strain of Influenza A(H1N1): early finding", *Science*; Vol. 324(2009).

Garret, Laurie, "The Next Pandemic?", *Foreign Affairs*, Vol. 84(2005).

_____, "The Return of Infectious Disease", Foreign Affairs, Vol. 75(1996).

Garske, Tini, *et al.*, "Assessing the Severity of the Novel Influenza A/H1N1 Pandemic", *British Medical Journal*, Vol. 339(2009).

Gostin, Lawrence O., "Influenza A(H1N1) and Pandemic Preparedness Under the Rule of International Law", *JAMA*, Vol. 301(2009).

______, "International Infectious Disease Law: Revision of the World Health Organization's International Health Regulations", *Journal of the American Medical Association*, Vol. 291(2004).

_______, "When Terrorism Threatens Health: How Far Are Limitations on Human Rights Justified", *Journal of Law, Medicine and Ethics*, Vol. 31(2003).

Gruskin, Sofia, and Loff, Bebe, "Do Human Rights Have a Role in Public Health Work?", *Lancet*, Vol. 360(2002).

Gruskin, Sofia, and Tarantola, Daniel, "Health and Human Rights", in Gruskin, Sofia, *et al., Perspectives on Health and Human Rights*(Routledge,

2005).

Gruskin, Sofia, *et al.*, "History, Principles, and Practice of Health and Human Rights", *Lancet*, Vol. 370(2007).

Guzman, Andrew T., "International Law: A Compliance Based Theory", *California Law Review,* Vol. 90 (2002).

Hathaway, Oona A., "The Continuing Influence of the new Haven School", *Yale Journal of International Law*, Vol. 32(2007).

Heymann, David L., "Emerging and Re-emerging Infectious Diseases from Plaque and Cholera to Ebola and AIDS: a Potential for International Spread that Transcends the Defences of any Single Country"(Book Review Essay), *Journal of Contingencies and Crisis Management*, Vol. 13(2005).

Hillgenberg, Hartmut, "A Fresh Look at Soft Law", *European Journal of International Law*, Vol. 10(1999).

Hoen, Ellen't., "The Declaration on TRIPS and Public Health: A Step in the Right Direction", *Bridges*, Vol. 5(2001).

Howard-Jones, Norman., "Origins of International Health Work", *British Medical Journal*, Vol. 1(1950).

Howse, Robert, "Democracy, Science, and Free Trade: Risk Regulation on Trial at the World Trade Organization", *Michigan Law Review*, Vol. 98(2000).

Hurrell, Andrew and Kingsbury, Benedict, "The International Politics of the Environment: An Introduction", in Andrew Hurrell and Benedict Kingsbury(eds.), *The International Politics of the Environment*(Oxford University Press, 1992).

Hurtig, Anna-Karin, *et al.*, "Tuberculosis Control and Directly Observed Therapy from the Public Health/Human Rights Perspective", in Sofia Gruskin *et al.*, *Perspectives on Health and Human Rights*(Routledge, 2005).

Jones, Julia A., "International Control of Cholera: An Environmental Perspective to Infectious Disease Control", *Indiana Law Journal*, Vol. 74(1999).

Jones, Kate E., *et al.*, "Global Trends in Emerging Infectious Diseases", *Nature*, Vol. 451(2008).

Katz, Rebecca, and Fischer, Julie, "The Revised International Health Regulations: A Framework for Global Pandemic Response", *Global health Governance*, Vol. 3(2010).

Khan, Ali S., *et al.*, "The Reemergence of Ebola Hemorrhagic Fever, Democratic Republic of the Congo, 1995", *Journal of Infectious Diseases*, Vol. 179(1999).

Klabbers, Jan, "Institutional Ambivalence by Design: Soft Organizations in International Law", *Nordic Journal of International Law*, Vol. 70(2001).

Koh, Harold Hongju, "The 1994 Roscoe Pound Lecture Transnational Legal Process", *Nebraska Law Review*, Vol. 75(1996).

______, "Why Do Nations Obey International Law?", *Yale Law Journal*, Vol. 106(1957).

Lambertson, Heidi L., "Swatting a Bug Without a Flyswatter: Minimizing the Impact of Disease Control on Individual Liberty under the Revised International Health Regulations", *Penn State International Law*

Review, Vol. 25(2006-2007).

Lancet, "Public-health Preparedness Requires More Than Surveillance", *Lancet*, Vol. 364(2004).

Lifson, Alan R., "Mosquitoes, Models, and Dengue", *Lancet*, Vol. 347(1996).

Mack, Eric, "The World Health Organization's New International Health Regulations: Incursion on State Sovereignty and Ill-Fated Response to Global Health Issues", *Chicago Journal of International Law*, Vol. 7(2006-2007).

MacKellar, Landis, "Priorities in Global Assistance for Health, AIDS, and Population", *Population and Development Review*, Vol. 31(2005).

Mann Jonathan M., *et al.*, "Health and human rights", *Health and Human Rights*, Vol. 1(1994).

Mawudeku, Abla, and Blench, Michael, "Global Public Health Intelligence Network(GPHIN)", *Proceedings of the 7th Conference of the Association for Machine Translation in the Americas*(2006).

McCarthy, Brian J., "The World Health Organization and Infectious Disease Control: Challenges in the Next Century", *DePaul International Law Journal*, Vol. 4(2000).

Mercurio, Bryan, "Health in the Developing World: The Case for a New International Funding and Support Agency", *Asian Journal of WTO and International Health Law and Policy*, Vol. 4(2009).

Meslin, F.-X., *et al.*, "Public Health Implications of Emerging Zoonoses", *Scientific and Technical Review*, Vol. 19(2000).

Miano, Timothy J., "Understanding and Applying International Infectious Disease Law: U.N. Regulations During an H5N1 Avian Flu

Epidemic", *Chicago-Kent Journal of International and Comparative Law*, Vol. 6(2006).

Mintz, Joel A., "Two Cheers for Global POPs: A Summary and Assessment of the Stockholm Convention on Persistent Organic Pollutants", *Georgetown International Environmental Law Review*, Vol. 14 (2001).

Morse, Stephen S., "Global Infectious Disease Surveillance and Health Intelligence", *Health Affairs*, Vol. 26(2007).

Murrary, Craig, "Implementing the New International Health Regulations: The Role of the WTO's Sanitary and Phytosanitary Agreement", *Georgetown Journal of International Law*, Vol. 40(2009).

Mykhalovskiy and Weir, Lorna, "The Global Public Health Intelligence Network and Early Warning Outbreak Detection: A Canadian Contribution to Global Public Health", *Canadian Journal of Public Health*, Vol. 97(2006).

Nag, Aditi Diya, "The Bird Flu and the Invoking of TRIPS Article 31 "National Emergency" Exception", *Syracuse Journal of International Law and Commerce*, Vol. 34(2007).

Niu, Huei-chih, "A Comparative Respective on the International Health Regulations and the World Trade Organization's Agreement on the Application of Sanitary and Phytosanitary Measures", *Asian Journal of WTO and International Health Law and Policy*, Vol. 1(2006).

Nuzzo, Jennifer B., and Gronvall, Gigi Kwik, "Global Health Security: Closing the Gaps in responding to Infectious Disease Emergencies", *Global Health Governance*, Vol. 4(2011).

Onzivu, Willian, "International Environmental Law, the Public's Health, and Domestic Environmental Governance in Developing Countries", *American University International law Review*, Vol. 21(2006).

Osterholm, Michael T., "Preparing for the Next Pandemic", *Foreign Affairs*, Vol. 84(2005).

Pearl, Mary C., "Wildlife Trade: Threat to Global health", *EcoHealth*, Vol. 1(2004).

Porta, M, and Zumeta, E., "Implementing the Stockholm Treaty on Persistent Organic Pollutants", *Occupational and Environmental Medicine*, Vol. 59(2002).

Robinson, Darryl, "Defining "Crimes Against Humanity" at the Rome Conference", *American Journal of International Law*, Vol. 93(1999).

Roelsgaard, E., "Health Regulations and International Travel", *WHO Chronicle*, Vol. 28(1974).

Sami Shubber, "The International Code", *Digest of Health Legislation*, Vol. 36(1985).

Sand, Peter H., "Lessons Learned in Global Environmental Governance", *Boston College Environmental Affairs Law Review*, Vol. 18(1991).

Schachter, Oscar, "The Twilight Existence of Nonbinding International Agreements", *American Journal of International Law*, Vol. 71(1997).

Shelton, Dinah, "Human Rights, Environmental Rights, and the Right to Environment", *Stanford Journal of International Law*, Vol. 28(1991-1992).

Shkabatur, Jennifer, "A Global Panopticon? The Changing Role of International Organizations in the Information Age", *Michigan*

Journal of International Law, Vol. 33(2011).

Silver, Arielle, "Obstacles to Complying with the World Health Organization's 2005 International Health Regulations", *Wisconsin International Law Journal*, Vol. 26(2008).

Soroos, Marvis S., "Global Change, Environmental Security, and the Prisoner's Dilemma", *Journal of Peace Research*, Vol. 31(1994).

Stein, Eric, "International Integration and Democracy: No Love at First Sight", *American Journal of International Law*, Vol. 95(2001).

Tarantola, Daniel, "Global Justice and Human Rights: Health and Human Rights in Practice", *Global Justice: Theory Practice Rhetoric*, Vol. 1 (2007).

Taubenberger, Jeffery K., and Morens, David M., "1918 Influenza: the Mother of All Pandemics", *Emerging Infectious Diseases*, Vol. 12 (2006).

Taylor, Allyn L., "Global Governance, International Health Law and WHO: Looking Towards the Future", *Bulletin of the World Health Organization*, Vol. 80(2002).

_______, "Globalization and Biotechnology: UNESCO and an International Strategy to Advance Human Rights and Public Health", *American Journal of Law & Medicine*, Vol. 25(1999).

______, "Making the World Health Organization Work: A Legal Framework for Universal Access to the Conditions for Health", *American Journal of Law and Medicine*, Vol. 18(1992).

Thomas, Ryan D., "Where's the Beef? Mad Cows and the Blight of the SPS Agreement", *Vanderbilt Journal of Transnational Law*, Vol.

32(1999).

Tomasevski, Katarina, "Health", in Oscar Schachter and Christopher Joyner(eds.), *United Nations Legal Order*, Vol. 2(Cambridge University Press, 1995).

Tremblay, Jean-Frangois, "Roche may Grant Tamiflu Licenses: Cipla Intends Mass Production of Antiviral to Supply India and Other Countries", *Chemical & Engineering News*, Vol. 83(2005).

Tucker, Jonathan B., "Updating the International health Regulations", *Biosecurity and Bioterrorism: Biodeffense Strategy, Practice, and Science*, Vol. 3(2005).

Velimirovic, Boris, "Do We Still Need International Health Regulations?", *Journal of Infectious Disease*, Vol. 133(1976).

Vignes, Claude-Henri, "The Future of International Health Law: WHO Perspectives", *International Digest of Health Legislation*, Vol. 40(1989).

Von Schirnding, Yasmin, "The World Summit on Sustainable Development: reaffirming the centrality of health", *Globalization and Health*, Vol. 1(2005).

Von Schirnding, Yasmin, *et al.*, "International Environmental Law and Global Public Health", *Bulletin of the World Health Organization*, Vol. 80(2002).

Von Tigerstrom, Barbara, "The Revised International Health Regulations and Restraint of National Health Measures", *Health Law Journal*, Vol. 13(2005).

Wagner, Martin J., "The WTO's Interpretation of the SPS Agreement has

Undermined the Right of Governments to Establish Appropriate Levels of Protection Against Risk", *Law and Policy in International Business*, Vol. 31(2000).

Weisburd, Arthur M., "Customary International Law: The Problem of Treaties", *Vanderbilt Journal of Transnational Law*, Vol. 21(1998).

Wilson, Kumanan, *et al.*, "Strengthening the International health Regulations: lessons from the H1N1 pandemic", *Health Policy and Planning Advance Access*, Vol. 2(2010).

______, "WHO's Response to Global Public Health Threats: XDR-TB", *PLos Medicine*, Vol. 4(2007).

Yamin, Alicia Ely, "The Right to Health Under International Law and Its Relevance to the United States", *American Journal of Public Health*, Vol. 95(2005)

______, "Transformative Combinations: Women's Health and Human Rights", *Journal of the American Medical Women's Association*, Vol. 52(1997).

Zamora, Stephen, "Is There Customary International Economic Law", *German Yearbook of International Law*, Vol. 32(1989).

[국제기구 문서]

GATT, *Guide to GATT Law and Practice*, 6th ed.(WTO, 1995).

ILC, Preliminary Report on the Protection of Persons in the Event of Disasters, by Eduardo Valencia-Ospina(Special Rapporteur), 5 May 2008, A/CN.4/598.

OHCHR and WHO, *The Right to Health*, Fact Sheet No. 31, 2008.

OHCHR, The United Nations Human Rights Treaty System: An Introduction to the Core Human Rights Treaties and the Treaty Bodies, Fact Sheet No. 30.

UN Commission on Human Rights, "The Impact of the Agreement on Trade-Related Aspects of Intellectual Property Rights on Human Rights", Report of the High Commissioner, 27 June 2001, E/CN.4/Sub.2/2001/13.

UN General Assembly Resolution 2603(XXIV), Question of Chemical and Bacteriological (Biological) Weapons, 16 December 1969.

UNEP, Outline of a UNEP Project Portfolio on Persistent Toxic Substances in the Framework of the Global Environment Facility International Waters Portfolio, 3.1-3.3, U.N. Doc. UNEP/POPS/INC. 1/INF/14(July 1, 1998).

UNEP, Report of the Tenth Meeting of the Parties to the Montreal Protocol on Substances that Deplete the Ozone Layer, Annex II: Non-Compliance Procedure, UNEP Doc. OzL.Pro.10/9, 3 Dec. 1998.

UNESCO, The Human Rights Based Approach and the United Nations System(United Nations Educational, Scientific and Cultural Organization, 2006).

WHO Regional Office for Europe, Environment and Health: The European charter and Commentary, First European Conference on Environment and Health(7-8 Dec. 1989), WHO Regional Publications European Series No. 35(1990).

WHO Western Pacific Region, Regional Director's Report, Part 1: WHO in the Western Pacific Region: The First 50 Years.

WHO Stop TB Partnership, Global Tuberculosis Control: Surveillance, Planning, Financing (WHO, 2007).

WHO Technical Report Series No. 196, Joint WHO/FAO Expert Committee on Zoonoses, Second Report(WHO, 1959).

WHO, "건강과 인권에 관한 25가지 질문과 답변"(25 Questions and Answers on Health and Human Rights(WHO, 2002)).

_____, "Globalization, TRIPS and Access to Pharmaceuticals", WHO Policy Perspectives on Medicines, No. 3, March 2001.

_____, H5N1 Avian Influenza: Timeline, Oct. 28, 2005.

_____, Health in the Context of Sustainable Development(2002), WHO/HDE/HID/02.6.

_____, Health Promotion Glossary(1998), WHO/HPR/HEP/98.1.

_____, International Health Regulations: Working paper for regional consultations, IGWG/IHR/Working paper/12.2003, 12 January 2004.

_____, Report by the Director-General to the Executive Board, Jan. 18, 2010.

_____, Report of the Executive Board Working Group on the WHO Responses to Global Change(1993).

_____, Review and Approval of Proposed Amendments to the International Health Regulations: Draft Revision, A/IHR/IGWG/3, 30 Sep. 2004.

_____, Review and Approval of Proposed Amendments to the International Health Regulations: Explanatory Notes, A/IHR/IGWG/4, 7 October 2004.

_____, Summary Report of Regional Consultations, A/IHR/IGWG/2, 14 September 2004.

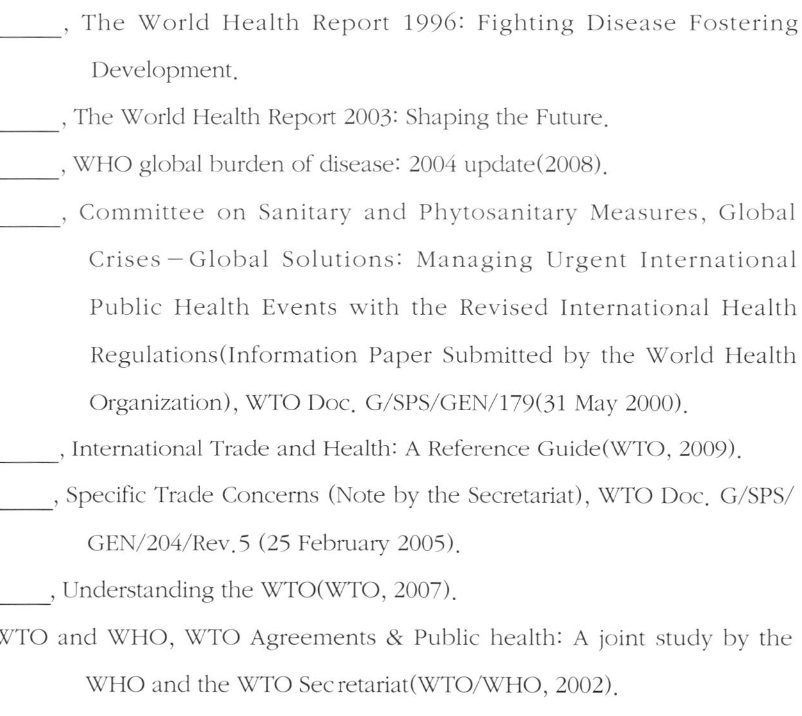

_____, The World Health Report 1996: Fighting Disease Fostering Development.

_____, The World Health Report 2003: Shaping the Future.

_____, WHO global burden of disease: 2004 update(2008).

_____, Committee on Sanitary and Phytosanitary Measures, Global Crises – Global Solutions: Managing Urgent International Public Health Events with the Revised International Health Regulations(Information Paper Submitted by the World Health Organization), WTO Doc. G/SPS/GEN/179(31 May 2000).

_____, International Trade and Health: A Reference Guide(WTO, 2009).

_____, Specific Trade Concerns (Note by the Secretariat), WTO Doc. G/SPS/GEN/204/Rev.5 (25 February 2005).

_____, Understanding the WTO(WTO, 2007).

WTO and WHO, WTO Agreements & Public health: A joint study by the WHO and the WTO Sec retariat(WTO/WHO, 2002).

WTO News, Sanitary, Phytosanitary Measures Committee, Mad Cow Disease, 10-11 July 2001.

WTO Panel Report, Japan - Measures Affecting Agricultural Products, WT/DS76/R(Oct. 27 1998).

[기 사]

ASIL Insight(by Fidler, David P.), "Developments involving SARS, International Law, and Infectious Disease Control at the Fifty-Six World Health Assembly", June 2003.

BBC News, "Flu Bans Heighten Trade Tensions", 5 May 2009.

Guardian, "Iraq War Logs Reveal 15,000 Previously Unlisted Civilian Deaths", 22 October 2010.

Keith Bradhsear, "Hong Kong, Minding SARS, Announces Tough Measures in Response to Swine Flu", *New York TIMES*, 26 April 2009.

Newsweek 한국판, "황제 바이러스" 출현할까? (2009. 05. 13).

The Economist, "Flu and the Global Economy: The Butcher's Bill", 30 April 2009.

_____, "Painful side-effects", 5 May 2003.

_____, "Trade Disputes－Big Beef", 24 January 1998.

찾아보기

▶ 영 문

▶ 국 문

[ㅊ]

[ㅋ]

[ㅌ]

[ㅍ]

[ㅎ]

저자약력

박진아

건국대학교 법학과

고려대학교 대학원 법학과(법학석사 · 박사, 국제법)

전국대학(원)생 국제법논문 경시대회 최우수상(외교통상부, 2005)

건국대, 고려대, 상지대, 성신여대 강사

〈저서 외〉

유엔인권조약 감시기구의 일반논평 및 일반권고(공역)(국가인권위원회, 2006)

유엔인권조약기구 절차에서 국가인권기구의 역할(역서)(국가인권위원회, 2008)

국제법상 보호책임(공저)(삼우사, 2010)

21세기 국제법의 현안과 과제(공저)(삼우사, 2011)

저자협의
인지생략

전염병과 국제법

2012년 8월 6일 초판인쇄

2012년 8월 25일 초판발행

저 자 박진아

발행인 조병철

발행처 三宇社

서울특별시 용산구 청파동3가 82-1

전화 718-8553(대) FAX 718-8554

등록 1994. 9. 23. 제17-189호

정가 20,000원

ISBN 978-89-91083-55-4

ISBN 978-89-91083-28-8(세트)